寫給大家的統計學

秒懂機率與統計
你也可以是人生勝利組

Will Kurt 著／王君儒 譯

no starch press

謹以此書獻給梅蘭妮，是她喚醒我內心對文字的熱情。

作者

Will Kurt 在 Wayfair 家居公司擔任資料科學家，曾用貝氏統計在超過五年的時間中解決了許多真實的商業問題。庫特經常在他的網站 CountBayesie.com 上發表談論機率的文章，著有《Get Programming with Haskell》一書（Manning 出版）。目前住在波士頓。

技術審閱

Chelsea Parlett-Pelleriti 是一位攻讀電腦與資訊科學的博士生。她一直都對各種妙趣橫生又與統計相關的事物抱有高度興趣，同時也是一位撰寫統計學文章的自由作家，並為 Youtube 系列影片〈Crash Course Statistics〉以及普林斯頓評論（The Princeton Review）的《Cracking the AP Statistics Exam》一書有著不小貢獻。目前居住在南加州。

簡要目錄

第四部分：假設測試：統計學的核心

目錄

第一部分：機率入門

第十四章　用事前機率做參數估計   173

第四部分：假設測試：統計學的核心

第十五章　從參數估計到假設測試：建立貝氏 A/B 測試   189

致謝

寫書真的需要花上很多心力及許多人的努力才能完成，即便下文提及了很多名字，但我知道，這只是讓本書成真的一部分人而已。一開始，我想要先感謝我的兒子 Archer，他給了我源源不絕的靈感。

本書最初由 No Starch 出版，我最愛的書有好幾本都是出自他們之手，我也很榮幸能與這麼棒的團隊一起共事，讓這本書問世。我想大力感謝我的編輯、校稿人員，還有 No Starch 的團隊。Liz Chadwick 是第一個來找我談本書出版計畫的人，並在創作過程中提供了我非常受用的編輯建議和指引；Laurel Chun 確保了整個創作過程順利進行，讓我混亂的 R 語言筆記本變成一本完整的書籍；Chelsea Parlett-Pelleriti 不只是位技術審閱，她還幫助我讓這本書臻至完美。Frances

致謝

Saux 為本書後幾個章節加上了許多見解獨到的評論；而當然要謝謝創辦人 Bill Pollock，因為你成立了一家這麼棒的出版公司。

身為一個在大學主修英國文學的人，我從沒想過自己會寫一本以數學為主題的書。有幾位重要人士幫助我在這條路上見證數學的奇觀，我永遠會對我的大學室友 Greg Muller 心懷感激，他讓我這個主修英文的書呆子見識到數學世界也能既有趣又刺激；波士頓大學的教授 Anatoly Temkin 為我打開了數學思維的大門，教我無時無刻回答自己：「這是什麼意思？」當然還要大大感謝 Richard Kelley，你在我人生中的沙漠荒土提供了一片綠洲，提供各種數學指導和對話。我也想要大力表揚位於邦博拉（Bombora）的資料科學團隊，尤其是 Patrick Kelley，他所提供的絕妙問題和交流最後有很多都巧妙地收錄在本書中。我也要對我的 Count Bayesie 部落格讀者表達由衷的感謝，你們一直都提出了非常好的問題和觀點。在這些讀者中，我要特別感謝一位評論者奈文（Nevin），他幫助我修正了許多早期的誤解。

最後，我想謝謝一些撰寫貝氏統計相關書籍的優秀作家，他們的書都曾是帶領我在這個主題上成長的重要推手。所有人都應該要讀讀 John Kruschke 的《貝葉斯統計方法：R 和 BUGS 軟件數據分析示例》和 Andrew Gelman 的《貝葉斯數據分析》。對我來說迄今影響最深的是 E.T. Jaynes 非凡的《概率論沉思錄》；而我在此想要對 Aubrey Clayton 說聲謝謝，他以《概率論沉思錄》為主題的系列演講大力幫助了我澄清自己的想法。

前言

實際上，生活中所有事情在某種程度上來說都是不確定的。這聽起來可能有點誇張，但你只要作個簡單的實驗就能知道真相。在一天開始之際，寫下你認為接下來半個小時、一個小時、三個小時，和六個小時中會發生的事，然後看看這些想法有多少會實現。你很快就會察覺到，一天之中其實充滿著各種不確定性。即便是一些小事，像是「我會刷牙」或是「我會喝杯咖啡」，都可能因為某些原因而沒能如願發生。

對生活中大部分的不確定性，我們都能經由規劃日程來順利渡過。舉例來說，即使交通狀況可能讓早上花在通勤的時間變長，我還是能對自己何時該出門，才能準時到公司這點做出不錯的估計。如果早上有一個超重要的會議，你可能會提早出門，留給自己充裕的時間。對於該如何推理並處理不確定的情況，我們有種天生的直覺，而當你產生這樣的想法時，其實就是在做機率統計了。

為什麼要學統計？

這本書的主題，貝氏統計，能幫我們對不確定的情況做出推理；就好比學校教的邏輯概念能幫我們在每天的思考過程中看出邏輯錯誤那樣。如同前面那個例子，每個人在日常生活中都要面對各種不確定的情況，所以本書的目標讀者群非常廣。

平常就已經在用統計的資料科學家和研究員會從更深入的理解和直覺中，了解這些工具如何運作；工程師和程式設計師會學到他們如何能用更好的方式量化自己做出的決定（我曾用貝氏分析找出程式出錯的原因！）；行銷人員能將本書中的觀念應用在 A/B 測試上，試著了解他們的受眾，並對機會值做出更好的評估。任何在做高階決策的人都應該要對機率有一點基本認識，才能在不確定的決策上對成本效益快速做出粗略估計。我希望本書適合 CEO 在飛行途中閱讀，對機率建立起紮實基礎，並在飛機落地時，就已有能力對包含機率和不確定性的情況做出更好的評估。

我真心相信用貝氏思維看待問題，每個人都能從中獲得好處。利用貝氏統計，你就可以用數學來為不確定性建立模型，以在有限的資訊下做出更好的決定。舉例來說，如果你需要為一個特別重要的會議準時抵達公司，而你有兩條不同路線可以選擇，第一條通常比較快，但也經常會有一些造成重大耽誤的交通狀況；第二條路線通常會花比較長的時間，但是基本上不會出什麼意外。你應該要選哪條路線呢？你需要什麼樣的資訊來幫助自己做出決定？你對自己的選擇有多肯定？即便複雜程度只增加一點點，都會需要額外的思考過程和技巧。

每當大家想到統計時，腦海中浮現的畫面是科學家測試新藥、經濟學家追隨市場趨勢、分析師預測選舉結果、棒球經理試著用酷炫的數學建立夢幻球隊等等。這些統計的應用當然很吸引人，但了解貝氏推理的基礎，也會對你的日常生活中帶來幫助。如果你曾質疑新聞報導中的新發現，熬夜上網研究自己究竟是不是得了罕見疾病，或是反駁親戚荒謬的世界觀，學習貝氏統計都能幫助你做出更好的推理。

什麼是「貝氏」統計？

你可能在想，一直提到的這個「貝氏」究竟是什麼。如果你曾上過統計學的課，它們通常都是以**頻率學派統計理論**為基礎。頻率學派統計學的觀點奠基於「機率代表某事發生的頻率」。如果拋硬幣單次得到正面的機率是 0.5，就表示我們在拋一次硬幣之後，能期望得到一枚硬幣的一半正面（而拋兩次就能期望得到一個正面，這聽起來合理多了）。

另一方面來說，貝氏統計關心的是機率如何呈現出我們對某資訊不確定的程度。用貝氏的話來說，就是如果拋一次硬幣得到正面的機率是 0.5，就表示我們不確定自己會得到正面或反面的程度是相同的。對拋硬幣這樣的問題來說，頻率學派和貝氏理論的方式都很合理，但若你想將自己心儀候選人贏得選舉的信念量化，貝氏統計能做出更合理的解釋。畢竟，選舉只有一場，所以若要討論你心儀之候選人獲勝的頻率，聽起來並不太合理。使用貝氏統計，我們只是想根據手邊現有的資料，試著精確描述出自己相信的世界觀。

貝氏統計有一點特別棒，就是可以憑直覺理解它的所有工具和技巧，而這正是因為我們能把它單純視為對不確定事物的推理方式。

貝氏統計是這樣的，檢驗你面對的問題，找出你想如何用數學方式描述，並用邏輯推理來解決。這裡沒有無法得到肯定答案的神祕測試，沒有你必須熟記的分布圖形，也沒有你必須完美重現的傳統實驗。無論你想計算的是網頁設計能否帶來更多流量，你最喜歡的球隊是否會在下一場比賽獲勝，或是人類是否是宇宙中孤獨的存在，貝氏統計都能讓你用數學方法來進行推理，只需用上一些簡單的規則，和一個看問題的全新視角就行了。

本書內容

以下是本書各章的內容簡介。

第一部分：機率入門

第一章：貝氏思維和日常推理

第一章會介紹何謂貝氏思維，這其實跟我們每天做的批判性思考相當雷同。本章會根據你對世界的認知與信念，探討某天晚上，你窗外出現的那道亮光是飛碟的機率有多高。

第二章：衡量不確定性

本章會用拋硬幣的例子，告訴你如何對自己無法肯定的想法指派一個實際數值，這個值就是機率，它介於 0 ～ 1 之間，能夠量化出你對某個信念的肯定度有多高。

第三章：不確定性的邏輯

邏輯上，我們用交集（AND）、差集（NOT），和聯集（OR）這三個運算子來結合真假事實，機率中其實也存有與這三個運算子相似的概念。我們會調查出赴約的最佳交通方式，以及你因此收到交通罰單的可能。

第四章：建立二項機率分布

本章會以邏輯的思維來運用機率的規則。你會建立出自己的二項分布，這是一種機率分布，能將之套用到許多結構相似的機率問題上。你可以運用這個方式預測，在一個抽卡遊戲中，抽到某一位著名統計學家的機率為何。

第五章：貝他分布

本章開始介紹連續機率分布的入門概念，告訴你統計跟機率的差別在哪裡。實踐統計的過程包括試著根據資料，解出可能產生的未知機率。在本章的範例中，我們會調查一個神祕的硬幣分發箱，並看看你能賺錢而非賠錢的機會有多大。

第二部分：貝氏機率和事前機率

第六章：條件機率

本章將會以個人資訊來做出帶有條件的機率判斷。舉例來說，知道某人是男性還是女性能同時提供我們這個人是色盲的可能性。本章也會開始介紹貝氏定理，這是一個能讓我們逆推條件機率的方法。

第七章：樂高中的貝氏定理

本章將藉由對樂高積木進行推理，幫助你用直覺理解貝氏定理，並會利用空間感讓你理解貝氏定理在數學運算中的功用。

第八章：貝氏定理中的事前機率、概度和事後機率

貝氏定理通常會分成三個部分，每一部分在貝氏推理中都有其功能。本章會帶你認識這些名詞，並學到要如何將它們用在闖空門案件中的調查：這是一場真實的犯罪，還是一連串的巧合？

第九章：貝氏事前機率與運用機率分布

這一章會用貝氏定理來分析《星際大戰五部曲：帝國大反擊》中的經典小行星一幕；你會因此更加認識貝氏統計中的事前機率，並會看到能如何用整個分布作為你的事前機率。

第三部分：參數估計

第十章：取平均值與參數估計

參數估計是一個我們能對不確定值做出的最佳猜測，其中最基本的工具就是對觀測結果取平均值。這一章會藉由測量降雪量，看看這個方法為什麼能成立。

第十一章：測量資料的擴散範圍

估計參數時，用取平均值作為第一步相當有用，但我們也需要一個方式來解釋觀測結果的擴散範圍。在這裡你會認識平均絕對離差、變數和標準差，這些方式都能用來測量觀測結果的擴散程度。

第十二章：常態分布

藉由將平均值和標準差結合，我們會得到一個非常利於做估計的分布：常態分布。本章會教你如何使用常態分布，這不僅能估計未知數值，也能知道你對這些估計值有多肯定。這些技巧能夠幫助你計算在銀行搶案中，有多少時間能逃跑。

第十三章：參數估計的工具：機率密度函數、累積密度函數和分位數函數

本章會帶你認識機率密度函數、累積密度函數和分位數函數，並因此更了解你正在做的參數估計。使用這些工具來估計電郵點閱率，並看看每個工具個能提供什麼樣的見解。

第十四章：用事前機率做參數估計

加入事前機率是改善參數估計的最佳方法。在這一章，我們將會運用過去相當成功的電郵點閱率這個事前資訊，對未來發送的電郵行銷估計出更準確的實際轉換率。

第四部分：假設測試：統計學的核心

第十五章：從參數估計到假設測試：建立貝氏 A/B 測試

學會如何估計不確定值之後，為了能檢測假設，我們需要一個能將兩個不確定數值相比的方法。本章會帶你創造出一個 A/B 測試，來判定你對新的電郵行銷有多少信心。

第十六章：貝氏因子和事後勝率：觀點之爭

你曾通宵上網，想要確認自己是否得了某個超罕見的疾病嗎？這一章會介紹另一個用來檢測觀點的方式，幫助你判斷自己到底應不應該擔心！

第十七章：陰陽魔界中的貝氏推理

你有多相信超自然能力？這一章會分析《陰陽魔界》其中一集的經典場景，且你會從中發展出讀心術的本領。

第十八章：當資料無法說服你

有時候，資料看來並不足以改變某人的信念，也無法幫你在爭辯中擊敗對方。來學學如何能在自己不認同的議題上改變朋友的想法，以及為什麼你不該浪費時間與你那好鬥的舅舅爭論！

第十九章：從假設測試到參數估計

我們思索著要如何將某範圍內的假設互相比較，繞了一大圈，又回到了參數估計。本章會分析市集遊戲的公正性，並利用分析中用來做簡單假設測試的工具，導出你學到的第一個統計範例：貝他分布。

附錄 A：R 語言快速入門

這個單元會教你 R 程式語言的一些基礎。

附錄 B：剛好夠用的微積分

這個單元會教你一些本書會用到的微積分。

閱讀本書所需的背景知識

閱讀本書唯一的要求就是基本的高中代數。書裡頭會有一些數學例子，但不會有什麼特別艱鉅的任務。我們會用到 R 語言，不過我會一步步教你，所以並沒有必要先去學習 R 語言，也會稍微用到微積分，但同樣地，也不會太難，而且我在附錄中提供的資料就已足夠了。

換句話說，這本書的目標是幫助你開始用數學方式思考問題，同時不必擁有雄厚的數學背景。當你看完這本書，可能就會發現自己不知不覺地，已經開始在日常生活中運用公式來描述問題了！

即使你擁有深厚的統計學基礎（甚或就是貝氏統計），我相信你還是可以在閱讀過程得到樂趣。筆者始終堅信，要搞懂一個領域最好的方式，就是不斷用各種角度回頭檢視基本概念。就算我是本書作者，在寫書的過程中依然發現許多連我自己都感到驚奇的事！

準備啟程！

如你所見，除了有用，貝氏統計也能非常有趣！為了要幫助你學習貝氏推理，我們會以樂高積木、《陰陽魔界》、星際大戰作為解說範例。你會發現，一旦自己開始用機率統計的方式思考，貝氏統計在任何地方都能派上用場。本書的目標是成為既快速又有趣的閱讀體驗，所以翻開下一頁，讓我們開始這場貝氏統計的探索旅程吧！

Part I

機率入門

1

貝氏思維與日常推理

在全書的第一章，我會簡單介紹貝氏推理的概念。這個形式化的流程能讓我們在做出觀察，得到資料之後，更新自己對世界的看法。接下來，我們會運用一個情境，探索如何將日常經驗映入貝氏推理之中。

先告訴你一個好消息：其實在挑中本書之前，你就已是貝氏家族的一員啦！貝氏統計其實非常貼近我們平常用證據來創造新的信念，並解決日常問題的這個過程，而難處在於將自然的思考方式拆解為嚴密的數學運算過程。

在統計學中，我們用特定的算法和模型，來使機率量化的結果更加準確。不過，我們現在只是想先讓你了解基本的概念；所以先暫時將數學和模型放到一邊，僅用我們的直覺來定義機率；然後我們會在下一章代入準確的數字。綜觀全書，你將會學到如何用嚴密的數學技巧，對本章提到的概念正確地建立模型並進行推理。

對奇異經歷進行推理

有天晚上，你突然被一道穿過窗戶的亮光驚醒。你跳下床，向外一看，發現天空中有一個巨大的物體，除了說它的形狀像是個碟子外，你也找不到更好的形容詞了。對於與外來物種接觸這件事，你一直抱著存疑的態度，從來沒有真的相信過。然而，外面這一幕實在是讓你大惑不解，你不禁想，**難道這真的是個飛碟？！**

當你碰上一個狀況，在思考過程中，意識到自己在臆斷機率，並用這些假定值來更新自己對世界的認知時，就證明了貝氏推理已在你的思路中粉墨登場。在這個與飛碟有關的情境中，你已經完成了一套全面的貝氏分析：

1. 觀測資料

2. 形成假設

3. 根據資料來更新信念

推理的過程進行的太快了,你根本沒有時間分析自己的思路。你毫不猶豫的建立了一個新的信念:儘管你之前並不相信飛碟的存在,但這個事件讓你更新了自己的信念,並認為自己的確看到了飛碟。

本章的重點是建構出自己的信念並了解其建構的過程,以讓我們能用更系統化的方法來進行檢驗。接下來,在其他章節中,我們會思索要如何量化這個過程。

現在,依序檢閱推理中的每一步,就從觀測資料開始。

觀測資料

在貝氏推理中,用資料為自身信念奠基是很重要的一環。在你能對現狀做出任何結論之前(比如主張你看到的東西是飛碟),你需要先理解自己觀測到的資料。以這個情境來說,就是:

- 一道照進窗戶的超強光線

- 盤旋在空中的碟狀物體

根據過往經驗,你會說窗外發生的事在你的「意料之外」。而用機率的術語來敘述會是:

$$P(窗外有亮光, 空中有碟狀物) = 非常低$$

其中 P 代表機率,而兩項資料列舉在括號內。你能將這個方程式讀作:「窗外有亮光同時空中有碟狀物體的機率非常低。」在機率論中,我們用逗號來將組合機率中的多項事件各別分開。值得注意的是,這些資料並不包含任何關於飛碟的特定內容,單純是你的觀察而已,而這點之後將會非常重要。

5

我們也可以檢驗單一事件的機率，這會寫為：

$$P(下雨) = 很有可能$$

此方程式讀作：「下雨的機率顯示為很有可能」

在這個飛碟的情境中，我們判斷的是**兩個事件同時發生**的機率。若要計算其中一個事件獨立發生的機率，結果將會截然不同。舉例來說，這道亮光會出現，可能只是有台汽車經過罷了，所以這件事單獨發生的機率，比同時看到一個碟狀物要高得多（不過，碟狀物單獨出現的情況還是會讓人大吃一驚）。

所以我們要如何算出這個機率呢？我們現在全憑直覺，也就是自己可能會觀察到這些事件的普通常識。而下一章，我們會看看要如何為我們的機率得出準確的數字。

抱持事前信念，建立條件機率

你一早起床，煮了杯咖啡，然後開車去上班。做出這些決定，並沒有經過太多分析，因為你對這個世界運作的方式有著事前信念。也就是根據生活經驗（所謂的觀測資料），累積起來的信念集合。你相信明天太陽依然會升起，是因為打從你出生那一天起，就不曾有過例外。同樣地，你可能對道路駕駛也有一個事前信念，認為在對向號誌是紅燈，而你的號誌是綠燈時，就可以安全地開過十字路口。要是沒有事前信念的話，我們每天睡前都要擔心明天早上太陽可能不會升起；而在每個十字路口，都得停下來仔細檢查對向的交通狀況。

我們的事前信念是這麼說的，在窗外看到亮光的同時看到一個碟狀物，這件事在地球上幾乎不可能發生。然而，如果你住在一個遙遠的星球，那裡有大量的飛碟，而且有許多星際旅客往來，那麼同時在空中看到亮光和碟狀物的機率就會高很多。

在公式中，我們將事前信念放在觀測資料後面，並用單直線「|」隔開，寫為：

$$P(\text{窗外有亮光，空中有碟狀物}|\text{地球上的生活經驗}) = \text{非常低}$$

我們可以將這個方程式讀作：「**根據**我們在地球上的生活經驗，窗外有亮光且同時空中有碟狀物的機率非常低。」

這個機率就叫做條件機率，因為其中一個事件發生的條件是其他事件必須存在。在這個案例中，我們就是在現存事前經驗的條件上，計算觀察結果發生的機率。

機率有 P 這個代表符號，同理，事件和條件也有簡短的變數名稱。如果你對方程式不太熟悉的話，它們可能一開始會有些生硬，不過只要一點時間，你就會發現這些簡短的變數名稱不但對閱讀有幫助，也能幫助你理解方程式如何廣泛運用在各類問題上。對問題中的所有資料，我們用單一變數 D 來概括：

$$D = \text{窗外有亮光，空中有碟狀物}$$

所以，從現在開始，我們若想提起這個資料集的機率，只需要簡單的用 $P(D)$ 表示即可。

同理，我們用變數 X 來代表事前信念，也就是：

$$X = \text{地球上的生活經驗}$$

現在，我們能將整個方程式寫為 $P(D|X)$，這不但比原本的方程式簡單的多，也沒有改變任何定義。

多重信念中的條件

如果能對機率產生重大影響的變數不只一項，我們也不必侷限自己僅用一項事前經驗。假定今天是七月四日且你住在美國。根據事前經驗，你已經知道通常這一天會施放煙火。所以根據你在地球上生活的經驗以及現在是七月四日這個事實，會在天空中看見亮光的機率並不算低，且碟狀物可能與某個煙火設計有關。現在，這個方程式可以改寫為：

$$P\left(窗外有亮光，空中有碟狀物 \mid 七月四日，地球上的生活經驗\right) = 低$$

將這些經驗都算進去，我們的條件機率已經從「非常低」變成「低」。

假定事前信念

在統計學中，我們通常不會明確地將一個包含所有現存經驗的情況設為一個條件，因為這是所有人都普遍認同的大前提。有鑑於此，我們在書中並不會特別用一個變數來代表這個條件。不過，在貝氏分析中，千萬不要忘了我們的世界觀都是以事前經驗為條件建立起來的，本章會繼續使用「地球上的生活經驗」這個變數來提醒我們這一點。

形成假設

截至目前為止，我們有資料 D（看到了亮光和一個碟狀物），和事前經驗 X。為了要解釋你看到了什麼，你需要做出某種假設，也就是在你的預測中，世界運作的模型。假設可以有很多種形式，看看我們對這個世界的基本信念，你會發現這些可全都是假設：

- 在相信地球自轉的前提下，你預測太陽總在特定的時間升起及落下。

- 在相信自己最喜歡的棒球隊就是最優秀隊伍這個前提下，你預測他們獲勝的次數將比其他球隊多。

- 在相信占星術的前提下，你預測星象的排列將描繪出人物和事件。

這些假設也能更條理分明或精密複雜：

- 科學家可能會假設某種療程將會減緩癌細胞的生長。

- 金融業的分析師可能有個能預估市場將會如何表現的模型。

- 深度神經網絡或許能預測出哪張圖是動物，哪張圖是植物。

這些例子都是假設的一種，因為他們都有自己的世界觀，並用這個認知來預測世界接下來的運作方式。當我們在貝氏統計中談到假設時，在意的通常是這些假設對觀測結果所做出的預測有多準確。

當你看到證據，且聯想到是飛碟！的此刻就正在形成假設，而這個假設會跟飛碟有關，很可能是基於你在事前經驗中看過的無數電影和電視影集。我們將自己的第一個假設定義為：

$$H_1 = 我的後院有個飛碟！$$

但這個假設做出的預測是什麼？如果我們反思這個狀況，可能會問：「如果後院有個飛碟，你期望會看到什麼？」而你的答案可能會是：「亮光和碟形物。」由於 H_1 預測了資料 D，所以當我們根據假設觀測資料時，該資料發生的機率就會上升。形式上的寫法為：

$$P(D \mid H_1, X) \gg P(D \mid X)$$

此方程式說的是：「根據我的事前經驗及相信這是個飛碟的信念，在空中看到亮光和碟狀物這件事的機率大大高過（以兩個大於記號 >> 表示）只看到亮光和碟狀物，但沒有任何解釋的情況。」我們在這裡用機率的語言，闡述了假設如何解釋資料。

在日常對話中發現假設的存在

日常用語和機率的關聯其實很容易就能看出來。舉例來說，當你說某件事「令人感到意外」，大抵上也就等於說，根據你的事前經驗，資料會發生的機率並不高；而當你說某件事「滿合理的」，也可能在暗示根據事前經驗，資料發生的機率相當高。

明白點出後，這個邏輯看起來好像就很明顯，不過對機率推理來說，重要的是無論在多麼平凡無奇的日常情境下，都要對詮釋資料、形成假設，以及更新信念謹慎思慮。要是 H_1 不存在，你其實會處在一個混亂狀態，因為你無法對自己觀測到的資料做出解釋。

蒐集更多證據並更新你的信念

現在你不但有資料，也有假設了。然而，根據你曾身為一個懷疑論者的經驗，這個假設還是有點難以接受。為了要改善你的知識狀態並做出更可靠的結論，你需要蒐集更多資料。這就是統計推理的下一步，也是你直覺思考中的下一環。

我們需要繼續觀察來得到更多資料。在這個情境中，你再度望向窗外，看看還有什麼可供觀測的事情：

> 在你看向窗外的亮光時，注意到了這個區域出現更多光線，也發現碟狀物被一些纜線吊著，附近還有個拍攝團隊。接著，你聽到了一聲「Cut！」，伴隨著一個響亮的拍手聲。

經過剛剛那一幕，你極有可能已經改變了自己的想法。之前，你推斷自己目擊到了飛碟的蹤跡，而現在，隨著新證據的出現，你發現剛好有人在附近拍電影的可能性更高。

在這個思考過程中，你在腦中又立即執行了一次複雜的貝氏分析！讓我們拆解你的思路，對這些事件做出更細緻的推理。

首先，你做了第一個假設：

$$H_1 = 飛碟登陸了！$$

獨立來看，若將這個假設加上你的生活經驗，發生的機率就會變得非常、非常低：

$$P(H_1 \mid X) = 非常、非常低$$

然而，根據現有資料，這是你唯一能做出的合理解釋。而當你觀測到其他資料，立刻就意識到還有另一個假設存在的可能，也就是附近正在拍攝電影：

$$H_2 = 有人在你的窗外拍電影$$

獨立來看，這個假設會發生的機率也非常低（除非你剛好住在片場附近）：

$$P(H_2 \mid X) = 非常低$$

可以注意到的是，我們認為 H_1 的機率「非常、非常低」，而 H_2 只是「非常低」而已。這也與我們的直覺吻合：如果有人走上前，手上什麼資料都沒有，劈頭就問：「你認為下列兩個情境中，哪個更有可能發生：是附近出現飛碟，還是隔壁正在拍電影？」你的答案更可能是拍電影，而不是出現飛碟。

對假設進行比較

即便可能性很低，你還是先接受了飛碟的假設，因為那時並沒有更好的解釋。然而，現在出現了另一個可能解釋：電影拍攝。於是你形成了一個對立假設。考慮對立假設的過程，就是根據你手上有的資料，對不同理論做出比較。

當你看到纜線、攝影團隊，還有額外的燈光時，你的資料就改變了，最新資料變成：

$$D_{更新版本} = 亮光、碟狀物、纜線、拍攝團隊、額外燈光等等$$

在觀察到其他資料後，你改變了原本對這個情況做出的結論。我們將這個過程拆解成貝氏推理的流程：首先，你的第一個假設給出了一個解釋資料的方法，並解決你的困惑；但加上了這些新的觀測結果後，這個假設對原始資料的解釋就不夠充足了。我們能將之寫為：

$$P\left(D_{更新版本} | H_1, X\right) = 非常非常低$$

你現在有了一個新的假設：H_2。這個假設能對資料做出更合理的解釋，寫為：

$$P\left(D_{更新版本} | H_2, X\right) >> P\left(D_{更新版本} | H_1, X\right)$$

這裡的關鍵是要理解，我們在將不同的假設相比，以了解它們對觀測資料做出的解釋孰好孰壞。當我們說：「資料發生的機率在第二個假設中比第一個假設還要高。」就是在說第二個假設較能完整解釋我們的觀察結果。這也帶我們走到了貝氏分析的核心：**檢驗你的信念對這個世界做出的解釋有多充足**。當我們說某個信念比另一個信念更準確時，就是因為它對我們觀測到的這個世界做出了更好的解釋。

在數學上，我們用這兩個機率的比例來表達這個概念：

$$\frac{P\left(D_{更新版本} \mid H_2, X\right)}{P\left(D_{更新版本} \mid H_1, X\right)}$$

如果這個比例的數值很大，好比說 1000，就表示「H_2 對資料的解釋比 H_1 合理 1000 倍。」由於 H_2 對資料的解釋比 H_1 好上很多，所以我們的信念從 H_1 更新為 H_2。這正是當你對觀測資料有不同的可能解釋時，會讓你改變想法的實際過程。現在，你相信看到的是電影拍攝的過程，正是因為在你觀察到的所有資料中，這是最合理的解釋。

資料傳遞信念；信念不應傳遞資料

最後要特別強調的是，在所有的例子中，唯一不容置疑的部分只有資料本身。假設會改變，生活經驗 X 可能會與他人不同，唯獨資料 D 是全體共享的不爭事實。

考慮下面兩個公式，我們在本章廣泛使用了第一個公式：

$$P\left(D \mid H, X\right)$$

讀作「根據我的假設和生活經驗，這個資料會出現的機率。」更簡單的說法是：「我的信念對自己的觀察結果做出多好的解釋。」

在我們的日常生活中，很常出現一種互換的情景，也就是：

$$P\left(H \mid D, X\right)$$

讀作「根據我的資料生活經驗，**我的信念**成立的機率。」或是「我的觀察結果有多支持自己的信念。」

在第一個案例中，我們根據蒐集到的資料和對世界的觀察結果，用這些能對現狀做出更好解釋的元素，改變自己的信念。在第二個案例中，我們蒐集資料來支持我們的現存信念。貝氏思維就是一種改變想法並更新世界觀的一種過程。我們觀察到的資料都是真實的，所以最終我們必須調整信念，直到與資料一致為止。

人生也是一樣的，你的信念不該永遠一成不變。

> 拍攝團隊開始打包了，你注意到附近的廂型車全都印有軍徽，而且當團隊人員脫下外套後，每個人都有著軍人的體格。你聽到其中一人說：「好了，我想剛剛這些應該能騙過任何看到這玩意的人了……真是個好主意。」

有了這些新的證據，你的信念可能又要起變化了！

總結

我們來簡要地重述你目前學到的內容。你的信念因你現存的世界觀（X）而產生，當你觀察到資料（D），這樣的資訊如果不是與你的經驗一致（也就是 $P(D|X)$ = 非常高），就是讓你感到意外（$P(D|X)$ = 非常低）。理解這個世界，你根據的是自己從觀察到的結果建立起的信念，或稱之為假設（H）。通常，一個新的假設能幫助你解釋意料之外的資料，也就是 $P(D|H, X) >> P(D|X)$。當你蒐集新的資料或產生新的想法時，就會做出更多假設：H_1、H_2、H_3 等等。然後當新的假設對資料做出的解釋比舊的假設要好時，你就會改變自己的信念：

$$\frac{P\left(D \mid H_2, X\right)}{P\left(D \mid H_1, X\right)} = 大數$$

最後，你應該關心的是資料如何改變你的信念，而不是確保資料能佐證你的信念（$P(H|D)$）。

有了這些基礎，我相信你已經準備好要讓數字加入這些算式啦！在第一部分的後續章節中，你將會以數學手法建立起自身信念的模型，並準確地判斷應該在何時用何式來改變信念。

習題

試著回答下列問題，看看你對貝氏推理的理解有多少。

1. 用本章學到的數學記號，將下列敘述寫成方程式：

   • 下雨的機率為低

   • 根據現在是陰天的狀態，下雨的機率相當高

   • 根據正在下雨這件事，你現在身上有傘的機率比平日還要高。

2. 用數學記號來整理下列情境中的觀測資料，別忘了用上本章提及的技巧，最後，組成一個能解釋資料的假設：

   下班後，你直接回家，卻發現前門是開著的，窗戶也破了。一走進屋內，你立刻發現自己的筆記型電腦不見了。

3. 下面這個情境為上一題的情況加入了些資料。闡述這個新的資訊如何改變你的信念，並做出第二個假設來解釋資料，記得用上你在本章學到的數學記號。

   鄰居家的小孩跑向你，並不斷地為不小心打破你的窗戶而道歉。他們聲稱有看到你的筆記型電腦，由於擔心它會被偷走的，所以打開了前門把它拿走。現在你的筆記型電腦正安全地在他們家中。

2

衡量不確定性

第一章介紹了一些基本的推理工具，並使用這些工具來理解資料如何傳遞我們的信念。但當時留下了一個尚未解決的關鍵問題：我們要如何量化這些工具？在機率論中，我們並不用「很低」或「高」這些詞彙來描述信念，而是代入真實的數字，讓我們能對自己的世界觀創造出定量模型。有了這些模型，我們就能得知證據改變信念的幅度有多大，決定何時該改變自己的想法，並清楚了解自己目前的知識狀態。本章將用這個概念來量化一個事件的機率。

什麼是機率？

機率的概念深根蒂固地存在於我們的日常語言之中。任何時候，只要你說出一句：「這不太可能吧！」或「我覺得這八九不離十了。」還是「這我真的不能保證。」其實都是在表述機率。機率是一個度量衡，用來表達我們對這個世界上各種事物的信任程度。

在前一章，我們用抽象和定性的術語來描述我們的信念，要真正分析出我們如何發展並改變信念，我們需要先用更符合形式的方式將 $P(X)$ 量化，檢驗我們相信 X 的強度為何，並以此來定義什麼是機率。

我們可以將機率視為邏輯的一種延伸。在基礎邏輯中，我們有兩個值，真值與假值，分別對應到我們的絕對信念。當我們說某件事為真，代表我們百分之百肯定這個設定。雖然說邏輯能應用在許多問題上，但我們鮮少會相信某件事絕對真實或是絕對虛假；在我們做的每個決定中，幾乎多少都存在著某種程度的不確定性。而機率讓我們能延伸邏輯，在真與假之間計算不確定值的定位。

電腦通常顯示真值為 1，假值為 0。這個模型也能套用到機率上，方程式 $P(X) = 0$ 其實就代表 $X = $ 假，而 $P(X) = 1$ 就表示 $X = $ 真。在 0 ～ 1 之間，我們有無窮多個可能數值。數值越靠近 0，表示我們越肯定某件事是假的；而數值越靠近 1，表示我們越相信某件事是真的。值得一提的是，0.5 這個數值表示我們完全無法判斷某事究竟是真是假。

邏輯中另一個重要的部分是否定。當我們說「並非真實」，就是在說它是假的；同理，說出「並非虛假」，就是在說此事為真。我們希望機率也能用同樣的方式運作，所以我們要確保 X 的機率和其否定值相加等於 1（換句話說，數值必定是 X 或否定 X 其中一種）。我們可以用下列這個方程式來表示：

$$P(X) + \neg P(X) = 1$$

NOTE　$\neg$ 意為「否定」或「非」。

用這個邏輯,我們只要用 1 減去 $P(X)$,就能得到它的否定值。舉例來說,若 $P(X) = 1$,那麼順應我們的邏輯基本規則,它的否定值 $1 - P(X)$ 必定為 0。同時,若 $P(X) = 0$,那麼它的否定值會是 $1 - P(X) = 1$。

下一個問題是要如何量化不確定性。我們可以任意挑出一些數值:就說 0.95 代表非常確定,而 0.05 表示非常不確定。然而,用這種方式來定義機率並不比之前的那些抽象名詞更有幫助。相反地,我們應該用符合形式的方法來計算機率。

用計數來計算機率

計算機率最常用的方式,就是直接數出事件有多少個結果。其中有兩組重點結果,第一組是所有的可能結果,第二組是我們在意的結果總數。以拋硬幣來舉例,得到「正面」或「反面」就是所有可能產生的結果,而遊戲規則是拋出正面的人就是贏家,所以你在意的結果是拋出正面(在拋硬幣單次的狀況下,為一個事件)。你在意的事件可以是任何形式:拋硬幣得到正面、染上流感,或是窗外停了一台飛碟。根據你在意與不在意的事件這兩組結果,我們想要得到的是一個數值,顯示在所有的可能結果中,我們在意的結果會發生的比例。

用拋硬幣來舉例。這個遊戲的結果很單純,不是落在正面,就是落在反面。首先,我們要算出所有可能產生的結果有幾種,而在這個例子中,總共只有兩種:正面或反面。我們用希臘字母 Ω(omega)來代表可能的總數:

$$\Omega = \{正面, 反面\}$$

我們想知道的是拋一次硬幣,得到正面的機率為何,也就是 $P($ 正面 $)$。因此,我們用可能結果的總數 2 除以在意的結果總數 1,得到:

$$\frac{\{正面\}}{\{正面, 反面\}}$$

拋一次硬幣，在 2 種可能產生的結果中，我們在意的結果有 1 種，所以拋出正面的機率就是：

$$P(\text{正面}) - \frac{1}{2}$$

那我們來討論個有點弔詭的問題：若丟兩枚硬幣，得到至少一個正面的機率為何？現在，可能事件的總數變得有些複雜了，它不再只是單純的 { 正面 , 反面 }，而是所有正面和反面的可能組合：

$$\Omega = \{(\text{正面},\text{正面}),(\text{正面},\text{反面}),(\text{反面},\text{反面}),(\text{反面},\text{正面})\}$$

要算出至少得到一次正面的機率是多少，我們先來看看有多少組合符合我們的條件，包含：

$$\{(\text{正面},\text{正面}),(\text{正面},\text{反面}),(\text{反面},\text{正面})\}$$

如你所見，我們在意的事件集包含了 3 個元素，而拋兩枚硬幣的所有可能結果有 4 種，這就表示 $P(\text{至少有一枚正面}) = 3/4$。

這些都是簡單的例子，不過只要你能算出在意事件的數量和可能事件的總數，就能輕鬆快速地得到一個機率。你能想像，隨著問題變得越來越複雜，手動計數每個可能結果是行不通的。解決更難的機率問題通常必須用上數學的其中一個領域，叫做**組合數學**。我們在第四章會看到如何能用組合數學來解出稍加困難的問題。

以信念的比例計算機率

計數對實際物體是有用的，但對現實生活中會碰到的大部分問題來說都不太實用，比如說：

- 「明天會下雨的機率是多少？」

- 「你覺得她會成為這公司的董事長嗎？」

- 「那是個飛碟嗎！？」

基本上，你每天都根據機率做出無數決定，但如果有人要你解出「你認為自己要搭的那班火車會準時的機率是多少？」你就沒辦法用剛剛描述的那個方法來計算。

這表示我們需要另一個能幫我們對這種抽象問題進行推理的方法。拿聊天這件事來舉例，如果你和朋友正天南地北地隨意聊著，他突然問你有沒有聽過曼德拉效應，而且在你回答沒有後，進而告訴你：「有個現象超奇怪的，就是一大批人同時對某事件有錯誤記憶。舉例來說，許多人記得納爾遜·曼德拉在八零年代死於獄中。但其實他有被放出來，還成了南非總統，直到 2013 年才去世！」由於心存懷疑，你對朋友說：「這聽起來也太像網路大眾心理學了吧，我不認為真的有人會記錯的那麼離譜；我敢打賭這件事肯定連一個維基百科的條目都沒有！」

在這個賭注中，你想要算出的是 $P($ 維基百科沒有曼德拉效應這個條目 $)$。讓我們假定你在一個手機沒有訊號的地方，所以沒辦法很快確認答案。你對自己的信念有很高的肯定度，但你需要指派一個介於 $0 \sim 1$ 之間的數值，才能將機率形式化。該從哪裡開始好呢？

你決定要用實際行動證明自己的話，於是告訴朋友：「這根本不可能是真的，這樣好了：如果沒有曼德拉效應這個條目，你輸我 5 塊錢，但如果有的話，我賠你 100 塊！」下賭注是一個我們表達自身信念強度的實際方式。你認為這個條目存在的可能性太低了，所以如果你錯了，你願意給朋友 100 塊，而如果你對了，只跟他拿 5 塊。我們在討論的就是為自己的信念取定量數值，所以現在可以開始為你的信念（維基百科中沒有曼德拉效應這個條目）找出確切機率了。

用賠率來判定機率

對曼德拉效應這個主題，你朋友的假設是條目存在：$H_{有條目}$，而你則有對立假設：$H_{沒有條目}$。

我們還沒有一個具體的機率，但你為自己下的賭注賦予了賠率，傳達了你對自己那個假設的信心強度。賠率是一個用比例來表達信念的常見方式，這個比例是你對某事件的結果推測錯誤願意付出的金額，對上你對結果推測正確想要得到的金額。舉例來說，若某匹馬在賽馬中的賠率是 1 賠 12，就表示如果你為這匹馬下的賭金是 1 塊錢，獲勝時馬場要賠給你 12 塊。雖然賠率常常用「n 賠 m」來表示，我們也能將其看作簡單的比例：m/n。賠率和機率之間有一個直截了當的關係。

我們可以將你的賭注寫成賠率，也就是「5 賠 100」。但我們要怎麼將之變成機率？你的賠率顯示了你相信條目**不存在**的信念強度比條目**存在**高出多少倍。我們能將這個狀況寫成你和你朋友的信念比例，也就是你相信沒有條目的 $P(H_{沒有條目})$ 對上你朋友相信有條目的 $P(H_{有條目})$：

$$\frac{P\left(H_{沒有條目}\right)}{P\left(H_{有條目}\right)} = \frac{100}{5} = 20$$

從這兩個假設的比例看來，我們可以發現你對沒有條目這個假設的信心，比對你朋友做出的假設要高出 20 倍。我們能用這個事實，加上一些高中代數，找出你所作假設的確切機率。

算出機率

將你進行假設的機率寫成方程式，因為這是我們有興趣知道的那一項：

$$P\left(H_{沒有條目}\right) = 20 \times P\left(H_{有條目}\right)$$

我們可以將此方程式讀作「沒有條目的機率會以 20 倍優於有條目的機率。」

曼德拉效應這件事只有兩個可能：有維基條目，跟沒有維基條目。因為我們的兩個假設涵蓋了所有可能性，我們知道有條目的機率就是 1 減去沒有條目的機率，所以我們能在方程式中，將 $P(H_{有條目})$ 用 $P(H_{沒有條目})$ 代換，成為：

$$P\left(H_{沒有條目}\right) = 20 \times \left(1 - P\left(H_{沒有條目}\right)\right)$$

接下來，我們能將括號內兩項都乘以 20，展開 $20 \times (1 - P(H_{沒有條目}))$，並得到：

$$P\left(H_{沒有條目}\right) = 20 - 20 \times P\left(H_{沒有條目}\right)$$

然後我們在等號兩邊都加上 $20 \times P(H_{沒有條目})$，就能將等號右邊的 $P(H_{沒有條目})$ 這一項移除，並讓 $P(H_{沒有條目})$ 孤立在等號左邊：

$$21 \times P\left(H_{沒有條目}\right) = 20$$

然後將等號兩邊同除 21，最終得到：

$$P\left(H_{沒有條目}\right) = \frac{20}{21}$$

現在你有一個乾淨、整齊，且介於 0～1 之間的定義值了，此值也就是你對沒有曼德拉效應條目這個假設，其信念的具體定量機率。我們可以將剛剛這個把賠率轉變為機率的過程正規化，並寫成下式：

$$P\left(H\right) = \frac{O\left(H\right)}{1 + O\left(H\right)}$$

通常在實際情況中，當你需要為一個抽象信念指派機率時，想想你願意為這個信念下多少賭注相當有幫助。你會願意用 1 賠 1000000 來賭明天太陽會升起，但對你最愛的棒球隊獲勝的情況，你可能會將賠率降低許多。在任一案例中，你都能用我們剛剛的計算過程，算出該信念發生機率的準確數字。

為拋硬幣測量信念

我們現在有一個利用賠率來為抽象概念判斷機率的方式了，但真正的耐受度測試才要開始呢：這個方法是否依然適用於我們之前用計數來計算的拋硬幣案例中呢？與其將單次拋硬幣視為一個**事件**，我們能換個說法，將問題變成「我有多相信下一次拋硬幣的結果會是正面？」現在我們不是在討論 $P($ 正面 $)$ 了，而是一個對拋硬幣結果的假設，或說信念，也就是 $P(H_{正面})$。

跟之前一樣，我們需要一個對立假設來比較我們的信念。我們可以單純地說對立假設就是沒有得到正面 $H_{¬正面}$，但得到反面 $H_{反面}$ 這個選項比較貼近我們的日常生活，所以我們會用後者。畢竟我們最在乎的是要合情合理。不過，在這個討論中，還是必須要認知到：

$$H_{反面} = H_{¬正面}, 且 P\left(H_{反面}\right) = 1 - P\left(H_{正面}\right)$$

看看我們能如何將信念建模成這些競爭假設間的比例：

$$\frac{P\left(H_{正面}\right)}{P\left(H_{反面}\right)} = ?$$

還記得嗎？我們想要將此式讀作「我相信這個結果會是正面的信念比我認為會是反面的信念要強上幾倍？」隨著賭局開始，由於每個結果的不確定性完全一樣，所以唯一公正的賠率會是 1 賠 1。當然，我們也能挑任何賠率，只要兩個數字相同就行：2 賠 2、5 賠 5，或 10 賠 10。這些賠率全部都有一樣的比例：

$$\frac{P\left(H_{正面}\right)}{P\left(H_{反面}\right)} = \frac{10}{10} = \frac{5}{5} = \frac{2}{2} = \frac{1}{1} = 1$$

由於這個比例永遠都會是一樣的，所以我們可以直接重複之前為「曼德拉效應條目不存在於維基百科」計算機率的這個過程。已知得到正面的機率和得到反面的機率相加必定為 1，且這兩個機率的比例也是 1，所以現在有兩個能描述機率的方式：

$$P\left(H_{正面}\right) + P\left(H_{反面}\right) = 1, \text{且} \ \frac{P\left(H_{正面}\right)}{P\left(H_{反面}\right)} = 1$$

如果你走過剛剛我們對曼德拉效應作的推理過程，解出 $P(H_{正面})$，你應該會發現這個問題的唯一可能解為 1/2。這與我們用第一個方式計算事件機率時得到的答案相同，而這也證明了我們用來計算信念機率的方式非常穩固，能用在數個事件的機率計算上！

你手上有這兩種方法，我知道你會想問應該要在哪個情況用哪種方法。好消息是，由於這兩個方法對我們來說是相等的，所以你只要選用對解題最輕鬆的那個方式就行了。

總結

在這一章，我們探索了兩種不同的機率：事件和信念。我們將機率定義為在意結果總數對上可能結果總數的比例。

雖然這是機率最普遍的定義，但還是很難套用到信念上，因為最實際、日常會發生的機率問題通常沒有清楚明白的結果，也沒有依照直覺就能指派的離散數目。

要算出信念的機率，我們需要建立出自己對某假設的信心強度是另一假設的多少倍。其中一個不錯的測試方法就是看看你會願意為自己的信念下多少賭注。比方說，如果你跟朋友打賭，要是他們能證明飛碟存在，你就給他們 1000 塊，要是他們證明飛碟不存在，則要給你 1 塊。這裡你就是在表達自己相信飛碟不存在的信心強度比存在要高出 1000 倍。

有了這些工具，你現在可以計算大範圍問題的機率了。在下一章，你會學到如何將邏輯中的基礎運算子交集（AND）和聯集（OR）套用到機率中。但在繼續前進之前，用你在本章中學到的東西，完成下面的練習。

習題

試著回答下列問題，確認你是否知道要如何為我們的信念指派一個 0 ～ 1 之間的真值。

1. 擲兩顆六面骰子，得到的點數大於 7 的機率為何？

2. 擲三顆六面骰子，得到的點數大於 7 的機率為何？

3. 棒球賽事中，洋基對上了紅襪。你是紅襪隊的超級鐵粉，跟朋友打賭他們一定會贏得比賽。如果紅襪輸了，你願意付他們 30 塊，但如果紅襪贏了，就要給你 5 塊。你根據直覺，指派給紅襪隊的獲勝機率為何？

3

不確定性的邏輯

在第二章，我們討論機率如何能在邏輯論證中成為真假值的延伸，並用一個介於 0～1 之間的數值來表示它。機率在這兩個極值之間的勢力，就是它能表達的可能值域為無窮大。在此章中，我們會根據下面這些邏輯運算子，討論邏輯規則為何也能應用在機率運算上。傳統上，有三個重要的邏輯運算子：

- 交集：且（AND）

- 聯集：或（OR）

- 差集：非（NOT）

利用這三個簡單的運算子，我們就能用傳統的邏輯來對任何論點進行推理。舉例來說，*如果我正要出門且外面正在下雨，那麼我會需要一把雨傘*。這個情況只包含了一個邏輯運算子：**且**。根據這個運算子，我們能得知若現在外面真的在下雨，**且**我的確正要出門，那麼我就會需要一把雨傘。

我們也可以改變措辭，將其他的運算子套入同一個情況：*如果現在並非在下雨或我並非要出門，那麼我就不會需要一把雨傘*。在這個例子中，我們用基本的邏輯運算子及事實陳述，來決定我們何時需要或不需要一把雨傘。

然而，這種邏輯推理的方式只適用在現實狀況的真假無庸置疑的時候。我們在這個例子中，討論的是當下的情況，所以我們能明確知道現在是否在下雨，以及我是否要出門，並能因此輕鬆地判斷自己是否需要一把雨傘。但如果換個方式，將問題變成：「明天我會需要一把雨傘嗎？」在這樣的情況下，實際狀況就成了未知數，因為氣象報告能告訴我的只有降雨的機率，而我也不能保證自己是否會需要出門。

這一章將解釋如何延伸這三個邏輯運算子來與機率合作，這麼做，會讓我們能用傳統上推算肯定事實的邏輯，來對未有定論的資訊進行推理。我們已經看過在機率推理中該如何定義**差集**：

$$\neg P(X) = 1 - P(X)$$

接下來將告訴你如何將另外兩個運算子**交集**和**聯集**與機率結合，讓我們能得到更準確並具有用處的資料。

當機率遇上交集：且（AND）

在統計學中，我們用**交集**來討論組合事件發生的機率，舉例來說：

- 擲出一顆骰子得到 6 點**且**拋硬幣的結果為正面

- 現在正在下雨**且**你忘了帶雨傘出門

- 成為樂透彩贏家**且**被閃電擊中

我們用一枚硬幣和一顆六面骰子，來解釋如何定義機率中的**交集**。

解出兩個機率的組合

若我們想要知道擲骰子得到 6 點，**且**拋硬幣得到正面的機率為何。首先，一開始就知道這兩項獨立結果的機率分別為；

$$P\left(正面\right)=\frac{1}{2},\ P\left(6點\right)=\frac{1}{6}$$

而現在想要知道兩件事同時發生的機率為何：

$$P\left(正面,\ 6點\right)=?$$

我們能將第二章的計算方式運用於此：先算出我們想要得到的組合會出現幾次，再除以所有組合的總數。

在這個例子中，先假設這些事件是按順序發生的。當我們拋一枚硬幣時，會有兩種可能的結果，不是正面，就是反面，如圖 3-1 所示。

圖 3-1　將拋硬幣會得到的兩種結果以樹狀圖呈現

接著，這兩種結果各有可能碰上六種擲骰子的結果，如圖 3-2 所示。

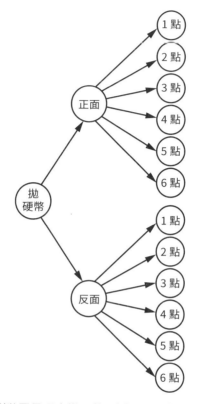

圖 3-2　用樹狀圖呈現出拋硬幣及擲骰子可能出現的所有組合

利用這樣的視覺輔助，我們就能直接數出想要得到的組合有幾種。拋一枚硬幣和擲一顆骰子總共可能產生 12 種組合，而我們在乎的只有其中一種，也就是：

$$P\left(\text{正面},\ 6\text{點}\right) = \frac{1}{12}$$

我們已經有這個問題的解決方案了。但我們想要的其實是一個通則，幫助我們計算任何數量的機率組合。接著來看看要如何將這個解決方案延伸運用。

套用機率中的乘積法則

用同一個例子：拋出正面且擲出 6 點的機率為何？首先我們要知道拋出正面的機率是多少。看看這個樹狀圖，我們能根據機率知道會產生多少分支。其中，我們只在乎包含正面的分支，也因為得到正面的機率是 1/2，所以我們能直接刪去一半的結果。接著，單看正面這條分支，會發現我們在乎的 6 點這個結果出現的機率只有 1/6。在圖 3-3 中，你能看到這整個推理的流程，並看出我們想得到的組合只存在一種可能。

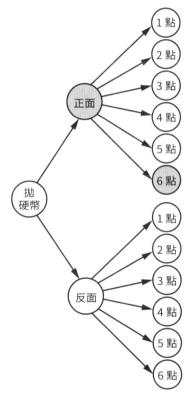

圖 3-3　用樹狀圖看懂拋出正面且擲出 6 點的機率

如果我們將這兩個機率相乘，就會得到：

$$\frac{1}{2} \times \frac{1}{6} = \frac{1}{12}$$

這正是我們之前得出的答案。但這一次，我們並沒有花時間算出所有可能事件，而是順著樹狀圖，僅算出我們在乎的那個組合出現的機率。對這種單純的問題來說，用畫圖來算出結果相當簡單，但這個過程最大的價值，其實在於展現了組合機率中計算**交集**的通則：

$$P(A,B) = P(A) \times P(B)$$

由於我們的作法是將結果相乘，亦稱取得這些結果的**乘積**，因此，這也叫做機率的**乘積法則**。

這個法則也能擴展並囊括更多機率。若將 $P(A,B)$ 視為單一機率，我們能重複這個過程，加上第三個機率 $P(C)$：

$$P(P(A,B),C) = P(A,B) \times P(C) = P(A) \times P(B) \times P(C)$$

由此可知，想算出最終機率，我們能用乘積法則來組合的事件沒有數量限制。

範例：計算遲到的可能性

運用乘積法則，我們來計算一個比擲骰子和拋硬幣稍微複雜一點的問題。想像你和朋友下午 4:30 約在城鎮另一頭的咖啡廳，而你打算搭乘大眾運輸工具前往。現在是下午 3:30，你所在的車站有火車和巴士兩種能到達目的地的交通工具，且：

- 下一班巴士表訂於 3:45 抵達，抵達咖啡廳的車程為 45 分鐘。

- 下一班火車表訂於 3:50 抵達，並於 30 分鐘車程及 10 分鐘步行後抵達目的地。

選擇火車或巴士都能將你在 4:30 準時送達目的地，但因為你的時間抓得非常剛好，所以任何延誤都會讓你遲到。好消息是，由於巴士的抵達時間比火車早，所以如果巴士延誤了，你還是能坐火車準時抵達；而如果是火車延誤了，對坐巴士的你來說也沒有影響。只有當火車和巴士雙雙誤點時，才是唯一會造成你遲到的情況。那麼要如何算出遲到的機率呢？

首先，你需要先建立出火車和巴士誤點的機率。我們先假定當地的交通機關有公布這些數據（稍後會告訴你如何從資料中得出這些預估值）。

$$P\left(誤點_{火車}\right) = 0.15$$
$$P\left(誤點_{巴士}\right) = 0.2$$

這些已公布的數據讓我們得知火車的誤點率是 15%，而巴士則為 20%。由於無法準時赴約的情況只會發生在巴士及火車同時延誤的情況下，因此我們能用乘積法則來解決這個問題：

$$P\left(遲到\right) = P\left(誤點_{火車}\right) \times P\left(誤點_{巴士}\right) = 0.15 \times 0.2 = 0.03$$

雖然巴士或火車其中一種會延誤的可能性都不算低，但兩者會同時延誤的機率大幅降低到 0.03，也就是兩項交通工具都會誤點的機率只有 3%。根據這項計算結果，我想你可以稍微放心了。

當機率碰上聯集：或（OR）

組合機率中的另一個重要法則就是**聯集**，舉例來說：

- 得到流感**或**單純著涼

- 拋硬幣得到正面**或**擲骰子得到 6 點

- 路途中遇上爆胎**或**油箱見底

計算某一事件**或**另一事件發生的機率會稍微複雜一些，因為事件彼此可能為互斥或非互斥。**互斥**表示一個事件成立，同時代表另一個事件不可能發生。舉例來說，擲骰子的所有結果皆為互斥事件，因為 1 點和 6 點兩種點數不可能同時產生。然而，如果說取消棒球比賽的條件是下雨或教練生病，這就是非互斥事件，因為在下雨時教練剛好也生病的狀況確實有可能發生。

計算互斥情況的聯集

就邏輯上來說，好像可以用直覺來計算兩件事的聯集。如果有人問你：「拋一枚硬幣，得到正面或反面的機率是多少？」你會回答：「1。」因為我們都知道：

$$P\left(正面\right) = \frac{1}{2} \, \text{、} \, P\left(反面\right) = \frac{1}{2}$$

出於直覺，我們可能會直接將這些事件的機率相加，而我們也知道這行得通，因為正反兩面是拋硬幣唯一可能出現的兩種結果，而所有可能結果的機率相加必定等於 1。如果所有可能事件的機率相加不等於 1，就肯定有哪裡出了紕漏。那麼，當總和小於 1 的時候，我們怎麼知道一定缺少了某項結果呢？

假定我們知道拋出正面的機率為 $P($ 正面 $) = 1/2$，而有人聲稱拋出反面的機率為 $P($ 反面 $) = 1/3$。根據之前的經驗，我們知道並非拋出正面的機率必定為：

$$非 P\left(正面\right) = 1 - \frac{1}{2} = \frac{1}{2}$$

由於不會得到正面的機率為 1/2，而聲稱得到反面的機率僅有 1/3，那麼不是缺少了某個事件，就是得到反面的機率有誤。

我們從這裡能了解，只要所有結果皆為互斥事件，我們就能用簡單的加法，將所有可能事件的機率相加，得到任一事件發生的機率，然後再由此算出其中一個事件**或**另一事件發生的機率。擲骰子的例子也符合這個情況。已知擲出 1 點的機率為 1/6，且擲出 2 點的機率也相同：

$$P\left(1點\right) = \frac{1}{6} \cdot P\left(2點\right) = \frac{1}{6}$$

所以我們能用同樣的方式，將兩個事件的機率相加，並得知擲出 1 點**或** 2 點的機率為 2/6，也就是 1/3：

$$P\left(1點\right) + P\left(2點\right) = \frac{2}{6} = \frac{1}{3}$$

同樣地，這用直覺思考相當合理。

這樣的加法方式只適用於**互斥**事件的組合，用機率的術語來解釋，互斥的意思就是：

$$P\left(A\right) 且 P\left(B\right) = 0$$

也就是說，能夠同時得到 A 與 B 兩個結果的機率為 0。這樣的結果也與我們的例子相符：

- 拋一枚硬幣時，不可能同時得到正面和反面。

- 擲一顆骰子時，不可能一次得到 1 點和 2 點。

要真正了解組合機率中**聯集：或（OR）**的應用，我們還需要再看看那些非互斥事件。

非互斥事件的求和定則

我們繼續使用擲骰子和拋硬幣的例子，看看拋出正面**或**擲出 6 點的機率是多少。對機率的初學者來說，可能會天真地以為繼續將每項結果的機率相加就行了。已知 $P($ 正面 $) = 1/2$ 且 $P(6$ 點 $) = 1/6$，要說兩項結果發生其中一項的機率為 4/6，看起來似乎挺合理的；但只要我們換一個角度，你就會意識到這並不可行。如果我們現在將問題改成拋出正面或擲出一個小於 6 的點數，基於 $P($ 小於 6 點 $) = 5/6$，再加上拋出正面的機率，結果會是 8/6，大於 1 這個極值！

這樣的結果違反了機率一定介於 0 ～ 1 之間的原則，也就是說，一定有哪裡出了錯。

問題就在於拋出正面且擲出 6 點這兩個結果為非互斥事件。在本章早些時候，我們已推算出 $P($ 正面 , 6 點 $) = 1/12$，表示這兩個事件同時發生的機率並非為 0，因此，根據定義，我們可知道它們並非互斥。

計算非互斥事件時不能單純地將所有機率相加，因為這麼做的結果會使兩件事同時發生的情況被重複計算。舉例來說，在硬幣與骰子的組合中，所有拋出正面的結果有：

正面－ 1 點　　正面－ 4 點

正面－ 2 點　　正面－ 5 點

正面－ 3 點　　正面－ 6 點

這些結果呈現的是 12 種可能結果中的 6 種，也就是我們預期的 $P($ 正面 $) = 1/2$。接著看看所有擲出點數 6 的結果：

正面－ 6 點

反面－ 6 點

這些結果呈現的是在 12 種可能結果中，會得到點數 6 的 2 種結果，與我們預期的的 $P(6$ 點$) = 1/6$ 相同。基於總共有 6 種結果符合拋出正面這個條件，並有 2 種結果符合擲出 6 點這個條件，我們可能會直接認為任一條件會發生的結果總共有 8 種。然而，正面－6 點在兩個清單中都有列出，也就是說如果我們單純地將 $P($ 正面$)$ 和 $P(6$ 點$)$ 相加，在重複計算下得到的答案其實是超量的。而事實上，在 12 種獨特結果中，只有 7 種符合我們的條件。

為了取得正確的機率，我們必須將所有機率相加後，減去兩個事件同時發生的機率，也就是用**聯集**來計算非互斥事件的機率，稱為機率的**求和定則**：

$$P(A) \text{ 或 } P(B) = P(A) + P(B) - P(A, B)$$

我們將每個事件發生的機率相加，並減去兩個事件同時發生的機率，以確保同屬於 $P(A)$ 及 $P(B)$ 的結果不會被重複計算。所以在我們擲骰子和拋硬幣的例子中，擲骰子的結果小於 6 點或是拋硬幣的結果為正面的機率為：

$$P(\text{正面}) \text{ 或 } P(6\text{點}) = P(\text{正面}) + P(6\text{點}) - P(\text{正面}, 6\text{點}) = \frac{1}{2} + \frac{1}{6} - \frac{1}{12} = \frac{7}{12}$$

最後，我們再用一個**聯集**的例子來鞏固這個概念。

範例：計算得到鉅額罰款的機率

想像一個新的場景：你正開著車，展開公路旅行，卻因超速而被攔停。由於已經很久沒有被要求靠邊停車了，你突然想到自己很可能忘了將新的行照和汽車保險證放在副駕駛座的儲物箱。兩樣之中要是少了任何一樣，罰單的金額就會變得更高。在你打開儲物箱之前，要如何算出缺少其中一份文件，並因此得到高額罰款的機率呢？

首先，你相當肯定自己有將行照放在車上，並對此事指派 0.7 這個機率。同時，你也相當確定自己將汽車保險證留在家裡的櫃台上，所以認為能在車內找到它的機率只有 0.2。現在的狀況是：

$$P\left(\text{行照}\right) = 0.7$$
$$P\left(\text{保險證}\right) = 0.2$$

這兩個數字都是你**能夠**在儲物箱中找到文件的機率，然而你真正擔心的是其中任何一樣文件**不在現場**。要得知文件不在車上的機率，只需簡單運用減法：

$$P\left(\text{缺少}_{\text{行照}}\right) = 1 - P\left(\text{行照}\right) = 0.3$$
$$P\left(\text{缺少}_{\text{保險證}}\right) = 1 - P\left(\text{保險證}\right) = 0.8$$

如果我們用的是加法，而不是完整的求和定則來計算這個組合機率，得到的結果會大於 1：

$$P\left(\text{缺少}_{\text{行照}}\right) + P\left(\text{缺少}_{\text{保險證}}\right) = 1.1$$

這是因為兩件事並非互斥：兩份文件完全有可能都不在車上。也就是說，上面這個方法會害我們重複計算，而我們必須要找到同時缺少兩份文件的機率，並將這個值減去。關於這點，我們可以用乘積法則來找到答案：

$$P\left(\text{缺少}_{\text{行照}}, \text{缺少}_{\text{保險證}}\right) = 0.24$$

現在我們能用求和定則，算出至少缺少一份的文件機率了。這個過程與之前計算拋出正面或擲出 6 點的例子是相同的：

$$P\left(\text{缺少}\right) = P\left(\text{缺少}_{\text{行照}}\right) + P\left(\text{缺少}_{\text{保險證}}\right) - P\left(\text{缺少}_{\text{行照}}, \text{缺少}_{\text{保險證}}\right) = 0.86$$

現在我們知道了，儲物箱中缺少任一份重要證件的機率高達了 0.86，你對警員的態度最好客氣一些啦！

總結

在本章中，我們在組合機率加上了**交集**以及**聯集**，讓你對未有定論的事件建立起了完整的邏輯。現在讓我們來複習截至目前為止所學的所有邏輯規則。

在第二章，你學到了機率的尺度量數介於 0 ～ 1 之間，0 代表著虛假（絕對不可能發生），而 1 代表**真實**（一定會發生）。接著談到了一個重要的邏輯規則，教你如何用**交集**來組合機率，也就是利用乘積法則將兩個事件 $P(A)$ 及 $P(B)$ 相乘，並得到它們同時發生的機率：

$$P(A, B) = P(A) \times P(B)$$

最後一個規則包含了利用求和定則來計算組合機率的**聯集**。這個求和定則有點麻煩，因為我們如果只是單純地將各個非互斥事件的機率相加，最終會重複計算兩個事件同時發生的狀況，所以還必須減掉兩個事件同時發生的機率。我們在求和定則中加入乘積法則來解決這個情況（若為非互斥事件，則 $P(A, B) = 0$）：

$$P(A \text{ 或 } B) = P(A) + P(B) - P(A, B)$$

這些在本章和第二章中提及的規則都讓我們能表述大範圍的問題，而本書的邏輯推理也將建立在這個基礎上。

習題

試著回答下列問題，看看你是否真的理解邏輯規則該如何應用在機率問題上。

1. 擲一顆 20 面的骰子，連續擲出 3 次 20 點的機率為何？

2. 天氣預報表示明天的降雨機率有 10%，而你出門時基本上有一半的時間會忘記帶傘，那麼你明天碰上下雨，身邊又沒有傘的機率是多少？

3. 生蛋含有沙門桿菌的機率為 1/20000，假設你吃了兩顆生蛋，那麼其中一個生蛋有沙門桿菌的機率為何？

4. 拋 2 枚硬幣都得到正面，或擲 3 顆六面骰子都得到 6 點的機率為何？

4

建立二項機率分布

在第三章，你學到了一些機率的基本規則，包括一些普遍的邏輯運算子：交集（且）、聯集（或），和差集（非）。在這一章，我們會用這些規則來建立我們的第一個機率分布，這個方法能用來描述所有可能事件，以及每個可能事件的發生機率，並經常被認為是能讓統計學被廣泛接納的一個方式。我們會藉由定義函數，歸納一組特定的機率問題，並帶你認識機率分布。也就是說，我們會建立一個能計算全面情況的機率分布，而不是只針對某個特定案例。

所謂歸納，就是找出每個問題的共通元素並將它們提取出來，統計學家用這種方式來大幅簡化廣泛問題的解題過程。這個方式在面對複雜問題，或缺少某些重要細節時特別有用。在這些情況中，我們可以將容易理解的機率分布作為估計，來解釋真實世界中我們無法完全理解的那些行為。

機率分布對於算出所有可能數值的範圍也相當有幫助。舉例來說，我們可能會用機率分布來求出下列機率：某位顧客的年薪在 30000 至 45000 之間，某個成人的身高大於 208 公分，或有 25% 至 35% 的人在造訪網站後會申請帳號。許多機率分布的計算過程都包含了相當複雜的方程式，需要花一點時間來消化。不過，所有機率分布下的方程式其實都是由前面幾章提過的基本規則推導出來的。

二項分布的結構

第一個要傳授給你的分布是**二項**分布。這個分布根據一些試驗以及得到成功結果的機率，得出特定成功結果數的機率。其中，「二項」代表著我們想要知道的兩個可能結果：事件有發生，和事件*沒有*發生。如果結果超過兩項，這就會稱為**多項**分布。下面這幾個與機率有關的問題都符合二項分布：

- 拋三次硬幣，其中有兩次結果是正面

- 購買一百萬張樂透彩券，其中至少有一張中獎

- 擲一個 20 面骰子 10 次，其中得到 20 點的次數不超過三次

上述三個問題的結構都很相似，也的確如此，因為所有的二項分布都包含三個參數：

k　我們在乎的結果數

n　試驗總數

p 　該事件發生的機率

這些參數都是我們在分布中輸入的資料。所以，在計算拋三次硬幣會得到兩次正面的機率時；

- $k = 2$，在乎的結果，也就是拋出正面的次數

- $n = 3$，拋硬幣的總次數

- $p = 1/2$，拋一次硬幣，得到正面的機率

我們可以建立一個二項分布來歸納這類問題，好用這三個參數輕鬆地解決任何問題。用速記法來表述這個分布，會是：

$$B\left(k; n, p\right)$$

以拋三次硬幣為例，此式為 $B(2; 3, 1/2)$，其中 B 代表二項分布。要注意的是，k 與其他的參數是以分號作區分，這是因為當我們談到數值的分布時，通常在乎的是在 n 和 p 不變的情況下，所有的 k 值。所以 $B(k; n, p)$ 指稱的是這個分布中的每一個值，但通常整個分布會以簡單的 $B(n, p)$ 表示。

再深入一點，我們看看要如何建立出一個函數，讓我們能將上述所有問題歸納成二項分布。

了解並提取出問題中的細節

要看看建立分布能如何簡化機率，其中一個最好的方式，就是找一個具體的案例，試著解題，再從中盡可能地提取最多變數。我們會繼續用拋三次硬幣能得到兩次正面的這個機率題來舉例。

由於可能產生的所有結果並不多，我們只要用紙筆稍微寫一下就能輕鬆地知道所有組合。在拋三次硬幣中，能得到兩次正面的結果有：

正正反、正反正、反正正

現在，你可能會忍不住想用列舉的方式來找到其他的所有結果，然後再用我們在意的結果總數除以所有可能結果的總數（就這個例子來說，有 8 種）。這個做法單單用在這個問題當然可以，但我們的目標是要能解出符合下列形式的任何問題：根據事件發生的機率，在一些試驗中得出一組結果。

如果我們只能解決這類問題中的這一個狀況，而不能歸納出一個通則，就表示一旦參數改變，我們就又得面對一個全新的問題。舉例來說，只要稍微調整問題，變成「拋四次硬幣，其中兩次為正面的機率為何？」就意味著我們又必須找出另一個獨一無二的解決方案。但其實我們可以用機率的規則來推算出這個問題的解答。

開始歸納吧！先將這個大問題拆解成能夠立即解出的小問題，再將這些小問題轉換成方便處理的方程式。在建立起這些方程式之後，我們將它們放在一起，就能創造出這個二項分布的廣義函數。

首先，你會發現我們在乎的每一個結果其發生機率完全相同。每一個結果都只是一種排列組合，也就是其他結果重新定序的樣子：

$$P\big(\{正,\ 正,\ 反\}\big) = P\big(\{正,\ 反,\ 正\}\big) = P\big(\{反,\ 正,\ 正\}\big)$$

既然事實如此，我們就簡單一點，稱之為：

$$P\big(目標結果\big)$$

這樣的結果總共有三個，但只有一種會發生，而我們也不在乎是哪一個。而且因為只有一種結果會發生，所以我們知道這三個結果彼此互斥，指稱為：

$$P\big(\{正,\ 正,\ 反\}, \{正,\ 反,\ 正\}, \{反,\ 正,\ 正\}\big) = 0$$

這樣一來，機率的求和定則就變簡單了，我們現在可以輕鬆地將之總結為：

$$P\left(\{正,\ 正,\ 反\}\ 或\ \{正,\ 反,\ 正\}\ 或\ \{反,\ 正,\ 正\}\right) =$$
$$P\left(目標結果\right) + P\left(目標結果\right) + P\left(目標結果\right)$$

當然，這三項相加也就是：

$$3 \times P\left(目標結果\right)$$

現在，我們有一個能表示在意結果的簡短說法了；但麻煩的是，在我們的歸納過程中，產生了 3 這個特定數。好險我們能輕鬆地解決這個問題，只要將 3 代換成 $N_{結果}$ 這個變數就可以了。這樣一來，我們就得到了一個簡約的通則：

$$B\left(k;\ n,\ p\right) = N_{結果} \times P\left(目標結果\right)$$

現在我們要來解決兩個子問題：如何算出我們在意的結果總數，及如何定義單一結果發生的機率。一旦我們把這些問題賦予形體，就作好萬全準備了！

用二項式係數算出結果總數

首先，我們要找出在已知 k（我們在意的結果）和 n（試驗次數）的情況下，總共可能產生多少結果。我們可以直接用簡單的計數來得出小數目，如果想要知道拋五次硬幣，得到四次正面的結果有哪些，我們能數出五種符合目標的結果：

正正正正反、正反正正正、正正反正正、正正正反正、正正正正反

但像這樣的狀況，其實不用作太大的更動，就能變得難以列舉。舉例來說：擲一個六面骰子三次，其中有兩次擲得 6 點的機率為何？

這依舊是個二項式的問題，因為可能的結果只有兩種：是 6 點，或不是 6 點；只不過「不是 6 點」這個結果包含的事件量要比另個一結果多得多。試著列舉所有結果，你很快就會發現，即便是一個擲三次骰子的小問題，這件事也會很快就變得冗長又乏味：

$$6 - 6 - 1$$
$$6 - 6 - 2$$
$$6 - 6 - 3$$
$$\cdots$$
$$4 - 6 - 6$$
$$\cdots$$
$$5 - 6 - 6$$
$$\cdots$$

我們可以清楚看到，就算是對如此容易解決的問題來說，列舉所有結果的做法仍顯不足。而解決方案就是使用組合數學。

組合數學：二項式係數的進階計數法

如果我們看看數學界的另一個領域：組合數學，就能對這個問題產生一些見解，而這其實只是一種進階計數法的名稱而已。

組合數學中有一個獨特的運算子，稱作二項式係數，代表的是我們從 n 取 k 的這個計數方式有幾種，也就是在所有試驗結果中，挑出我們在意的那些結果。二項式係數的記號如下：

$$\binom{n}{k}$$

此式讀做「n 取 k」。套用到我們的案例上，就可以將「拋三次硬幣得到兩次正面」寫為：

$$\binom{3}{2}$$

而此運算的定義為：

$$\binom{n}{k} = \frac{n!}{k! \times (n-k)!}$$

驚嘆號！代表階乘，也就是在！這個記號前所有小於及等於該數的正整數乘積。好比說，5! = (5×4×3×2×1)。

大部分的數學程式語言會用 choose() 函數來表示二項式係數。舉例來說，要計算拋三次硬幣得到兩次正面的二項式係數，我們能用數學程式語言 R 中這個呼叫指令：

```
choose(3,2)
>>3
```

有了這個能算出在意結果總數的通則，就能夠歸納出我們的公式：

$$B(k; n, p) = \binom{n}{k} \times P(\text{目標結果})$$

回憶一下，$P($目標結果$)$ 代表的是拋三次硬幣得到任一個兩次正面組合的機率。這個值在前述的方程式中一直佔了個位置，但我們其實不知道要如何算出它的實際數值。$P($單項結果$)$ 的答案是我們這幅拼圖中唯一的缺片，只要解開這個部分，我們就能輕易地將整類問題一概而論了。

計算目標結果的機率

我們現在唯一要做的就是找出 $P($目標結果$)$ 的答案，也就是我們在意的任何可能事件發生的機率。截至目前為止，我們將 $P($目標結果$)$ 視為一個變數，幫助我們整理出這個問題的解決方案。但現在，我們得找出究竟要如何算出這個數值。我們來看看拋五次硬幣有兩次是正面的機率為何，這次我們會特別針對其中一個符合條件的結果：

正正反反反

已知拋一次硬幣，得到正面的機率是 1/2。接下來，我們會用 $P($ 正面 $)$ 來代替這個數值，因為要將這個問題歸納成一個通則，我們最好不要因機率的固定數值而停滯不前。用上前一章學到的乘積法則和否定語句，我們能將這個問題寫做：

$$P\left(\text{正面, 正面, 非正面, 非正面, 非正面}\right)$$

抑或是比較囉嗦的版本：「拋硬幣依序得到正面、正面、非正面、非正面、非正面這個組合的機率。」

否定項告訴了我們「非正面」能用 $1 - P($ 正面 $)$ 來表示，所以我們能用乘積法則來解開剩下的部分：

$$P\left(\text{正面, 正面, 非正面, 非正面, 非正面}\right) =$$
$$P\left(\text{正面}\right) \times P\left(\text{正面}\right) \times \left(1 - P\left(\text{正面}\right)\right) \times \left(1 - P\left(\text{正面}\right)\right) \times \left(1 - P\left(\text{正面}\right)\right)$$

用指數來簡化這個乘式，得到：

$$P\left(\text{正面}\right)^2 \times \left(1 - P\left(\text{正面}\right)\right)^3$$

合併這些式子，我們能看到：

$$\left(\text{拋五次硬幣，其中兩次是正面}\right) = P\left(\text{正面}\right)^2 \times \left(1 - P\left(\text{正面}\right)\right)^3$$

不難發現，$P($ 正面 $)^2$ 和 $(1-P($ 正面 $))^3$ 的指數正好就是這個情境中，正面和非正面出現的次數。這與 k 和 $n\text{-}k$ 兩個值一模一樣，前者是我們在意的結果總數，而後者是試驗總數減去在意的結果總數。將這些資料合併，就能將專為這個案例的存在的數目清除，並建立出一個更全面的公式：

$$\binom{n}{k} \times P\left(\text{正面}\right)^k \times \left(1 - P\left(\text{正面}\right)\right)^{n-k}$$

讓我們繼續歸納，好讓這個方程式不只能計算得到正面的機率，而是能用在任何機率問題上。用 p 代替 $P($ 正面 $)$，我們就能得到通用解法，包含在意的結果總數、試驗總數，以及個別結果的機率：

$$B\left(k; n, p\right) = \binom{n}{k} \times p^{k} \times \left(1 - p\right)^{n-k}$$

有了這個方程式，任何拋硬幣的問題都難不倒我們了。舉例來說，要計算拋 24 次硬幣，得到 12 次正面的機率，其算式如下：

$$B\left(12; 24, \frac{1}{2}\right) = \binom{24}{12} \times \frac{1}{2}^{12} \times \left(1 - \frac{1}{2}\right)^{24-12} = 0.1612$$

在你接觸到二項分布以前，要解開這個問題可是棘手多了！

這個公式是二項分布的基礎，稱作機率質量函數（Probability Mass Function, PMF）。其中質量一詞的存在，是因為只要有任意 k，且 n 和 p 固定不變，我們就能藉此算出機率的數值，所以稱之為機率的質量。

舉例來說，拋 10 次硬幣，並將 k 的所有可能數值代入機率質量函數，然後畫出這個囊括所有可能數值的二次分布，如圖 4-1 所示。

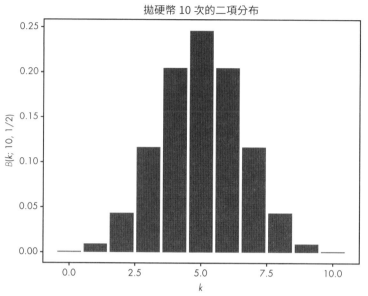

圖 4-1 這個長條圖顯示了在 10 次硬幣拋接中得到 k 的機率

同樣用二項分布，我們來看看擲一顆六面骰子 10 次，得到一次 6 點的機率又會是什麼樣子，如圖 4-2 所示。

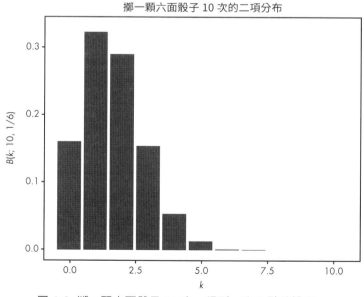

圖 4-2 擲一顆六面骰子 10 次，得到一次 6 點的機率。

如你所見，機率分布是一個能歸納整類問題的方法。現在我們有了這個分布，就等於是有了一個能解決廣泛問題的有效方法。但別忘了，這個分布是從簡單的機率規則導出的。現在讓我們來測試測試。

範例：抽卡遊戲

抽卡遊戲在日本尤其流行。這是一種手機遊戲，玩家用遊戲中的貨幣抽取虛擬卡片，而狡猾之處在於抽卡的結果是隨機的，所以當玩家購買卡片時，他們不能指定自己想要的那張卡片。由於每張卡片受歡迎的程度不同，所以這種遊戲會鼓勵玩家不斷抽卡，直到抽中自己想要的那一張為止。這個概念跟扭蛋機有點相似。現在就以抽卡遊戲來作例子，看看二項分布如何能幫助我們決定是否要冒這個風險。

情境是這樣的，你現在有一個新的手機遊戲**貝氏決鬥家**。目前你能抽的這個牌組叫做**貝葉**，裡面有一些普通卡牌和一些比較珍貴的特殊卡牌。你可能已經猜到了，貝氏決鬥家中的所有卡牌都是著名的統計學家和機率論者。下面為貝葉牌組中排名最高的幾張牌，及抽到該卡牌的機率：

- 托馬斯‧貝葉斯（Thomas Bayes）：0.721%

- 埃德溫‧湯普森‧傑尼斯（E. T. Jaynes）：0.720%

- 哈羅德‧傑弗里斯（Harold Jeffreys）：0.718%

- 安德魯‧吉爾曼（Andrew Gelman）：0.718%

- 約翰‧克魯希克（John Kruschke）：0.714%

這些特殊卡牌出現的機率只有 0.03591。由於機率總和必定為 1，所以抽到其他你比較沒興趣的卡牌其機率為 0.96409。除此之外，我們將這個牌堆設定為實際無窮，也就是抽出任一張卡牌並不會影響抽到其他卡牌的機率；代表你抽出的卡牌並不會就此從牌堆中消失。實體卡牌的玩法就不是這樣了，從牌堆中抽出的牌，並不會再把它洗回去。

你真的很想抽到傑尼斯的卡牌，好組成一個完整的貝氏菁英戰隊。不過麻煩的是，你必須購買遊戲貨幣「貝幣」才能抽卡。抽一張卡牌必須花費一貝幣，而現在有個特別活動，能讓你只要花 10 塊錢就能得到 100 貝幣。你願意為這個遊戲花的錢也就這麼多了，而前提是你至少能有一半的機率抽到自己想要的卡牌。也就是說，除非抽到傑尼斯的機率等於或大於 0.5，否則你不會願意花錢購買貝幣。

當然啦，我們能把抽到傑尼斯的機率代入二項分布的公式，看看會得到什麼結果：

$$\binom{100}{1} \times 0.00720^1 \times (1 - 0.00720)^{99} = 0.352$$

結果小於 0.5，所以看來我們得放棄了。不對不對，等一下，我們忘了一件非常重要的事！在上面這個公式中，我們計算的是抽到正好一張傑尼斯卡牌的機率，但我們其實有機會抽到兩張，甚至三張！所以我們真正想知道的是抽到至少一張該卡牌的機率，如下式所述：

$$\binom{100}{1} \times 0.00720^1 \times (1 - 0.00720)^{99} + \binom{100}{2} \times 0.00720^2 \times (1 - 0.00720)^{98} +$$

$$\binom{100}{3} \times 0.00720^3 \times (1 - 0.00720)^{97} \ldots$$

並一路計算至第 100 次抽卡，也就是你有的貝幣能抽卡的總數。不過這樣實在是太累了，所以我們換一種方式，用上一個特殊的數學記號 Σ（sigma）：

$$\sum_{k=1}^{100} \binom{100}{k} \times 0.00720^k \times (1 - 0.00720)^{n-k}$$

這個 Σ 代表總和，下方的數是起始值，而上方的數是終止值。所以前述這個方程式簡單來說，就是在 p 為 0.00720 的情況下，將二項分布中所有的 k 值（從 1 至 n）相加。

謄寫的過程是變簡單了，但現在我們真的得算出這個數值了。與其拿出計算機，我認為現在正是個開始使用 R 語言的好時機。在 R 語言中，我們能用 pbinom() 函數來將機率質量函數中的所有值自動加總。請見圖 4-3，看看我們如何用 pbinom() 來解決這個問題。

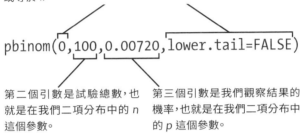

圖 4-3　用 pbinom() 函數來解決這個貝氏決鬥家抽卡遊戲的問題

pbinom() 函數有三個必要引數，和一個任選引數 lower.tail，其預設值為真（TRUE）。當第四個引數為真，表示第一個引數計算的是所有小於或等於該引數的機率和，而當 lower.tail 為假（FALSE），表示第一個引數計算的是所有絕對大於該引數的機率之和（根據預設，我們會得到小於第一個引數的數值）。第二個引數值代表試驗總數 n，而第三個引數值代表成功機率 p。

如果我們將數字代入，並將 lower.tail 設定為假（如圖 4-3 所示），則 R 語言會算出在 100 次抽卡中，你得到至少一張傑尼斯卡牌的機率：

$$\sum_{k=1}^{100}\binom{100}{k}\times 0.00720^{k}\times\left(1-p\right)^{n-k}=0.515$$

53

雖然抽卡結果只有一張傑尼斯卡牌的機率僅有 0.352，但抽到至少一張傑尼斯卡牌的機率可高出許多，值得你去冒這個險！所以乖乖掏出那 10 塊錢，完成自己的貝氏菁英戰隊吧！

總結

我們在本章學到如何用機率的規則（加上一點組合數學的伎倆）來建立出能解決整類問題的通則。任何問題，只要是想要找出 n 個試驗中得到 k 項結果的機率，且這些結果發生的機率為 p，我們現在都能輕鬆地用二項分布來得到答案了：

$$B\left(k; n, p\right) = \binom{n}{k} \times p^{k} \times \left(1-p\right)^{n-k}$$

除了計數以及套用機率規則外，導出這個公式並不需要用上其他的東西。是不是讓你有點驚訝呢？

習題

試著回答下列問題，看看你是否能全面理解二項分布。

1. 我們想知道擲一顆 20 面的骰子 12 次會得到 1 點或 20 點的機率為何。用二項分布來計算，其各個參數為何？

2. 在一疊有 52 張的撲克牌中，總共有 4 張 A。若抽一張牌，放回排堆，洗牌，再抽一張；持續五輪後，總共只抽到 1 張 A 的排列組合有幾種？

3. 流程與問題 2 相同，但改成抽 10 次牌，其中有 5 次抽到 A 的機率為何（別忘了，每次都要將抽出的牌放回牌堆中洗牌重置）？

4. 找工作時，若有不只一間公司想僱用你，對工作的協商總是能比較有利。若你在面試時有 1/5 的機率能得到工作，而你一個月有 7 個面試，這個月結束後，至少有兩間公司要僱用你的機率為何？

5. 你收到了一堆面試通知，最後發現自己下個月有 25 場面試。不過，你知道這樣自己會身心俱疲，且當你感到疲倦，通過面試的機率就會降低 1/10。除非你能得到至少兩個具有競爭力的工作機會，否則你真的不想去參加那麼多場面試。你認為自己比較有可能在 25 場面試中至少被兩間公司錄用，還是會堅持只去其中 7 場？

5

貝他分布

這一章，我們將從前一章的二項分布這個基礎上，介紹另一個機率的分布法：**貝他分布**。你能用貝他分布來估計在已知試驗總數和成功結果總數的情況下，某事件發生的機率為何。舉例來說，若在你的觀察中，拋 100 次硬幣，有 40 次是正面，就能用貝他分布來估計拋硬幣時會得到正面的機率是多少。

在探索貝他分布的同時，我們也會看看機率和統計之間的差異。在機率問題中，我們通常可以得到事件發生的確切機率，但在現實生活中，這樣的情況少之又少。相反地，我們會得到的是資料，而運用這些資料，我們能得出機率的估計值。這就是統計學加入的地方了：讓我們能運用資料，估計大致機率。

詭異情境：取得資料

本章的設定是這樣的：有天，你走進一家古玩店，老闆跟你打了聲招呼，在你稍微瀏覽過後，問你有沒有在找什麼特定的東西。你跟老闆說想看看他的收藏中最奇怪的東西，他笑了一笑，從身後的櫃台拉出某個東西，將一個黑色盒子交到你手上。這個差不多跟魔術方塊一樣大小的盒子，卻是意想不到的沉重。出於好奇，你問道：「這有什麼用途？」

「如果你從上面放進去一枚硬幣，」老闆指了指盒子上方和下方的兩條裂縫，「有時候會從下面跑出兩枚硬幣！」你覺得很有趣，立刻從口袋裡掏出一枚硬幣放進去，但是過了一會兒，什麼都沒有發生。他接著說：「有時候盒子只會把錢給吃了。我拿到這個盒子已經好一陣子了，從來沒看過它因為塞滿而無法投幣，或因為空了而掉不出錢幣。」

你感到相當困惑，又急著想運用你剛剛學到的機率技巧，於是問道：「得到兩枚硬幣的機率有多少？」老闆語帶疑惑地回答道：「我也不曉得。你也看到了，這只是一個黑盒子，沒有任何使用說明。我只知道它會有什麼反應：有時候你會得到兩枚硬幣，而有時候它會把你的硬幣給吃了。」

區分機率、統計，和推論

雖然這是個不太尋常的問題，但其實是一種非常普遍的機率問題。在截至目前為止的所有範例中，除了第一章的飛碟外，我們都已經得到所有可能事件會發生的機率，或至少知道我們願意下多大的賭注。然而，在日常生活中，我們幾乎不曾知道任何事件發生的確切機率，通常只會有一些觀察結果和資料而已。

這正是經常用來區分機率和統計的分水嶺。在機率中，我們知道所有事件會發生的精確機率，而我們在乎的是特定觀察結果發生的可能性。比方說，我們可能得到消息，說在公正的情況下，拋硬幣會得到正面的機率有 1/2，而我們現在想要知道如果拋 20 次硬幣，得到正好7 次正面的機率是多少。

在統計學中，我們會反向回推這個問題：假定你拋了 20 次硬幣，並觀察到 7 次正面，論拋硬幣一次得到正面的機率為何？如你所見，在這個例子中，我們並不知道機率為何。就某方面來說，統計可說是逆向的機率。而這個根據資料，找出機率的過程稱為**推論**，也就是統計學的基礎。

蒐集資料

資料就是統計推論的核心！目前我們對這個古怪盒子的實例只有一個：你放進一枚硬幣，然後什麼都沒得到。我們現在只知道的確有輸錢的可能，雖然老闆說你能贏錢，但我們目前還無法證實這一點。

我們想估計出這個神秘盒會給出兩枚硬幣的機率。首先，得要多試幾次，看看你贏錢的機率有多高。

老闆說他也很想知道這個結果，願意贊助你 40 枚硬幣，你只要將贏到的錢還給他就好。你放入一枚硬幣，這次可好了，掉出兩枚硬幣。現在我們有兩項資料了：這個神秘盒子的確有時會吐出錢來，而有時會把錢吃掉。

在我們的兩次觀測中，你一次輸錢，一次贏錢。根據我們的觀察結果，你可能會單純地認為 $P($ 兩枚硬幣 $) = 1/2$。然而，因為我們的資料有限，所以對這個盒子會吐出兩枚硬幣的真實機率其實還有一些保留空間。為了要得到更多資料，你打算將剩下的所有硬幣通通用上。最後，加上你自己的那枚硬幣，得到如下結果：

贏 14 次

輸 27 次

在不做任何其他分析的情況下，你可能打算直接將 $P($ 兩枚硬幣 $) = 1/2$ 更新為 $P($ 兩枚硬幣 $) = 4/41$。但別忘了，你一開始的猜測呢？新資料是不是能直接否定了 1/2 是正確機率的機會？

計算機率的概率

要解決這個問題，先看看我們手上這兩個可能的機率。這兩者只是我們能從這個神奇盒子中得到兩枚硬幣的假設：

$$P\left(\text{兩枚硬幣}\right) = \frac{1}{2} \ \text{對上} \ P\left(\text{兩枚硬幣}\right) = \frac{14}{41}$$

為了將它們簡化，我們為兩個假設各指定一個變數：

$$H_1 \text{代表} P\left(\text{兩枚硬幣}\right) = \frac{1}{2}$$

$$H_2 \text{代表} P\left(\text{兩枚硬幣}\right) = \frac{14}{41}$$

出於直覺，大部分人會認為 H_2 的可能性更高，因為這正是我們觀察到的實際結果。不過，我們還是需要用數學運算才能確認這一點。

我們可以換個方式思考這個問題，想想每個假設對我們看到的狀況能做出多好的解釋。說的直白一點，就是：「就我們觀察到的結果，H_1 為真跟 H_2 為真的可能分別是多少？」果不其然，我們可以用第四章學到的二項分布來做簡單運算。在這個案例中，已知 $n = 41$ 且 $k = 14$，就目前的情況來說，我們假定 $p = H_1$ 或 H_2。在這裡，我們會用 D 做為這些資料的變數。當我們將這些數值放進二項分布，就會得到下列結果（別忘了你也能用第四章的二項分布公式來計算）：

$$P(D \mid H_1) = B\left(14; 41, \frac{1}{2}\right) \approx 0.016$$

$$P(D \mid H_2) = B\left(14; 41, \frac{14}{41}\right) \approx 0.130$$

換句話說，如果 H_1 為真，表示得到兩枚硬幣的機率為 1/2，那麼在 41 次試驗中，觀察到 14 次此結果的機率大約會是 0.016。然而，若 H_2 為真，表示得到兩枚硬幣的機率為 4/41，那麼觀察到相同結果的機率大約會是 0.130。

這個結果告訴我們，根據資料（在 41 次試驗中有 14 次得到兩枚硬幣），H_2 為真的機率幾乎比 H_1 大上 10 倍！不過，這也顯示出兩個假設都並非不可能，因為根據我們得到的資料，其實還能做出很多其他的假設。舉例來說，我們能將資料理解為 H_3 $P($ 兩枚硬幣 $) = 15/42$。如果想要找出一個規律，我們也可以挑出 0.1 ～ 0.9 之間的所有機率，以 0.1 作為定量增幅，計算在每一個分布中，觀測結果出現的機率，然後據此發展出我們的假設。圖 5-1 闡明了每個數值在後述做法中會是什麼樣子。

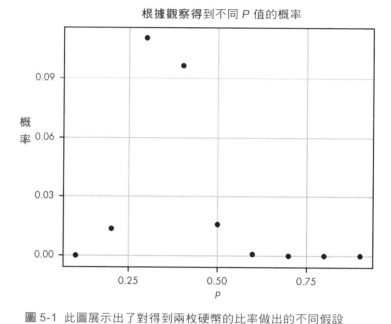

圖 5-1　此圖展示出了對得到兩枚硬幣的比率做出的不同假設

即使有了這些假設，我們仍永遠無法涵蓋所有的可能事件，因為我們
處理的假設量有無窮多。所以，我們得試著用測試更多分布來得到更
多資訊。如果我們重複最後一個實驗，測試在固定增量為 0.01 的情
況下，機率從 0.01 ～ 0.99 的出現概率，會得到圖 5-2。

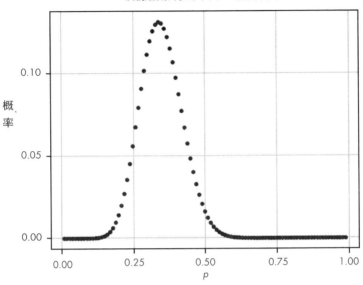

圖 5-2 檢閱更多假設會得到一個明確的圖表

我們或許無法對所有的可能假設進行測試，但這裡明顯產生了一個模式：這看起來像是一個分布圖，代表了我們所相信的黑盒子行為模式。

這看起來是個寶貴的資訊，且我們能從中看出哪裡有最高機率。不過，我們的目標是要在所有的可能假設中，建立出我們的信念模型（也就是我們自身信念的完整機率分布）。這個方法還是有兩個問題，第一，因為可能假設的數量有無窮多，因此不斷使用更小的定量增幅，也不會幫助我們得到準確的完整可能範圍，因為我們永遠會錯失一個無窮數。在現實生活中，這並不是一個太大的問題，因為我們通常也不會在乎像是 0.000001 或是 0.0000011 這樣的極值，但只要能稍微增加這個無窮範圍的精確度，這樣的資料就會更有用。

第二，如果看得更仔細一些，你可能已經在圖表上發現了一個大問題：目前已經有至少 10 個點大於 0.1 了，而我們還要加上無窮多點。這表示我們的機率總和並非為 1！根據機率的規則，我們知道所有可能假設的機率總和必須為 1，如果不是，那就表示一定缺少某些假設。如果總和大於 1，我們就違反了這個機率數值必定介於 0 ～ 1 之間的規則。雖然我們現在有無窮多個可能，但總和還是必須等於 1。這裡就是貝他分布該登場的時候了。

貝他分布

我們要用貝他分布來解決這兩個問題。在二項分布中，我們能將之好好分解成離散數值，但貝他分布不同，它呈現的是連續值域，讓我們能呈現出無窮多個可能假設。

我們用機率密度函數（probability density function）來定義貝他分布，這跟我們在二項分布中使用的機率質量函數非常相似，只不過這個函數是為了連續數值而存在。下面是貝他分布其機率密度函數的公式：

$$\mathrm{Beta}\left(p\,;\alpha,\beta\right)=\frac{p^{\,\alpha-1}\times\left(1-p\right)^{\beta-1}}{\mathrm{beta}\left(\alpha,\beta\right)}$$

這個公式看起來要比二項分布的那個要嚇人多了！但它們其實沒有那麼大的差別。我們不會像機率質量函數那樣從零開始一步一步建立起這個公式，但我們還是能稍微拆解一下這裡發生了什麼事。

拆解機率密度函數

我們先看看這些參數：p、α（alpha），和 β（beta）。

- **p**　代表某一事件發生的機率，在黑盒子這個案例中，這就是我們對可能機率做出的不同假設。

- **α**　代表我們觀察到在意事件的次數，也就是此案例中，從黑盒子得到兩枚硬幣的情況。

β 代表我們在意的事件沒有發生的次數，也就是此案例中，黑盒子吃錢的情況。

試驗總數為 α + β，這點與二項分布不同。在二項分布中，在意的觀察總數為 k，而有限的試驗總數為 n。

機率密度函數的上半部看起來應該相當眼熟，因為這部分跟二項分布的機率質量函數幾乎一模一樣，也就是：

$$B\left(k; n, p\right) = \binom{n}{k} \times p^k \times \left(1-p\right)^{n-k}$$

在機率密度函數中，$p^k \times (1-p)^{n-k}$ 取代了 $p^{\alpha-1} \times (1-p)^{\beta-1}$，並將指數項都減去了 1。我們在方程式中還有另一個函數，就是分母中的 *beta* 函數（注意字首為小寫），這也是為什麼會稱為貝他分布的原因。我們將指數項減去 1，並用貝他函數來將我們的數值正規化，這個過程就是能確保分布總和為 1 的部分。貝他函數是 $p^{\alpha-1} \times (1-p)^{\beta-1}$ 從 0 積分至 1 的結果。關於積分，我們會在下一部分介紹這個概念，但你可以先這麼想，當 p 可以是 0 ～ 1 之間的所有數時，積分就是 $p^{\alpha-1} \times (1-p)^{\beta-1}$ 得出之所有可能數值的總和。至於為什麼將指數項減去 1，並除以貝他函數，就能讓我們將數值正規化，這個討論有點超出本章的範圍了。現在你只需要知道這個方法能讓我們的數值總和為 1，並得到一個可行的機率。

最後我們會得到一個函數，這個函數描述的是：根據我們在一個結果中觀察到 α 個例子，與另一個結果中觀察到 β 個例子的情況下，所有對我們真實信念（能從這個神祕盒得到兩枚硬幣的機率）做出的可能假設其發生的概率。回想一下，當我們介紹貝他分布時，比較過它跟二項分布的差別；兩者都有自己的機率 p，但描述資料的方式大相逕庭。換句話說，貝他分布呈現的是所有可能的二項分布在描述觀測資料上的優劣。

套用機率密度函數來解決我們的問題

當我們將黑盒子案例中的資料數值代入貝他分布，並畫成圖表（圖
5-3），會發現這看起來像是圖 5-2 的連貫版本。而這個圖闡述的是貝
他分布 Beta(14,27) 的機率密度函數。

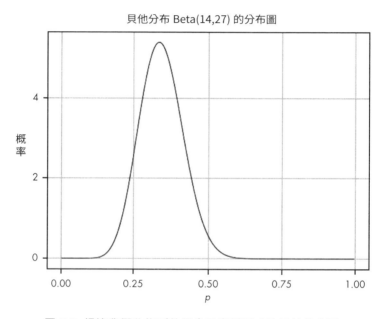

圖 5-3 根據我們收集到的黑盒子資料形成的貝他分布圖

如你所見，圖表中大部分的密度都小於 0.5。有鑒於此，我們預期放
入一枚硬幣，會從黑盒子得到兩枚硬幣的機率低於五成。

這個圖表同時也顯示出，若說放入一枚硬幣，黑盒子會返還兩枚硬幣
的情況至少有五成，這基本上是不太可能的。至於現在，在還沒有犧
牲太多硬幣的情況下，我們已經發現了使用這個盒子，輸錢比贏錢的
機率要高。雖然我們可以在這張圖表中看到自身信念的分布狀態，但
我們還是希望能將「黑盒子會返還兩枚硬幣的實際機率小於 0.5 的概
率」這個信念精準量化。要得出這個答案，我們只需用上一點微積分
（和一些 R 語言）。

用積分來量化連續分布

貝他分布與二項分布於本質上完全不同。在二項分布中，我們看的是 k（在意結果總數）的分布，其值永遠會是確切數值。但在貝他分布中，我們看的是 p 的分布，而其中包含無窮多個可能數值。如果你讀過微積分的話（沒有也沒關係！），你很可能已經發現了一個熟悉的有趣問題。拿剛剛 α=14 且 β=27 的這個例子來說，我們想要知道的是：得到兩枚硬幣的機率為 1/2，這個說法成立的概率為何？

好險，結果的數量是有限的，所以我們能輕易用二項分布來得到確切數值的概度。不過對連續分布來說，這會是一個相當棘手的問題。我們知道機率的基本原則就是所有的數值總和必定為 1，但現在我們每個個別數值都是**無窮小**，也就是說任何一個特定數值的機率實際上都是 0。

如果你對微積分的連續函數並不熟悉，可能會覺得這看起來很奇怪。簡單的解釋是：當某物由無窮多個部分組成時，就會產生這個邏輯結果。想像一下，假如你將一片重達一磅的巧克力（真是巨大！）分成兩塊，那麼每一塊都會是 1/2 磅重。如果分成 10 塊，那每一塊就會是 1/10 磅重。隨著你將巧克力分成越來越多塊，每塊巧克力都會變得越來越小，最後小到你根本都看不見它。對這個例子來說，當巧克力分成無窮多塊時，這些部分最後就消失不見啦！

雖然最後這些個別的巧克力塊消失了，我們還是可以來討論區域的概念。舉例來說，即便我們將一片重達一磅的巧克力不斷分成兩半，直至無窮多塊，我們還是可以將每一塊相加並得到半片巧克力的重量。同理，當我們談論連續分布的機率時，我們可以將所有值域相加，但如果每個具體數值都是 0，那麼總和不也就只是 0 嗎？

現在是微積分登場的時候了：在微積分中，有一個能將無窮小的數值加總的特殊方式，叫作積分。如果我們相要知道這個盒子返還硬幣的機率是否小於 0.5（也就是說，此值介於 0 ～ 0.5 之間），我們可以用下列方式來計算總合：

$$\int_{0}^{0.5} \frac{p^{14-1} \times (1-p)^{27-1}}{\text{beta}(14,27)}$$

如果你的微積分已經生疏了，那麼讓我來解釋一下，那個伸長了的 S 代表連續函數，用途跟計算離散函數的 Σ 相同。這個方式其實只是表達出我們想要將函數中所有的小部分相加（參見附錄 B 微積分的基本原則）。

如果你覺得這個數學開始有點嚇人了，別擔心！我們會用 R 語言來解決這個問題。R 語言包含了一個叫做 dbeta() 的函數，這是機率密度函數的貝他分布。這個函數有三個引數，分別對應到 p、α 以及 β。我們將之與 R 語言中的 integrate() 函數一起使用並自動產生積分。下面是我們根據資料，計算得到兩枚硬幣的機率不到一半的概率過程：

```
integrate(function(p) dbeta(p,14,27),0,0.5)
```

計算結果如下：

```
0.9807613 with absolute error < 5.9e-06
```

其中，這個「絕對誤差」（absolute error）的訊息會出現，是因為電腦無法計算出一個完整的積分，所以雖然誤差值通常都小到不必在意，但永遠會有某種誤差存在。這個由 R 語言計算出來的結果告訴我們，根據我們的證據，從黑盒子中得到兩枚硬幣的機會不到一半這件事，成立的概率有 0.98。也就是說，繼續將硬幣放入這個黑盒子似乎不是一個明智的抉擇，因為你實在不太可能保持收支平衡。

抽卡遊戲的逆向工程

在現實世界中，我們幾乎永遠不可能知道事件發生的真實機率。這就是為什麼貝他分布是能讓我們了解手邊資料的強力工具。在第四章的抽卡遊戲中，我們已經知道自己想要的每一張卡牌被抽中的機率，但在現實情況中，遊戲開發商幾乎不會把這樣的資訊告訴玩家（可能不想讓玩家算出抽到自己想要的卡牌這個機率有多低吧）。現在，假定我們有一個新的抽卡遊戲頻率學派大戰！。這個遊戲裡也有許多統計學家的角色，而這次，我們想要抽到的是布拉德利・埃夫隆（Bradley Efron）這個角色。

我們不知道能抽到這張卡牌的機率為何，但我們真的很想要得到它，還希望能不只抽到一張。我們失心瘋地花了一堆錢，發現在 1200 次的抽卡中，得到了 5 張埃夫隆卡牌。我們有個朋友正在考慮是不是要為這個遊戲花錢，但他只打算在抽到埃夫隆卡牌的機率大於 0.005 這件事成立的概率大於 0.7 時，才願意掏錢。

朋友請我們找出答案，讓他知道是不是應該花錢抽卡。資料顯示，抽卡 1200 次，只得到了 5 張埃夫隆卡牌，所以我們將這個貝他分布 Beta(5,1195) 化成圖表，得到圖 5-4（別忘了抽卡總數為 $\alpha + \beta$）。

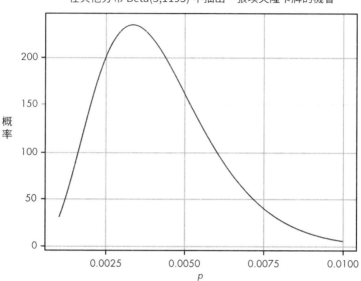

圖 5-4　根據資料，能抽到埃夫隆卡牌的貝他分布圖。

從這個圖表中，我們可以看到幾乎所有的機率密度都小於 0.01。我們需要知道的是大於 0.005 的確切概率是多少，畢竟這才是我們的朋友在意的數值。我們可以在 R 語言中將整個貝他分布積分，如前所述：

```
Integrate(function(x) dbeta(x,5,1195),0.005,1)
0.29
```

結果顯示，根據我們觀察到的證據，抽到埃夫隆卡牌的機率至少有 0.005 這件事，成立的概率只有 0.29。朋友說了，只有在機率接近或大於 0.7 時，他才考慮要花錢抽卡，所以根據我們蒐集到的資料建立出的證據，他最好不要賭這一把。

總結

在本章中，你認識了貝他分布，它與二項分布很接近，但是行為表現完全不同。藉由觀察增加可能二項分布的數量會如何對資料做出更好的解釋，我們建立出了貝他分布。由於能做出的可能假設有無窮多，所以我們需要一個連續的機率分布，來描述所有的假設。而貝他分布能讓我們對觀測資料出現的所有可能機率展現出自己的信心強度。這點讓我們能對觀察到的資料做統計推論，其作法是判斷對一個事件該指派哪些機率，並找出我們對個別機率的信心強度有多少，也就是機率的成立概率為何。

貝他分布跟二項分布的主要差別，在於貝他分布是一個連續的機率分布。因為在分布中有無窮多個數值，所以我們無法用計算離散機率分布取得總和，而是要用微積分來求得值域之和。還好，我們可以用 R 語言來計算，就不用手動處理這個棘手的積分啦！

習題

試著回答下列問題，看看你是否真的知道要如何用貝他分布來估算機率。

1. 你想用貝他分布來判斷自己手上這是不是枚公正硬幣，也就是拋硬幣後得到正面和反面的次數應該要相等。你拋了 10 次硬幣，並得到 4 次正面和 6 次反面。利用貝他分布，試問拋這枚硬幣，得到正面的機率大於 60% 率的概率是多少？

2. 再拋同一枚硬幣 10 次，現在總共有 9 次正面和 11 次反面，根據我們對公正的定義，這是枚公正硬幣的機率為何？應該要多 5% 或少 5%？

3. 提出資料是讓你對結論更有信心的最佳方法。於是你再將這枚硬幣拋 200 次，得到 109 次正面和 111 次反面，試問現在這是枚公正硬幣的機率為何？應該要多 5% 或少 5%？

Part II
貝氏機率和事前機率

6

條件機率

截至目前為止，我們處理的只有獨立機率，也就是一個事件的結果不會影響到另一事件的結果。舉例來說，拋硬幣得到正面這件事，對擲骰子是否會得到 6 點毫無影響。相較之下，計算獨立機率比非獨立機率要容易多了，但獨立機率通常並沒有反映出真實的生活狀況。比方說，鬧鐘沒響的機率跟你上班遲到的機率兩者就並非獨立。如果你的鬧鐘沒響，上班遲到的可能性就比它準時響起要大多了。

在這一章,你會學到如何對條件機率進行推理,也就是那些並非獨立產生,而必須依賴特定事件結果的機率。除此之外,我也將介紹條件機率最重要的應用給你認識:貝氏定理。

條件機率的概念

討論條件機率,我們要用的第一個例子是流感疫苗,及它施打後可能產生的併發症。當你接種流感疫苗時會拿到一張同意書,上面寫著你必須承擔的風險。其中一項就是 Guillain-Barré 二氏症候群(GBS),這是一個非常罕見的症狀,會使身體的免疫系統攻擊神經系統,造成可能帶來生命危險的併發症。根據美國疾病管制及預防中心提供的某個年度資料,感染 GBS 的機率為每 100,000 人中 2 人。我們可以將這個機率可以寫為:

$$P(\text{GBS}) = \frac{2}{100,000}$$

通常,流感疫苗對你感染 GBS 機率的增量可說是微乎其微,但在 2010 年,口蹄疫大爆發,而你因為接種流感疫苗而染上 GBS 的機率提高到了 3/100,000。在這個狀況下,你是否會得到 GBS 跟你是否有接種流感疫苗兩件事變得直接相關,而這就是一個條件機率的案例。我們將條件機率寫為 $P(A \mid B)$,也就是**根據 B,發生 A 的機率**。用數學語言表述,得到 GBS 的機率可以寫為:

$$P(\text{GBS} \mid \text{流感疫苗}) = \frac{3}{100,000}$$

此式讀作:「根據你接種了流感疫苗這個事實,會得到 GBS 的機率為 3/100,000。」

為什麼條件機率如此重要？

條件機率是統計學中很重要的一部分，因為它讓我們能展現出資訊如何改變我們的信念。在這個流感疫苗的範例中，如果你不知道某人是否接種過疫苗，你可以說此人得到 GBS 的機率是 2/100,000，因為這正是當年任何一人染病的機率。但若這是 2010 年，有一個人說他打了流感疫苗，你知道真正的得病機率會是 3/100,000。我們可以看看這兩個機率的比例，如下所示：

$$\frac{P(\text{GBS}\,|\,\text{流感疫苗})}{P(\text{GBS})} = 1.5$$

所以，如果你在 2010 年接種了流感疫苗，我們有足夠的資訊，相信你得到 GBS 的機率比路上隨便一個陌生人多了 50%。幸好，就單方面來說，得到 GBS 的機率還是相當低。但如果我們將所有居民看作是一個整體，我們會預期在打過流感疫苗的人中，得到 GBS 的人比沒打過疫苗的人多出 50%。

得到 GBS 的機率還受其他因素影響。比方說，男性和年長者得到 GBS 的機率更高。利用條件機率，我們能加上所有資訊，並對任一個體得到 GBS 的概度做出更準確的估計。

依賴性與機率的修訂規則

討論條件機率，我們的第二個範例是色盲這個症狀。這是一種視覺辨認障礙，讓人無法分辨特定顏色的差別。在普羅大眾中，大約有 4.25% 的人是色盲，且大多都是遺傳所致。色盲的成因是 X 染色體中的一個基因缺陷，而因為男性只有一個 X 染色體，所以比起有兩個 X 染色體的女性，男性受到有缺陷的 X 染色體影響，進而產生色盲這個不良反應的機率是女性的 16 倍。因此，雖然就總人口來說，罹患色盲的機率是 4.25%，但對女性來說其實只有 0.5%，而男性則是 8%。接下來在所有的計算中，我們會將假定簡化，設定男性對女性的人口占比正好是一半一半。將這些事實用條件機率來呈現：

$$P(\text{色盲}) = 0.0425$$
$$P(\text{色盲} \mid \text{女性}) = 0.005$$
$$P(\text{色盲} \mid \text{男性}) = 0.08$$

根據這些資料，如果我們從總人口中隨機挑選一人，這個人會是男性而且患有色盲的機率為何？

在第三章，我們學到了如何用乘積法則計算機率的**聯集**，而根據乘積法則，我們對這個問題的期望結果為：

$$P(\text{男性, 色盲}) = P(\text{男性}) \times P(\text{色盲}) = 0.5 \times 0.0425 = 0.01252$$

但在條件機率中使用乘積法則會產生一個問題。把我們的題目換成**女性**且患有色盲的機率，這個問題就會更加明顯：

$$P(\text{女性, 色盲}) = P(\text{女性}) \times P(\text{色盲}) = 0.5 \times 0.0425 = 0.01252$$

這一定有什麼問題，因為兩個機率不可能是一樣的！我們知道，在挑到男性或女性的機率相同的情況下，如果我們選到的是女性，她患有色盲的機率會比我們挑到男性要低得多。我們的公式應該要能夠說明下列事實：如果我們隨機挑選一人，那麼他是否罹患色盲的機率與他們的生理性別有直接關係。我們在第三章學到的乘積法則只適用於獨立機率，而身為男性（或女性）且患有色盲這兩件事的機率則有依賴關係。

所以說，找到一個患有色盲的男性，其真正的機率為挑到男性的機率乘上他是色盲的機率。以數學語言來說，可以寫成：

$$P(\text{男性, 色盲}) = P(\text{男性}) \times P(\text{色盲} \mid \text{男性}) = 0.5 \times 0.08 = 0.04$$

我們能將這個解法歸納統整，並將乘積法則重寫為下式：

$$P(A, B) = P(A) \times P(B \mid A)$$

這個定義一樣適用於獨立機率，因為在獨立機率中，$P(B) = P(B|A)$。這也與你對拋硬幣得到正面和擲骰子得到 6 點的直覺相同，因為 $P(6$ 點$)$ 是 1/6，這個結果獨立於拋硬幣的結果，所以 $P(6$ 點 $|$ 正面$)$ 也會是 1/6。

我們也可以更新求和定則的定義來說明這個事實：

$$P(A \text{ 或 } B) = P(A) + P(B) - P(A) \times P(B|A)$$

目前，我們仍能用第一部分學到的機率邏輯來處理條件機率。

關於條件機率和依賴性，有件事相當重要，那就是在現實情況中，其實沒那麼容易知道兩件事是否相關。舉例來說，我們可能想知道某人有皮卡貨車，且上班的通勤時間大於一小時的機率。雖然我們可以為其中一個條件依賴另一方想出千百個理由，比如說，有皮卡貨車的人可能比較喜歡住在相對偏遠的地方，並不喜歡經常通勤，但我們可能沒有資料能證實這些想法，而假定這兩個條件獨立存在（雖然不太可能）在統計學中是極為常見的作法。然而，在我們找出色盲男性的這個範例中，這樣的假定有時會讓我們得到極度偏差的答案。儘管在實務操作上，我們常常需要以獨立作為前提，但也千萬不要忘了依賴能帶來的影響有多大。

逆推條件機率並帶出貝氏定理

在條件機率中，最有趣的一點就是我們可以逆推條件，計算我們正在套用該條件的事件其發生機率為何，也就是說，我們可以用 $P(A|B)$ 取得 $P(B|A)$。舉個例子，假定你現在正在寫一封電子郵件給販賣色盲矯正眼鏡公司的客服。這副眼鏡價格不低，你將自己擔心眼鏡沒有用的疑慮告訴了客服，而他的回覆是：「我也是色盲，這眼鏡我自己有一副，這真的非常有用！」

我們想要判斷出這位客服是男性的比例。然而，除了他的員工編號外，我們無法得到其他資訊。那我們要如何算出此客服為男性的機率呢？

已知 $P($色盲 $|$ 男性 $) = 0.08$，且 $P($色盲 $|$ 女性 $) = 0.005$，那要如何判斷出 $P($男性 $|$ 色盲 $)$ 的答案呢？直覺上，我們知道由男性擔任客服專員的機率比較高，但我們需要將之量化才能肯定這一點。

我們其實運氣很好，手上握有所有解題需要的資料，且我們知道目標對象為色盲。要算出他是男性的機率：

$$P(\text{男性} \mid \text{色盲}) = ?$$

資料就是貝氏統計的核心。現在我們除了已知的機率外，只有一項資料：客服專員也是色盲。下一步，我們要看看總人口中，色盲的部分有多少，然後我們就能找到這個子集合中男性的部分又有多少。

為了讓這個推理過程更方便，我們加上一個新的變數 N，這個變數代表總人口數。如前所述，我們首先需要算出色盲人口數這個子集合。已知 $P($色盲 $)$ 的值，我們能將這部分的方程式寫為：

$$P(\text{男性} \mid \text{色盲}) = \frac{?}{P(\text{色盲}) \times N}$$

接下來，我們需要算出身為男性且為色盲的人數。這並不難，因為我們已經知道 $P($男性 $)$ 和 $P($色盲 $|$ 男性 $)$ 的值，又有修訂後的乘積法則。所以我們可以直接將這個機率與人口總數相乘：

$$P(\text{男性}) \times P(\text{色盲} \mid \text{男性}) \times N$$

根據已知客服專員是色盲的情況，他是男性的機率為：

$$P(\text{男性} \mid \text{色盲}) = \frac{P(\text{男性}) \times P(\text{色盲} \mid \text{男性}) \times N}{P(\text{色盲}) \times N}$$

代表人口總數的變數 N 同時存在於分數的上方和下方，因此同時消去 N，得到：

$$P(男性 \mid 色盲) = \frac{P(男性) \times P(色盲 \mid 男性)}{P(色盲)}$$

現在我們掌握了所有的資訊，可以解出這個問題了：

$$P(男性 \mid 色盲) = \frac{P(男性) \times P(色盲 \mid 男性)}{P(色盲)} = \frac{0.5 \times 0.08}{0.0425} = 0.941$$

根據這個計算結果，我們知道這位客服專員是男性的機率高達 94.1％！

貝氏定理的概念

在上述公式中，沒有部分僅適用於這個色盲的案例，所以照理來說，我們能將之歸納成一個適用於任何機率 A 和機率 B 的公式。而這麼做，我們就能得到本書的根本公式，也就是**貝氏定理**：

$$P(A \mid B) = \frac{P(A)P(B \mid A)}{P(B)}$$

要了解貝氏定理為何如此重要，我們先看看這個問題的一般式。我們的信念描述了我們的世界觀，所以對我們觀察到的任何事情，其條件機率會表現出我們根據信念，判斷觀測結果出現的概度，亦或是：

$$P(觀察結果 \mid 信念)$$

舉例來說，假定你相信氣候變遷，並因此預期自己居住的地方在未來十年內，發生乾旱的次數會比往年多。若過去十年中總共發生了 5 次乾旱，現在要你判斷如果真的有氣候變遷，你在過去十年正好經歷 5 次乾旱的可能性為何。這可能相當困難，而其中一個方式，是去諮詢氣候科學的專家，根據他們對氣候變遷的預測模型，得到乾旱發生的機率。

到目前為止，你只是問了個問題：「我相信氣候變遷是真的，根據這點，我觀察到的現象會發生的機率為何？」你想得到的其實是一個量化的方法，根據你觀察到的結果，計算出自己相信氣候變遷正在發生的信念強度。貝氏定理能讓你逆推剛剛對氣候學家提出的問題 $P($ 觀測結果 | 信念)，並根據你觀察到的結果，算出你的信念概度，寫作：

$$P(信念 | 觀察結果)$$

在這個例子中，貝氏定理讓你在已經目睹乾旱發生之後，能將自己在十年間觀察到五次乾旱這件事，轉換成你相信氣候變遷這件事的信念強度。你唯一需要的額外資訊，是在 10 年間發生 5 次乾旱的一般機率（能從歷史紀錄中得出估計值），以及你對氣候變遷的初始信念強度。基本上多數人對相信氣候變遷的初始概率都不一樣，而貝氏定理能讓你量化出資料改變信念的力量究竟有多大。

舉例來說，我們假定氣候變遷正在發生，在此情況下，專家說 10 年間發生 5 次乾旱的機率相當高，那麼不論你對氣候變遷抱持懷疑態度，或是像美國前副總統高爾一樣信念堅定，大部分的人都會改變信念，轉而稍微相信氣候變遷為真。

然而，若專家告訴你，根據你相信氣候變遷正在發生的這個前提，其實不太可能在 10 年中發生 5 次乾旱。這麼一來，你對氣候變遷的事前信念就會因為這個證據而稍微減弱一些。這個例子要強調的重點是，貝氏定理最終會讓證據來改變我們的信念強度。

貝氏定理讓我們根據觀察到的證據，將我們對這個世界的信念加上資料，然後將這個組合轉換成自身信念強度的估計值。通常，我們的信念其實都只是對某個概念的初始肯定度，這也就是貝氏定理中的 $P(A)$。生活中，我們常常為某些事情爭論，包括槍枝管制是否會減少暴力行為、增加考試數量是否會提升學生表現，或公共醫療制度是否會降低整體醫療支出等等。但我們很少會去思考證據的出現該如何改變自己的想法或是那些意見相左的聲音。貝氏定理讓我們能為這些信念觀察證據，並量化出實際上需要多少證據才能改變我們的信念。

稍後，你會看到我們如何對不同信念做比較，並有些無法被資料改變信念，令人大感意外的案例（任何在餐桌上跟親戚爭執過的人一定會感同身受！）。

下一章會多花一些時間在貝氏定理上。這次我們會以樂高為例，再次推導出貝氏定理。用樂高的好處是能清楚地看到這一切的運作過程。我們也會探索自己能如何從其他方面了解貝氏定理，包括對現存信念建立明確模型，以及資料能如何改變現存信念。

總結

在本章中，你認識了條件機率，也就是判斷某事件的機率需依賴另一事件的發生情況。條件機率比起獨立機率要稍微複雜一點，我們甚至得更新乘積法則才能說明這個依賴狀態。不過這個過程也將我們導向貝氏定理，它的基本觀念讓我們了解要如何運用資料，更新自己的世界觀。

習題

試著回答下列問題，看看你是否真的理解條件機率和貝氏定理。

- 若要用貝氏定理來判斷某個在 2010 年患有 GBS 的人也有去接種流感疫苗的機率，會需要哪些資料？

- 在全體居民中隨機抽選一人，抽出女性且**沒有**色盲的機率為何？

- 在 2010 年接種過流感疫苗的男性中，同時患有色盲或 GBS 的機率為何？

7

樂高中的貝氏定理

上一章介紹了條件機率，並提到了機率中一個非常重要的概念：貝氏定理。其公式為：

$$P(A \mid B) = \frac{P(B \mid A)P(A)}{P(B)}$$

值得注意的是，上述這個公式與第六章的有些許不同。分數上方寫作 $P(B\,|\,A)P(A)$，而不是原先的 $P(A)P(B\,|\,A)$。意義上，兩者完全一樣，但有時改變項次的順序能幫助我們釐清解決問題的不同方法。

有了貝氏定理，我們就能逆推條件機率，因此，只要知道 $P(B\,|\,A)$ 這個機率，我們就能算出 $P(A\,|\,B)$。貝氏定理是統計學的基礎，因為這能讓我們從根據自身信念，得出觀察結果的發生機率，到利用觀察結果，判斷該信念的強度。舉例來說，如果我們知道你得了感冒後會打噴嚏的機率是多少，我們就能倒過來根據你打噴嚏的事實，判斷你感冒的機率。這樣一來，我們就是在用證據更新自己對世界的認知。

本章要用樂高來將貝氏定理化為實體，幫助我們牢牢記住這個數學方法。我們先拿出一些樂高積木，並為這個方程式準備一些具體問題。圖 7-1 是一組面積為 6×10 的樂高積木，這個面積單位也可說是 60 圓鈕（圓鈕指的是樂高積木上的圓柱狀突起處，也是能讓不同積木能相連的方式。）

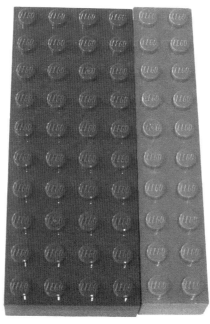

圖 7-1 面積為有 6 直行 ×10 圓鈕的樂高積木，能幫我們了解可能事件的實體空間。

我們可以將這個空間想像成 60 個可能的互斥事件。舉例來說，可以將之設定成一個 60 人的班級，其中深色的圓鈕代表了 40 個通過考試的學生，而淺色代表的是 20 個沒通過考試的學生。如果我們隨意指向一個圓鈕，會碰到深色積木的機率定義為：

$$P(深色) = \frac{40}{60} = \frac{2}{3}$$

而碰到淺色積木的機率為：

$$P(淺色) = \frac{20}{60} = \frac{1}{3}$$

碰到深色或淺色積木的機率，如你所願，會是 1：

$$P(深色) + P(淺色) = 1$$

這也表示只要用淺色和深色積木，就足以描述可能事件的完整集合。

現在，我們把一個白色積木放在這兩個積木上，代表另一事件的機率，像是因整晚熬夜念書而沒有睡覺的學生群，如圖 7-2 所見。

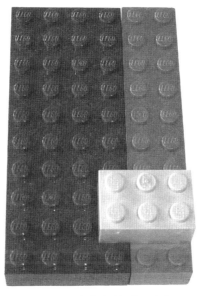

圖 7-2 將一個 2 橫排 ×3 圓鈕的樂高積木放到 6 直行 ×10 圓鈕的樂高組合上。

現在，隨意指向一個圓鈕，會碰到白色積木的機率為：

$$P(白色) = \frac{6}{60} = \frac{1}{10}$$

但如果我們將 $P($ 白色 $)$ 加入 $P($ 淺色 $)$ + $P($ 深色 $)$，我們得到的值會大於 1，而這種情況是不可能發生的！

問題很明顯，就是因為我們的白色圓鈕位於淺色和深色圓鈕空間的正上方，所以指到白色積木的機率，取決於我們是否滿足位在淺色或深色積木上這個條件。根據上一章的內容，我們知道這個將條件機率可以寫為 $P($ 白色 | 淺色 $)$，或描述為位於淺色空間時，指到白色圓鈕的機率。根據先前的範例，這是指該學生不但徹夜未眠，又沒通過考試的機率。

以實體圖像計算條件機率

回頭看看我們的樂高積木，並試著解出 $P($ 白色 | 淺色 $)$。圖 7-3 給了我們一點這個問題的視覺輔助。

圖 7-3　$P($ 白色 | 淺色 $)$ 的實體圖像

跟著這個實體積木，我們來一步步地找出 $P($ 白色 | 淺色 $)$ 的結果：

1. 將淺色與深色兩個區域分開。

2. 計算整個淺色區域的面積，這是一個 2 直行 $\times 10$ 圓鈕的區域，也就是總共有 20 個圓鈕。

3. 計算淺色區域上白色積木的面積，結果為 4 個圓鈕。

4. 用淺色積木的面積除白色積木的面積。

我們得到了 $P($ 白色 | 淺色 $) = 4/20 = 1/5$。

太好了，我們算出了在淺色範圍中得到白色的條件機率！目前看起來挺好的。那麼如果我們想逆推條件機率，試求 $P($ 白色 | 淺色 $)$，答案會是多少呢？說的直白一點，如果我們知道自己位於白色的空間中，那麼下方是淺色的機率是多少？又或者說，在我們的考試範例中，已知某個學生整夜沒睡，那麼他同時考試成績不及格的機率為何？

看看圖 7-3，你可能會直覺地將 $P($ 白色 | 淺色 $)$ 推理為「白色圓鈕總共有 6 個，其中 4 個下方是淺色，所以挑到的白色圓鈕在淺色積木上方的機率是 4/6。」如果你的思路的確是這樣，那麼我要跟你說聲恭喜，因為你剛剛自己發現了貝氏定理！不過，讓我們用數學來量化它，好確定這是正確的。

數學計算

從直覺蛻變到貝氏定理需要一些過程，我們先從將直覺形式化開始。首先，找出一個算出白色圓鈕的數量是 6 個的方法。雖然只要用空間推理就能輕易在腦中算出結果，但我們必須要用數學方法來算這一題。要解出這一題，我們只需要將指到白色圓鈕的機率乘上圓鈕總數即可：

$$白色圓鈕總數 = P(白色) \times 圓鈕總數 = \frac{1}{10} \times 60 = 6$$

接下來，直覺推理的下一步得出了淺色上方的白色圓鈕總數為 4 個，這部分的數學證明過程會比較繁瑣。首先我們要知道淺色圓鈕總數。你運氣很好，因為這跟我們計算白色圓鈕總數的方式是一樣的：

$$淺色圓鈕總數 = P(淺色) \times 圓鈕總數 = \frac{1}{3} \times 60 = 20$$

同時，我們也找到了淺色圓鈕被白色積木覆蓋的比率 $P(白色 | 淺色)$。將這看作一項，而不是一個機率，並與剛剛算出的淺色圓鈕總數相乘：

$$淺色圓鈕總數 = P(白色 | 淺色) \times 淺色圓鈕總數 = \frac{1}{5} \times 20 = 4$$

最後，我們得到了在所有白色圓鈕中，下方為淺色圓鈕的比率：

$$P(淺色 | 白色) = \frac{被白色覆蓋的淺色圓鈕總數}{白色圓鈕總數} = \frac{4}{6} = \frac{2}{3}$$

這個結果我們的直覺分析一致。然而，這看起來跟貝氏定理不太像，它的公式應該是：

$$P(A | B) = \frac{P(B | A)P(A)}{P(B)}$$

要走到這，得先後退一步，展開這個方程式中的所有項次，也就是：

$$P(淺色 | 白色) = \frac{P(淺色 | 白色) \times 淺色圓鈕總數}{P(白色) \times 圓鈕總數}$$

已知運算方式如下：

$$P\left(\text{淺色}\,|\,\text{白色}\right)=\frac{P\left(\text{白色}\,|\,\text{淺色}\right)P\left(\text{淺色}\right)\times\text{圓鈕總數}}{P\left(\text{白色}\right)\times\text{圓鈕總數}}$$

最後，只要將方程式中的「圓鈕總數」通通消去，就能得到：

$$P\left(\text{淺色}\,|\,\text{白色}\right)=\frac{P\left(\text{白色}\,|\,\text{淺色}\right)P\left(\text{淺色}\right)}{P\left(\text{白色}\right)}$$

從直覺出發，我們已經抵達了貝氏定理這一站！

總結

概念上來說，貝氏定理跟直覺推理的邏輯相同，但這並不代表貝氏定理的形式化是顯而易見的。成立運算過程的好處是反映了直覺中的推理流程。我們已經確認了，最初由直覺產生的那些信念都很一致，而現在有了一個強大的新工具可以幫助我們計算機率，這樣一來，就算題目比樂高積木還複雜也不成問題。

在下一章，我們會看看用上述資料，透過貝氏定理來推理並更新我們的信念。

習題

試著回答下列問題，看看你是不是真的完全了解要如何用貝氏定理來推論條件機率。

1. 堪薩斯城坐落在美國兩個州的交界處：堪薩斯州和密蘇里州。堪薩斯城的大都會區包括了 15 個郡，其中 9 個在密蘇里州，6 個在堪薩斯州。以總數量來說，密蘇里全州有 114 個郡，而堪薩斯有 105 個。利用貝氏定理計算：一位親戚剛搬到堪薩斯城大都會區的其中一個郡，而他搬進去的區域正好位於堪薩斯州

的機率。記得寫出 $P($ 堪薩斯州 $)$（假定你的親戚住在堪薩斯州或密蘇里州其中一處）、$P($ 堪薩斯城大都會區 $)$，和 $P($ 堪薩斯城大都會區 | 堪薩斯州 $)$。

2. 在一疊 52 張的牌堆中，有紅或黑兩種花色。整副牌總共有 4 張 A，兩張紅色，兩張黑色。你將一張紅色的 A 移出後洗牌，而你的朋友抽出了一張黑色的牌，這張牌是 A 的機率是多少？

8

貝氏定理中的事前機率、概度，和事後機率

現在，我們已經知道要如何用空間推理來導出貝氏定理了，接著讓我們來檢驗如何讓貝氏定理成為計算機率的工具，並對不確定的狀態做邏輯推理。在本章中，我們會根據資料，用貝氏定理來計算和量化我們的信念成立的可能性有多少。要做出上述運算，我們要用到這個定理中的三個部分：事前機率、概度，以及事後機率。而這三者往後在貝氏統計和機率的冒險中也會常常出現。

三元素

貝氏定理讓我們能對觀測資料改變信念的程度做出精準量化，在這個例子中，我們想要知道的是 $P($ 信念 | 資料 $)$。講白 點，就是我們想在觀察到資料之後，據其量化出我們對自身信念的信心強度。在公式中，這部分用術語來表示就是**事後機率**，也是我們要用貝氏定理解出的東西。

要算出事後機率，我們還需要知道另一部分：資料成立概率。此值代表我們對該資料擁有的信念，也稱為 $P($ 資料 | 信念 $)$。這部分稱為**概度**，因為這是我們根據自身信念，得出的資料成立概率。

最後，我們想要量化初始信念最初的成立機率，也就是我們在看到資料前，對自身信念的信心強度，或稱為 $P($ 信念 $)$，在貝氏定理中稱為**事前機率**。將事前機率和概度合併，就能得到事後機率。通常我們會需要用上資料的機率 $P($ 資料 $)$，將事後機率正規化才能準確地反映出一個介於 0 ～ 1 之間的機率。然而在現實中，我們並不是每次都會需要 $P($ 資料 $)$，所以這個值並沒有一個專有名詞。

另外還有一些你已經知道的概念。我們用假設 H 指稱自身信念，並用變數 D 代表我們的資料。圖 8-1 展示了貝氏定理中的每一個元素：

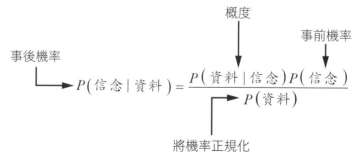

$$P(\text{信念} \mid \text{資料}) = \frac{P(\text{資料} \mid \text{信念})P(\text{信念})}{P(\text{資料})}$$

事後機率　　概度　　事前機率　　將機率正規化

圖 8-1 貝氏定理的要素

本章將會調查一起犯罪案件，並用這些元素做為線索來推理案情。

犯罪現場調查

假設有天你下班後直接回家，發現窗戶破了，前門敞開，且筆電不見了。你第一個想到的是：「遭小偷了！」但你如何得到這個結論，而且更重要的是，你如何量化這個信念？

你立刻做出的假設是家裡遭了小偷，所以 H = 遭小偷。我們想知道你會遭小偷的機率為何，根據現有資料，我們想解出的事後機率為：

$$P(\text{遭小偷} \mid \text{窗戶破了, 前門敞開, 筆電不見})$$

而要成功解這題，我們必須將貝氏定理中的其他元素補齊。

找出概度

首先，我們要算出概度。在這個案例中，概度代表的就是如果你家真的被闖空門，會出現相同證據的機率，換句話說，就是這些證據與假設相符的程度為何：

$$P(\text{窗戶破了, 前門敞開, 筆電不見} \mid \text{遭小偷})$$

我們現在問的問題是：「如果你家遭小偷，你會看到相同證據的機率有多高？」你能想到很多種遭小偷的情境，而這些證據並不是在每個情況都會出現。比方說，一個狡猾的小偷可能會撬開你的前門，偷走你的筆電，在離開時不但沒有打破任何窗戶，還記得將門鎖上。又或者，他們可能只是打破窗戶，偷走筆電，然後再從窗戶爬出去。我們看到的這些證據感覺起來的確常見於竊盜案件中，所以我們就將你遭小偷，回家會發現這些證據的機率設為 3/10。

你要知道，雖然我們現在只是在對這個範例做出猜測，但我們也可以經由調查做出更理想的估計。其中一個方法是去當地的警察局，問問闖空門的案件中相關證據的統計資料，這能讓我們對你家遭小偷會看到相同證據的概度做出更準確的估計。

貝氏定理厲害的地方，就是我們既可以用它來整理隨興產生的信念，也能用它來處理帶有大量精準機率的資料集合。你可能認為 3/10 這個估計不夠理想，但退一步回到計算過程永遠是個選項，我們接下來也會這樣做，並看看在不同的假定下，估計值會如何變化。舉例來說，如果你認為發生竊盜案時，看到這些證據的機率只有 3/100，你可以輕易地將此數代入算式，取代原本的估計值。貝氏統計讓大家能用具體數字來提出反對意見。由於我們將自己的信念轉變成定量數值，所以你能重新計算我們在本章討論的所有問題，並看看想法改變後，這個不同的機率是不是會對任何一個最終結果產生確切影響。

計算事前機率

接下來，我們要判斷你家會遭小偷的機率，這也就是我們的事前機率。這個機率非常重要，因為它讓我們能用背景資料來調整概度。舉例來說，假定前述情境發生在一個荒島上，且你是唯一島民。在這樣的情況下，你家遭小偷的機率微乎其微（至少小偷也不會是人類）。換個設定，如果你住在一個犯罪率很高的社區，那麼闖空門這件事可能司空見慣。簡單來說，讓我們將遭小偷的事前機率設為：

$$P(遭小偷) = \frac{1}{1,000}$$

別忘了，在得到額外或不同的證據後，隨時都可以調整這些數字。

所有需要用來計算事後機率的東西幾乎都準備好了，我們現在只需要將這些資料正規化。在繼續下去之前，我們先看看這個未正規化的事後機率：

$$P\left(遭小偷\right)\times P\left(\begin{array}{c}窗戶破了, 前門敞開,\\筆電不見\end{array}\middle|\; 遭小偷\right)=\frac{3}{10,000}$$

這個數值超級小，真是太意外了，因為依照直覺和你觀察到的證據，你家被闖空門的機率似乎非常、非常高。不過我們還沒有檢閱觀察到這些證據的機率。

資料正規化

我們的方程式缺少了某個東西，就是無論你家有沒有遭小偷，你會觀察到這些資料的機率。套用在我們的範例中，就是無論事發原因為何，你觀察到窗戶破了，前門敞開，筆電不見這三件事同時發生的機率。發展到這一步，現在我們的方程式會長得像下式：

$$P\left(遭小偷 \mid 窗戶破了, 前門敞開, 筆電不見\right)=\frac{\dfrac{1}{1,000}\times\dfrac{3}{10}}{P\left(D\right)}$$

分子的機率之所以會那麼低，是因為我們還沒用你會找到這個奇怪證據的機率將它正規化。

在附表 8-1 中，我們能看到改變 $P(D)$ 對事後機率的影響。

表 8-1 如何影響事後機率

P(D)	事後機率
0.050	0.006
0.010	0.030
0.005	0.060
0.001	0.300

隨著資料的機率降低，事後機率會升高。這是因為隨著我們觀察到的資料機率越來越低，越是不可能的解釋，對這個事件來說越是合理（詳見圖 8-2）。

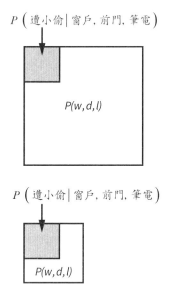

圖 8-2　隨著資料的機率降低，事後機率的數值則會升高。

假設一個極端的例子：你有位朋友，他能夠變成百萬富翁的可能性只有中樂透，或是從某位不知名的親戚那繼承一大筆財產。有天你發現朋友竟然真的成了百萬富翁，他贏得樂透彩的可能性因此變得更高了，因為這是他能一夜致富唯二方式的其中一種。

當然啦，在你的觀察結果中，遭小偷只是其中一種可能解釋，我們還有很多能解釋這個情況的方式。然而，如果我們不知道這些證據出現的機率，就無法知道要如何將其他的機率正規化。所以我們的 $P(D)$ 究竟為何？這正是讓人傷腦筋的地方。

處理 $P(D)$ 通常會碰上一個問題，那就是在真實世界中，常常無法準確算出它的值。而這個公式中的其他元素，就算我們在剛剛的案例中只是隨意猜測，都能經由蒐集真實資料來得到更具體的機率。計算此

案的事前機率 $P($ 遭小偷 $)$，簡單的做法是查閱犯罪歷史紀錄，找出在你住的那條街上，任一棟房子在任一天遭闖空門的機率有多少。同樣地，理論上我們也能調查過去的竊盜案，根據竊盜成立的前提，對你會觀察到與此案相同證據得出更準確的概度。但對於連猜都很困難的 $P($ 窗戶破了, 前門敞開, 筆電不見 $)$，我們該怎麼處理？

與其要得到觀測資料的機率，我們可以換個角度，找出所有能對你的觀察做出解釋的其他可能事件，並算出這些事件的機率。由於這些數的總和必定為 1，所以我們可以再往回推算，並由此得到 $P(D)$。不過，對我們這個這個帶有特定證據的案件來說，能做出的可能解釋是有限的。

我們現在有點被 $P(D)$ 絆住了。在第六章和第七章，我們分別算過客服專員是否為男性，以及挑到不同顏色的樂高圓鈕兩個機率問題。我們在這兩個問題中都有很多 $P(D)$ 的資料，讓我們能根據觀察到的結果，對假設中的信念得出確切機率。如果沒有 $P(D)$，我們就無法算出 $P($ 遭小偷 $|$ 窗戶破了, 前門敞開, 筆電不見 $)$ 的值。但好消息是，我們並不是完全沒有頭緒。

在某些狀況中，我們其實不必明確知道的 $P(D)$ 的值，因為通常只是想比較不同的假設而已。在遭小偷的案例中，我們要來比較若用另一個可能解釋，你遭小偷的可能性有多高。只要看看我們未正規化的事後機率其比率為何就知道了。因為 $P(D)$ 會是一個常數，所以我們可以在不更動任何分析的情況下將之移除。

所以，與其計算 $P(D)$，在本章後續的部分，會發展出一個對立假設，算出它的事後機率，然後拿它跟原始假設中的事後機率做比較。雖然這表示了我們無法將遭小偷做為觀測結果的唯一解釋，也無法算出此條件下竊盜發生的確切機率，但我們還是能繼續偵查，利用貝氏定理來調查其他可能的解釋。

考慮對立假設

讓我們做出另一個假設，好與原本那個做比較。這個新假設包含了三個事件：

1. 鄰居的小孩打棒球時，打破了你家前面的那扇窗。

2. 你出門時忘了鎖門。

3. 你忘了其實自己把筆電帶去了辦公室，而且沒帶回來。

我們就用它們的編號來個別指稱這些解釋，再以 H_2 做為統稱，也就是 $P(H_2) = P(1,2,3)$。接下來，要求出這個資料的概度和事前機率。

對立假設的概度

回想一下概度的定義：根據假設，你的觀察成立的機率，也就是這個設定中的 $P(D \mid H_2)$。有趣的是，這個解釋的概度會是 1：$P(D \mid H_2) = 1$，而且你很快就會看到這背後的邏輯。

如果我們假設中的所有事件通通發生了，那麼你觀察到的破損窗戶、未鎖大門和失蹤筆電就會是必然結果了。

對立假設的事前機率

事前機率呈現的是三個事件全都發生的機率，這就表示我們首先要找出每件事的機率，然後用乘積法則來算出事前機率。在這個例子中，我們假定這三個結果的條件互不依賴，各自獨立。

假設中的第一部分是前窗被鄰居家的小孩在玩棒球時打破了。雖然這在電影裡相當常見，但我自己是從來沒有在生活中聽說過這件事，反而聽過更多遭小偷的案例呢！所以，我們就說被棒球打破窗戶的機率，是前述遭小偷機率的一半：

$$P(1) = \frac{1}{2,000}$$

第二部分是你自己忘了鎖門。這還滿常見的，我敢說這件事一個月會
發生一次，也就是：

$$P(2) = \frac{1}{30}$$

最後，我們來看看你將筆電留在辦公室這一點。雖然帶筆電帶去上
班，而且把它留在辦公室並不少見，但你完全忘記自己有帶筆電出門
可就不太尋常了。這件事可能一年發生一次吧：

$$P(3) = \frac{1}{365}$$

現在我們有了 H_2 中每個解釋的機率，就能利用乘積法則，計算出事
前機率了：

$$P(H_2) = \frac{1}{2,000} \times \frac{1}{30} \times \frac{1}{365} = \frac{1}{21,900,000}$$

如你所見，這三件事會同時發生的事前機率極低。接下來要找出我們
這兩項假設個別的事後機率，以做出比較。

對立假設的事後機率

已知我們的概度 $P(D \mid H_2)$ 為 1，所以如果我們的第二假設為真，就絕
對會目睹這些證據。在手上還沒有第二假設的事前機率時，它的事後
機率感覺起來好像比遭小偷這個原始假設高出很多（因為即使真的遭
小偷，看到這些資料的機會也沒那麼高）。而現在我們能看到，在事
後機率尚未正規化之前，事前機率能造成怎樣的劇烈影響：

$$P(D \mid H_2) \times P(H_2) = 1 \times \frac{1}{21,900,000} = \frac{1}{21,900,000}$$

現在我們想要用比例來比較事後信念和假設強度，而你會發現我們其實並不需要 $P(D)$ 就能完成此事。

對未正規化的事後機率做比較

首先，要得知兩個事後機率的比例。比例的作用在於告訴我們某假設的可能性會比另一個高出幾倍。我們將原始假設定義為 H_1，而兩者的比例如下：

$$\frac{P(H_1 \mid D)}{P(H_2 \mid D)}$$

接下來，我們用貝氏定理將兩個機率分別展開，為了方便起見，這裡將貝氏定理寫為 $P(H) \times P(D \mid H) \times 1/P(D)$，並得到：

$$\frac{P(H_1) \times P(D \mid H_1) \times \dfrac{1}{P(D)}}{P(H_2) \times P(D \mid H_2) \times \dfrac{1}{P(D)}}$$

值得注意的是，現在分子和分母都有 $1/P(D)$ 這個值。也就是說我們可以將此項消去，同時維持相同比例。這就是為什麼在我們比較假設時，$P(D)$ 並非必要元素，而我們依然能得到未正規化事後機率的比例。事後機率表達的是我們的自身信念強度，因此其比例能告訴我們用 H_1 來解釋資料會比 H_2 合理多少倍，且不必知道 $P(D)$ 為何。所以我們就別理會 $P(D)$ 了，直接代入現有的數據：

$$\frac{P(H_1) \times P(D \mid H_1)}{P(H_2) \times P(D \mid H_2)} = \frac{\dfrac{3}{10,000}}{\dfrac{1}{21,900,000}} = 6,570$$

此式敘述的是 H_1 對觀測資料做出的解釋會比 H_2 好上 6,570 倍。換句話說，分析結果顯示出我們的原始假設（H_1）比對立假設（H_2）還要合理非常、非常多。這也與我們的直覺相符，因為根據你觀察到的現象，遭小偷絕對是一個更有可能發生的評估結果。

我們想用數學語言來表述未正規化事後機率的這個性質，好用來做比較。為此，我們採用下面這個版本的貝氏定理（其中 $\propto$ 符號代表「成比例」）：

$$P(H \mid D) \propto P(H) \times P(D \mid H)$$

我們可以將此式解讀為：「根據資料，對假設 H 做出的事後機率等比於的事前機率，乘上根據 H 判斷出的資料機率這個乘積。」

在任何想對兩個概念的機率做比較，卻無法輕易算出 $P(D)$ 之時，貝氏定理的這個形式就相當有用。我們無法單獨為假設得出一個有意義的機率值，但我們還是能用貝氏定理的其中一個版本來將不同假設相比。對於我們做出的各種觀察，將假設相比也表示我們永遠都能得知某個解釋的可信度比另一個要高多少。

總結

這一章探討了貝氏定理如何根據我們觀察到的資料，為自己的世界觀提供框架並建立模型。在貝氏分析中，貝氏定理包含了三個重要元素：事後機率 $P(H|D)$、事前機率 $P(H)$，以及概度 $P(D|H)$。

資料本身，或稱 $P(D)$，被刻意地從清單中消去，因為如果我們在乎的是信念的比較，通常不需要用到這一項就能進行分析。

習題

試著回答下列問題，看看你是否真的理解貝氏定理的不同元素。

1. 如前所述，你可能對指定給概度的原始概率不太滿意：

$$P\left(窗戶破了, 前門敞開, 筆電不見 \mid 遭小偷\right) = \frac{3}{10}$$

   這對我們原本相信 H_1 勝過 H_2 的信心強度有什麼影響？

2. 為了使 H_1 和 H_2 的比率一致，H_1 的事前機率，也就是遭小偷的信念，要降至多低才行？

9

貝氏事前機率與
運用機率分布

事前機率是貝氏定理中最具爭議性的部分，因為大眾常常認為它流於主觀。然而在現實世界中，事前機率通常能論證要如何利用重要的背景資訊，對不確定的情況做出完整推理。

在本章中，我們要來看看如何用事前機率解題，以及各種能用機率分布，將信念描述為包含所有可能數值的值域而非單一數值的方式。機率分布會比單一數值合用有兩大原因。

首先，在現實生活中，我們要考慮的可能信念範圍通常不小。其次，描繪出機率的範圍能讓我們在　組假設集上描述信心水準。在第五章檢驗黑盒子的時候，其實就已經探究過這兩點了。

C-3PO 的小行星群疑慮

我們用《星際大戰：帝國大反擊》這部電影來舉例。片中在數據分析上有個令人印象深刻的錯誤：當韓索羅駕駛千年鷹號進入小行星群，試圖躲開敵軍時，全知的 C-3PO 提醒他，在機率上的贏面並不大：「先生，你能成功穿越小行星群的機率大約只有 1/3,720 啊！」

「跟我談什麼機率！」韓回答。

表面上，這只是一個捨棄了「無聊」數據分析的有趣橋段，然而此處其實有個巧妙的難題。身為觀眾，我們知道韓是有能力完成這個挑戰的，但我們也不會因此否定 C-3PO 的分析結果。說真的，其實韓也知道這麼做很危險，他說過：「他們要是群瘋子才會跟著我們。」加上在電影中，緊追在後的鈦戰機隊全軍覆沒，也足以證明 C-3PO 提出的數值並非無憑無據。

C-3PO 在計算時忘了一件事，那就是韓本人是個亡命之徒！C-3PO 並沒有做錯什麼，只是忘了加上這項非常重要的變數。現在，問題變成：在不將機率完全摒棄的情況下，我們是否能像韓提議的那樣，避免 C-3PO 的失誤？要回答這個問題，我們得先將 C-3PO 的思考模式和我們對韓的信念這兩項素材建模，再用貝氏定理來將兩者融合。

下段內容，我們會先談談 C-3PO 的推論過程，接著再套入韓的剽悍行徑。

確立 C-3PO 的信念

C-3PO 可不是隨口喊個數目而已，他能流利使用超過六百萬種溝通方式，而這種能力背後需要大量的資料來支撐。所以，我們可以假定他手上其實握有足以佐證「近似 1/3720」的確切數據。C-3PO 提供的是成功穿越小行星群的近似機率，有鑑於此，我們知道他提供給韓的資訊僅足以建立可能成功率的一個範圍。而要描繪出這個範圍，我們要看的是成功機率的信念分布，而不只是用單一數值呈現這個機率。

對 C-3PO 來說，結果只有正反兩面，要不成功穿越，要不完全失敗。我們將運用 C-3PO 擁有的數據，加上第五章學到的貝他分布，來計算所有可能的成功機率。使用貝他分布是因為這種方法能根據我們對成敗的已知資訊，對此事件所有的可能機率建立出正確的範圍。

別忘了，計算貝他分布時要將資料參數化為 α（觀測到的成功總數）及 β（觀測到的失敗總數）：

$$P(\text{成功率} \mid \text{成敗}) = \text{Beta}(\alpha, \beta)$$

這個分布表述的是根據我們手上有的資料，哪一個成功率最有可能發生。

要找出 C-3PO 的信念，我們得先猜猜他的資料源自何處。若說在 C-3PO 的紀錄中，曾經有 2 個人成功穿越了小行星群，但不幸的是，有 7440 人的旅程在華麗爆炸中結束！圖 9-1 繪製出 C-3PO 對真實成功率這個信念的機率密度函數。

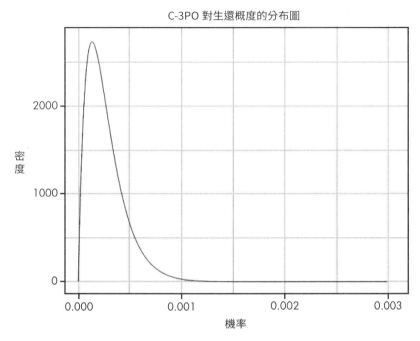

圖 9-1　貝他分布圖，表示 C-3PO 對韓能夠生還的信念。

對任何要進入小行星群的一般飛行員來說，這看起來糟透了。用貝氏
定理的語言來陳述，就是 C-3PO 根據觀察結果，估計真實成功率為
3720：1，這個值也就是我們在第八章談過的**概度**。接下來，我們要
來找出事前機率。

解釋韓的剽悍行徑

C-3PO 的分析蘊含的問題，是資料來源為**所有**飛行員，但他忘了韓
可不是大眾認知下的一般飛行員。如果我們無法用一個數來表示韓的
剽悍行徑，那麼我們的分析就行不通了。不只是因為韓成功通過了小
行星群，也因為我們**相信**他做得到。「統計」這個工具能協助並組織
我們對世界推理和信念的過程，如果我們的統計分析不僅違背自己的
推理和信念，還無法動搖固有的想法，代表這個分析一定出了什麼差
錯。

我們的**事前信念**是韓會成功穿越小行星群，因為到目前為止，無論情況多麼險峻，他都沒有失敗過。韓索羅的傳奇就是無論生還機率有多小，他總是能成功！

撇開貝氏分析不談，事前機率在資料分析中總是頗有爭議。許多人認為單靠「感覺」事前機率並不夠客觀，但這個情境正是個客觀案例，因為它解釋了為何捨去事前機率會更荒謬。想像現在是你第一次看《星際大戰：帝國大反擊》這部電影，當鏡頭帶到了這一幕，朋友很認真地告訴你：「唉，韓要死了。」而你絕不可能會相信這件事。想想 C-3PO，他對生還機率很低的估計並不完全錯誤，試想如果你的朋友說：「唉，這些鈦戰機隊要掛掉了。」你倒是很可能笑著同意。

現在我們有許多相信韓會生還的理由了，但還沒有一個可以佐證這個信念的數目。讓我們來拼湊線索，試著整理出一些東西吧。

我們先從韓剽悍程度的上限開始。如果我們相信韓絕對不可能喪命，那麼這部電影就會因為太容易預測而變得無聊。另一方面來說，我們相信韓會成功的信念強度比 C-3PO 認為他會失敗的信念還高，所以作為估計，就先說我們相信韓能生還的機率是 1/20,000 好了。

圖 9-2 顯示了我們相信韓能成功的事前機率分布。

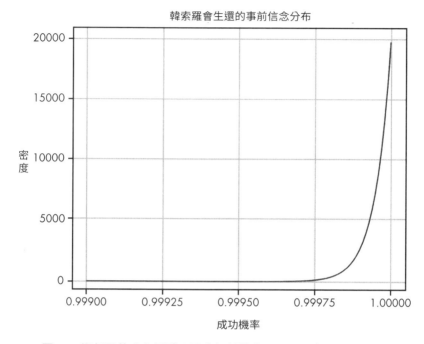

圖 9-2 這個貝他分布圖說明了我們對韓索羅生還的事前信念範圍

這是一個不同的貝他分布，而我們用它有兩個原因，一是因為我們的信念相當模糊，所以我們必須接受此值有浮動範圍。二是因為貝他分布的存在能使未來的計算變得更簡單。

現在有了概度和事前機率，下一步就能來計算事後機率了。

用事後機率製造懸疑感

我們現在建立出了 C-3PO 的信念（概度），並將自己對韓的信念（事前機率）建模，但我們還是需要一個方法來將這些部分合併。而藉由合併機率，我們就能創造出**事後機率**分布。在這個情況中，一旦知道 C-3PO 的概度，就能用事後機率模擬出我們的懸疑感：C-3PO 的分析有一部分是為了要奚落韓的分析思維，但也是為了要營造出真實的危機感。單看事前機率，我們一點也不會擔心韓，但當我們用

C-3PO 的資料來調整這個數據時，就發展出了一個能夠解釋實際危險的信念。

事後機率的公式其實既簡單又直觀。根據現在只有概度和事前機率的情況，我們可以用貝氏定理中，在前一章介紹過的比例式：

$$事後機率 \propto 概度 \times 事前機率$$

別忘了，用上貝氏定理的比例式，就表示事後分布中的機率總和不一定會是 1。但我們相當幸運，因為我們有一個能夠簡單合併貝他分布的方式，這能讓我們在只有概度和事前機率的情況下得出正規化的事後機率。我們的兩個貝他分布一個代表 C-3PO 的資料（概度），另一個是韓索羅有能力度過任何難關的事前信念（事前機率），而利用這個方式，將兩者相加就會易如反掌：

$$\text{Beta}\left(\alpha_{事後機率}, \beta_{事後機率}\right) = \text{Beta}\left(\alpha_{概度} + \alpha_{事前機率}, \beta_{概度} + \beta_{事前機率}\right)$$

我們剛剛做的，是將事前機率和事後機率的 α 值與事前機率和事後機率的 β 值相加，並得到正規化的事後機率。這個做法很簡單，也就是為什麼在貝氏統計中使用貝他分布會非常方便。我們接著來做這個簡單運算，求得韓成功穿越小行星群的事後機率：

$$\text{Beta}\left(20002, 7401\right) = \text{Beta}\left(2 + 20000, 7400 + 1\right)$$

我們現在能為這些資料畫出新的分布圖了。請見圖 9-3，其呈現了我們的最終事後信念。

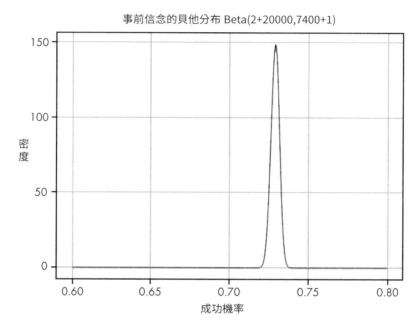

圖 9-3 將我們的概度跟事前機率結合，就能得到更有趣的事後機率分布。

藉由合併 C-3PO 的信念和我們認為韓索羅是亡命之徒的信念，可以發現現在的情況更為合理了。我們的事後信念是一個大約落在 73% 的生還機率，也就是說我們的確認為韓索羅的成功機率很高，但仍有一部分抱持懷疑。

重點是，我們不只得到韓能成功的原始機率，而是得到包含所有可能信念的完整分布。對本書中的許多例子來說，我們都僵化地僅用一個數值來表示機率，但在現實生活中，用上完整分布能幫助我們對信念強度保持彈性。

總結

看完本章，你應該可以了解背景資料對分析眼前資料有多重要。C-3PO 的資料所提供的概度函數與我們對韓索羅能力的事前理解並不相符。與其經常像韓一樣直接忽視 C-3PO，我們反倒將 C-3PO 的概度與我們的事前機率結合，藉此得到韓索羅能成功的調整信念。在《星際大戰：帝國大反擊》中，這個不確定性對該場景營造出來的緊張感非常重要。如果我們毫無保留地相信 C-3PO 的資料，肯定會認為韓將葬身小行星群；如果相信的是我們的事前信念，則會相信韓將毫髮無傷地通過小行星群。

你也學到與其使用單一機率，其實能使用機率分布來表達出可能信念的範圍。在後面的章節中，我們會再詳細介紹這些分布，並用更縝密的方式來探索信念中的不確定性。

習題

試著回答下列問題，看看你是否真的了解要如何結合事前機率與概度分布，得出精確的事後機率分布。

1. 有位朋友在地上發現了一枚硬幣，他連續拋擲後先得到了 6 次正面，然後是 1 次反面。請建立出描繪出此事件的貝他分布，用積分來算出此硬幣是公正硬幣的機率為何，也就是得到正面的實際比率介於 0.4 ～ 0.6 之間。

2. 運用貝他分布找出這枚硬幣是公正硬幣的事前機率。該貝他分布滿足拋出正面的實際比率在 0.4 ～ 0.6 之間的機率為 95%。

3. 現在看看還要得到多少次正面（完全沒得到反面）才能說服合理懷疑這枚硬幣不公正。假定在這樣的情況中，這表示我們對拋出正面的比率介於 0.4 ～ 0.6 的信念低於 0.5。

Part III
參數估計

10

取平均值與參數估計

本章會介紹參數估計，這是統計推斷中一個重要的部分，能讓我們用資料來猜測未知變數的數值。舉例來說，我們可能想要估計使用者在造訪網站之後購買商品的機率、嘉年華會上某個罐子中雷根糖的數量，或是某個粒子的位置和動量。在這些案例中，我們都有一個想要估計的未知數，而且我們能用已經觀察到的資訊做最佳猜測。我們將這些未知數稱為參數，而這個盡量猜出正確參數的過程就叫作參數估計。

我們會將重點放在取平均值，這也是參數估計中最基本的形式。幾乎所有人都知道要估計出真實數值，取觀測集合的平均值是最好的做法，但很少會有人停下來，問問為什麼這能成立？當然，是在它正確的前提下。我們需要證明取平均值是一個可信的方法，因為在往後的篇章中，我們還要為參數估計建立起更複雜的形式。

估計降雪量

想像昨天晚上下了一場大雪，而你想要知道後院究竟下了多少英寸的雪。可惜的是，你家中並沒有測雪計，無法量出確切數值。看看外面，風已經吹了一夜，也就是說積雪的表面並不平整。你決定在後院隨機找七個點，用尺來測量深度，並得到下列結果（單位為英寸）：

$$6.2 \ 、 4.5 \ 、 5.7 \ 、 7.6 \ 、 5.3 \ 、 8.0 \ 、 6.9$$

很明顯地，降下的雪曾經稍微移動過，而你院子的地本身也有點起伏，所以得到的量測值才會都不一樣。有鑒於此，我們如何能利用這些量測值，盡量猜到實際降雪有多深呢？

這個簡單的問題是參數估計的一個絕佳範例。我們要估計的參數是昨夜降雪的實際深度，要注意的是，由於風已經將雪吹散，且你手邊沒有測雪計，所以我們永遠都不可能得知降雪的**精確**深度。不過我們能換個方法，將手邊有的一組資料用機率合併，為我們的估計判斷出每個觀測結果的分布，並幫助我們做出最好的推測。

取量測結果的平均值以將誤差極小化

你想到的第一件事大概就是取得這些量測結果的平均值。我們在小學中，學過取平均值就是將每一項元素相加，再除以元素總數。所以，如果總共有 n 個量測結果，以 i 標記順序，每項標示為 m_i，我們會得到：

$$平均值 = \frac{m_1 + m_2 + m_3 \ldots m_n}{n}$$

代入我們的資料，會得到下列解答：

$$\frac{(6.2 + 4.5 + 5.7 + 7.6 + 5.3 + 8.0 + 6.9)}{7} = 6.31$$

所以，根據我們的七項觀測結果，降雪深度的最佳推測是 6.31 英寸。

取平均數這個技巧從小就深植在我們的腦海中，所以對這個問題來說，似乎是個顯而易見的處理方法。但實際上，我們很難去推理出它可行的原因，以及它與機率之間的關係。畢竟，我們每一項的量測結果都是不同的，而它們也有可能都與降雪量的真實數值完全不同。有數個世紀，就連偉大的數學家都擔心對這些錯誤的量測結果取平均值會得到極不精準的估計結果。

預測參數時，重要的是去理解我們**為什麼**要做這個決定，否則我們就是冒著很大的風險，使用可能無義中帶有偏見，或條理上錯誤的估計值。統計中有一個常見的錯誤，就是盲目地套用自己並不理解的程序，因而常常將錯誤的解法套用到問題上。機率是一個讓我們能對不確定之事進行推理的工具，而參數估計則可能是處理不確定狀態時最常用的計算過程。讓我們稍微對取平均值這件事多了解一些，看看我們能否更有信心，相信自己踏上的是條正確的路。

解出簡化版的問題

讓我們稍稍簡化這個降雪的問題：與其猜想積雪的所有可能深度，我們不如想像雪落在一些大小一致且整齊劃一的方塊中，而這些方塊在你的院子裡形成了一個簡單的二維網格。圖 10-1 顯示出了這個形狀工整，厚度達 6 英寸積雪的側視圖（而非鳥瞰）：

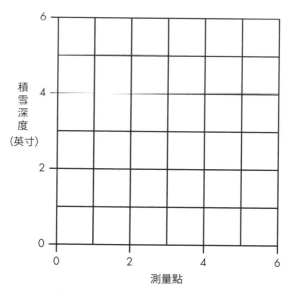

圖 10-1 大小一致、彼此分立的積雪

這是一個完美的情境，我們的可能量測結果並沒有無窮多，相反地，我們在六個可能地點取樣，且每個地點都只有一個可能結果：6 英寸。取平均值在這狀態下顯然是可行的，因為無論我們用什麼方式在這個資料中取樣，答案都會是 6 英寸。

跟圖 10-2 做個比較，此圖包含了強風將落雪吹到房子左側的資料。

不一致的積雪

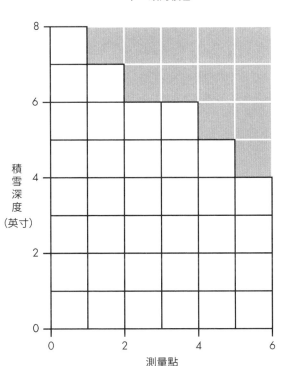

圖 10-2 被風位移的積雪

現在的狀況不再是一個平整滑順的表面，而是在有了些不確定性。當然，我們還是有點偷吃步，因為只要藉由計算方格的數量，我們就能知道究竟下了多少雪。不過，我們可以用這個例子來探索該如何對不確定的情況做出推理。讓我們測量你院子裡的每一個方格，開始調查這個問題吧：

8、7、6、6、5、4

接下來，我們想要為每個數值加上一個機率。經由作弊，我們得知積雪的正確深度是 6 英寸，因此也能記錄此真值和觀測結果的差距，這稱為誤差值（參見附表 10-1）。

表 10-1 觀測結果、發生頻率，及其與真值的差距

觀測結果	與真值的差距	機率
8	2	1/6
7	1	1/6
6	0	2/6
5	−1	1/6
4	−2	1/6

看看每個可能觀測結果和正確測量值的差距，我們能看到以某特定值高估的機率會被一個低估的量測結果抵消。舉例來說，挑到一個量測結果比真值多出 2 英寸的機率為 1/6，而這與挑到一個測量值比正確值少了 2 英寸的機率完全一樣。這正是取平均值是有效做法的第一個重要觀念；量測結果的誤差值通常都能互相抵消。

解決更極端的案例

前述情境的誤差分布相當平緩，所以可能還沒說服你，若情況複雜，誤差仍能互相抵消。要看看這個效應在其他案例中是否還能成立，我們來看看一個更極端的例子。假定如圖 10-3 所示，這陣風將 21 英尺厚的雪吹向其中一點，讓剩下的五個點都只剩下 3 英尺深的積雪。

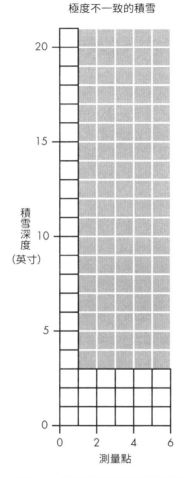

圖 10-3 風將雪位移的極端例子

現在我們的積雪分布非常不同了。對新手來說,這與先前的例子不同,因為我們採樣的所有數值中沒有一個是積雪的真實深度。同時,我們的誤差分布不再平均,而是一堆比預期還低的量測結果配上一個極高的量測結果。

表 10-2　極端例子中的觀測結果、差距，和機率

觀測結果	與真值的差距	機率
21	15	1/6
3	−3	5/6

我們顯然無法單純將某觀測結果的誤差值直接與另一個相配然後消去。不過我們可以用機率來說明，即使在這麼極端的分布中，誤差值仍能彼此抵消。我們首先將每個帶有誤差的量測結果視為一個值，此值是由我們的資料投票表決出來的。對每個觀測到的誤差值來說，其發生機率就是我們對該誤差的信心強度。

當我們想合併所有觀測結果，我們可以將這視為一場對最終估計的投票，而每個觀測結果的發生機率就是該選票的效力強度。在這個案例中，−3 英寸這個誤差的發生機率比 15 英寸的誤差多五倍，所以 −3 的份量就更重一些。用投票來表示，−3 會得到五票，而 15 只有一票。計算所有票數，將每個值與其機率相乘後全部相加，就得到一個*加權和*。在之前那個所有數值都一樣的極端案例中，我們只需要要用 1 乘上觀測到的數值，就能得到結果，也就是該數值。而在這個例子中，會得到：

$$\frac{5}{6} \times -3 + \frac{1}{6} \times 15 = 0$$

每個觀測結果的誤差值通通抵消為 0！我們再次了解到，就算所有可能數值都與正確的量測值不同，或是誤差分布很不平均，其實都沒關係。當我們用自身信念為該觀測結果加權，誤差往往會互相抵消。

用加權機率估計真值

現在我們對正確量測值的誤差值會彼此抵消這件事很有信心了。但還是有一個問題：我們一直在處理的誤差值是從真實觀測結果得出的，但首先得知道真值為何才能這麼做。當我們不知道何謂真值時，能用

的其實只有觀測結果而已，所以我們得看看在握有原始觀測的加權和這個情況下，這些誤差值是否仍能互相抵消。

要展現這的確是個有效的方式，我們需要一些「未知的」真值。利用下列誤差開展：

$$2 \cdot 1 \cdot -1 \cdot -2$$

因為真實的量測值是個未知數，所以我們會用變數 t 來表示，然後再加上誤差。現在我們能用每個觀測結果自身的機率為其加權：

$$\frac{1}{4}(2+t) + \frac{1}{4}(1+t) + \frac{1}{4}(-1+t) + \frac{1}{4}(-2+t)$$

我們所做的只有將代表真實量測值的常數 t 加上誤差值，然後將每個結果用該項的機率加權。這麼做，是為了看看是否能將誤差抵消至只留下 t 值。如果成功的話，即便是取原始觀察的平均，我們也能預期誤差將彼此抵消。

接下來我們將機率權重乘上所有項次，得到一個長加法算式：

$$\frac{2}{4} + \frac{1}{4}t + \frac{1}{4} + \frac{1}{4}t + \frac{-1}{4} + \frac{1}{4}t + \frac{-2}{4} + \frac{1}{4}t = 0 + t$$

現在我們可以將這些項次重新排序，讓所有的誤差值聚在一起，就能發現它們還是可以互相抵消，而加權過的 t 值總和也就是 t，所以，未知的真值為：

$$\left(\frac{2}{4} + \frac{1}{4} + \frac{-1}{4} + \frac{-2}{4}\right) + \left(\frac{1}{4}t + \frac{1}{4}t + \frac{1}{4}t + \frac{1}{4}t\right) = 0 + t$$

這告訴了我們，即便我們將量測值定義為一個未知真值加上一些誤差值的結果，這些誤差還是能互相抵消！最後，剩下的只有 t。雖然我們並不知道真實的量測值或誤差值為何，但是在我們取平均值的時候，誤差值往往會互相抵消。

實際上，我們通常無法對整個空間中的所有可能量測結果採樣，但只要樣本數越高，就有越多誤差值能被抵消，也通常能估計出更接近真值的結果。

定義期望、平均值，與取平均值

我們目前得到結果正式來說叫作資料的期望或是平均。這就是單純將每個值以其機率加權後相加得到的總和。如果將我們每項量測結果以 x_i 表示，並將對應的機率以 p_i 表示，那麼用數學語言來定義平均（通常用希臘字母 μ 表示），其運算式如下，：

$$\mu = \sum_{1}^{n} p_i x_i$$

更明確地說，這跟我們在小學時學到的取平均法一模一樣，只是用了數學記號，讓運用機率這點更加清楚明瞭。舉例來說，取四個數的平均，在學校是這樣寫的：

$$\frac{x_1 + x_2 + x_3 + x_4}{4}$$

也就是：

$$\frac{1}{4} x_1 + \frac{1}{4} x_2 + \frac{1}{4} x_3 + \frac{1}{4} x_4$$

我們也能說 $p_i = 1/4$，並寫為：

$$\mu = \sum_{1}^{4} p_i x_i$$

所以即使大家都對平均的概念很熟悉了，但藉由用機率的原則來建立此數，就能看到為什麼取資料的平均是可行的做法。無論誤差如何分布，誤差值在某極端的機率會被另一極端的機率抵消。當樣本越多，平均值就越有可能被抵消，然後我們就會更接近一直在尋找的那個真實量測值了。

量測值的平均對比總和的平均

我們在觀測值的分布中加上一些誤差值，並用其平均來估計出真實量測值。但平均值其實通常是用來概述資料集合的。舉例來說，我們可能會提及：

- 一個人的平均身高

- 一棟房子的平均價格

- 一個學生的平均年齡

在這些例子中，我們並不是要用平均值做為單個真實量測值的參數估計，而是要概述群體中的某項性質。更精確地說，我們在估計某些群體其抽象性質的參數，而這些整體甚至可能不是真的。雖然平均是一個簡單又廣為人知的參數估計，但它也可能被濫用並導出相當奇怪的結果。

當取資料的平均時，你每次都該問自己一個基本問題：「我究竟在測量什麼，而這個數值的真正意義為何？」以我們的降雪範例來說，答案相當簡單：我們在估計風把雪吹散之前，昨夜究竟下了多少雪？然而，當我們在測量「平均高度」時，答案就沒有那麼明顯了。世界上根本不存在一個所謂平均的人，而且我們在觀察身高時，得到的差異並不是誤差，就只是不同的身高而已。一個人的身高只有 165 公分，並不是因為有部分身高漂移到 190 公分高的人身上去了！

如果你在打造一座主題樂園，並想知道應該將身高限制設為多少，才能讓至少一半的遊客能搭乘雲霄飛車，那麼你就有一個想要量測出的真值。不過在這個案例中，平均值突然變得沒什麼幫助了。更好的估計方式是將 x 設為能搭乘雲霄飛車的最低身高，並計算入園的遊客會高於 x 公分的機率。

在本章假定的所有主張中，我們一直在試著量測出一個特定數值，並利用平均來將誤差值抵消。也就是說，我們利用取平均做為參數估計的形式，其中參數是一個我們永遠不得而知的真值。雖然取平均是一個用來概述大型資料集合的好方法，但我們不能再憑直覺來認為「誤差值會互相抵消」，因為在這些資料中，所有變異都具有真實意義，並不是量測中的誤查。

總結

在本章中，你知道了自己可以相信直覺，利用取量測值的平均，得到未知數的最佳估計值。而這能成立是因為誤差值往往能互相抵消。我們可以將這個取平均值的概念規格化為期望值或是平均值，而在我們計算平均值的時候，我們會將每項觀測結果用其發生機率加權，最後，雖然取平均是一個簡單易懂的計算工具，但還是別忘了，每次使用都要辨認並了解我們到底在用取平均這個方法判斷什麼事情，否則，我們可能也只會得到無效的結果。

習題

試著回答下列問題，看看你是否真的理解要如何用取平均值來估計未知量測值。

1. 也有這種可能，誤差值沒有照我們預期的那樣完全抵消。在華氏溫標中，98.6 度是人的正常體溫，而 100.4 度則是發燒的警訊。假設你正在照顧一個小孩子，他感覺體溫偏高而且看來有些病態，但你持續測量他的體溫，結果都介於 99.5 ～ 100.0 度之間：偏高，但還不算是發燒，你後來自己測試了幾次，發現結果都介於 97.5 ～ 98 度之間，這個體溫計可能出了什麼問題？

2. 你的體溫一直以來都很正常，且不覺得自己現在身體有什麼狀況，那麼你會如何修正 100、99.5、99.6，和 100.2 這些量測值，以判斷這個小孩是否發燒了？

11

測量資料的擴散範圍

在本章中，對你觀測到的擴散範圍，或稱不同極值，你會學到三種對其進行量化的方法：平均絕對離差（mean absolute deviation）、變異數（variance），及標準差（standard deviation）。

在前一章中，你學到取平均是猜測未知量測值的最佳方式，且若觀測的擴散範圍越廣，我們對估計平均值這件事越沒有把握。舉例來說，如果我們想要在車禍發生，且事故車拖走現場散布的殘骸後，找出兩車相撞的事發地點，那麼如果殘骸的分布範圍越廣，我們就越難判斷車禍發生當下的準確地點。

因為觀測結果的擴散範圍與量測值的不確定性有關，所以我們需要知道如何作量化，才能為我們的估計做出機率陳述（你在下一章會學到該如何做）。

向深井投幣

若你的朋友在樹林中遊蕩時被一口長相奇特的水井絆倒，你向內瞄了一眼，看起來深不見底。為了要測試這一點，你從口袋拿出一枚硬幣丟進去，過了幾秒後，你相當肯定自己聽到了水濺起的聲音。根據這點，你得知這口井雖然很深，但不是無底洞。

超自然現象這個解釋已經被排除在外了，你和你的朋友現在都對這口井究竟有多深感到好奇。要得到更多的資料，你從口袋裡再拿出五個硬幣丟入井中，得到下列數據（單位為秒）：

$$3.02 \cdot 2.95 \cdot 2.98 \cdot 3.08 \cdot 2.97$$

不意外地，你得到的結果並非完全一致，這主要是因為很難確保你在同一時間同樣高度丟下硬幣並正確紀錄聽到濺水聲的時間。

你的朋友也想要得出自己的量測值。比起挑出五個大小相近的硬幣，他反而抓起了各式各樣的物品，包括小小的鵝卵石和細細的樹枝。將這些東西丟入井中，朋友得到的量測結果如下：

$$3.31 \cdot 2.16 \cdot 3.02 \cdot 3.71, \cdot 2.80$$

這兩個例子都有一個大約 3 秒的平均值 μ，但你和你朋友的測量結果擴散的程度不同，我們在這一章的目標是找出一個量化的方式，來表達你和你朋友的量測結果其擴散範圍的差距。我們會將這個結果運用在下一章，來判斷在我們的估計中，特定值域的出現機率。

接下來，我們會用變數 a 代表第一組數值（你的觀測結果），並用變數 b 代表第二組數值（你朋友的觀測結果）。在這兩組中，每次觀察會用一個下標符號標示，比方說 a_2，就代表 a 組別的第二次觀測結果。

找出平均絕對離差

首先，我們要以平均值 μ 為中心，測量每個觀測結果的擴散範圍。平均值在 a 和 b 兩個組別都是 3。因為 μ 是我們對真值的最佳估計值，所以藉由測量平均值和各個數值之間的差距來量化兩個擴散範圍之間的差異是很合理的。表 11-1 呈現了每個觀測結果及其與平均值的差距。

表 11-1 你和你朋友的觀測結果，及其與平均值的差距。

觀測結果	與平均值的差距
a 組	
3.02	0.02
2.95	−0.05
2.98	−0.02
3.08	0.08
2.97	−0.03
b 組	
3.31	0.31
2.16	−0.84
3.02	0.02
3.71	0.71
2.80	−0.16

NOTE　與平均值的差距並非誤差量。誤差量表示的是其與真值的差距，而在這個案例中，尚不知真值為何。

對於要如何量化兩個擴散範圍之間的差異，計算其與平均值的差異總和可能會是我們的第一個想法。然而，當我們這樣做，會發現這兩組觀測結果的差和完全一樣，這點相當奇怪，因為這兩個資料集的擴散範圍實在是相距甚遠。

$$\sum_{i=1}^{5} a_1 - \mu_a = 0 \qquad \sum_{i=1}^{5} b_1 - \mu_b = 0$$

我們之所以不能單純地將所有平均值之差總和，與平均值為什麼合用有關：如我們在第十章中學到的，這是因為所有的誤差量往往能互相抵消。但在這裡，我們需要的是一個數學方法，讓我們能在不影響測量結果效度的情況下，確保這些差量不會通通抵消。

這些差量能被抵消是因為這些數值有正有負，所以如果我們將所有的差量都轉為正數，就能解決這個問題，也不用擔心量測結果的效力了。

要這麼做，最明顯的方式就是取這些差量的**絕對值**，也就是這個數值與 0 的差距。比方說，數字 4 的絕對值就是 4，而 –4 的絕對值依然還是 4。這麼一來，我們就能在實際上沒有改變它們的情況下，得到負數的正數版本。我們用兩條垂直線包住數值以代表絕對值，比方說 $| -6 | = | 6 | = 6$。

如果我們取附表 11-1 中的差量，並改用其絕對值來計算，就會得到能夠使用的結果：

$$\sum_{1}^{5} \left| a_i - \mu_a \right| = 0.2 \qquad \sum_{1}^{5} \left| b_i - \mu_b \right| = 2.08$$

試著手動計算，你應該也會到相同的結果。其實這對我們的特定情況更加好用，但這個方法只能用在兩個抽樣組別的大小一樣的時候。

想像現在我們的 a 組有超過 40 個觀測結果，其中 20 個是 2.9 且另外 20 個是 3.1。雖然有了這些額外的觀測結果，使 a 組的資料看起來比 b 組資料的擴散範圍要小的多，但僅僅因為有了更多觀測結果，現在 a 組的絕對值之和來到了 85.19！

要矯正這個結果，我們可以藉由除去觀測總數來取得正規化的數值。不過，與其使用除法，我們不如直接將算式乘上總數分之一，也就是乘以倒數，如下所示：

$$\frac{1}{5} \times \sum_{1}^{5} |a_i - \mu_a| = 0.04 \qquad \frac{1}{5} \times \sum_{1}^{5} |b_i - \mu_b| = 2.08$$

現在我們得到這個擴散範圍的量測結果，而且這個結果不會再受採樣大小的限制了！這個方法的歸納形如下：

$$平均絕對離差\,(x) = \frac{1}{n} \times \sum_{1}^{n} |x_i - \mu|$$

在此式中，我們計算了平均值與觀測結果之差其絕對值總和的平均，這表示 a 組的所有觀測結果與平均值之差的平均是 0.04 秒，而 b 組則是 0.416 秒。我們將這個公式得出的結果稱為**平均絕對離差**。這是一個既實用又直觀的方式，能讓你看出觀測結果的擴散範圍為何。根據 a 組的平均絕對離差為 0.04，而 b 組為接近 0.4 的這個結果，我們現在可以說 b 組的擴散範圍約略比 a 組大了 10 倍。

找出變異數

另一個能將我們的差量全部轉正同時又不消除資料效度的方式就是取平方：$(x_i - \mu)^2$。這個方式比找出平均絕對離差至少多了兩個好處。

第一個好處偏學術面：就數學上來說，取平方比找出絕對值要簡單的多。在本書中，這不會為我們帶來直接的優勢，但對數學家來說，絕對值函數在實際操作上其實挺麻煩的。

第二點比較實際，就是取平方會造成**指數懲罰**，意思是說，觀測結果離平均值越遠，所受到的懲罰越大。換句話說，就是小的差量沒有大的差量那麼重要，這點跟我們的直覺判斷一樣。舉例來說，假如有個人將你的會議安排在錯誤的房間，若正確的會議室就在隔壁，那你並不會太生氣，但如果實際上會議室應該在這國家的另一端，那麼我幾乎能肯定你會大發雷霆。

如果我們用平方後的差量取代絕對值，會得到下式：

$$\text{Var}(x) = \frac{1}{n} \times \sum_{1}^{n} (x_i - \mu)^2$$

這個在機率研究中有著特殊地位的公式叫作**變異數**（Variance，也就是公式中的 Var）。值得注意的是，變異數的方程式跟平均絕對離差其實完全一樣，只差在用取平方代替平均絕對離差中的絕對值函數。變異數因為有著更好的數學性質，所以在機率研究上使用的頻率高於平均絕對離差。根據下式，我們能看到計算變異數的結果會有多麼不同：

$$\text{Var}(a\ 組) = 0.002,\ \text{Var}(b\ 組) = 0.269$$

不過因為我們在取平方，所以對變異數的結果代表的意義，不再能用直覺來理解。平均絕對離差倒是具有直觀定義：與平均值的平均差距。而另一方面來說，變異數則是均平方差。回想我們剛剛用平均絕對離差計算的結果，b 組的擴散範圍比 a 組大出約 10 倍，但用了變異數，b 組擴散範圍現在比 a 組多出了 100 倍！

找出標準差

雖然在理論上，變異數有許多特質，讓它在計算中更有效益，但在實務中，它導出的結果可能會很難詮釋。對人類來說，很難想到 0.002 秒這個差量的平方有什麼意義。如前所述，平均絕對離差的好處就是其結果的樣子跟我們的直覺相當吻合。如果 b 組的平均絕對離差是 0.4，就表示任意觀測結果和平均值之間的平均差距正是 0.4 秒。但對平方差量總和取平均數則不會得到這樣簡單易懂的結果。

要改善這點，我們可以取變異數的平方根，來得到更符合我們直觀想法的結果。變異數的平方根稱之為標準差，並用小寫的希臘字母 σ（sigma）表示，其定義如下：

$$\sigma = \sqrt{\frac{1}{n} \times \sum_{1}^{n} (x_i - \mu)^2}$$

標準差的公式其實沒有如它第一眼所見那麼嚇人。我們的目標是得出一個能呈現資料擴散範圍的數目，看看所有不同的部分，你能看出：

1. 我們想要得到資料與平均值之間的差量，也就是 $x_i - \mu$

2. 我們需要將負數轉為正數，所以取其平方 $(x_i - \mu)^2$

3. 我們需要取所有差量的總和：

$$\sum_{i}^{n} (x_i - \mu)^2$$

4. 我們不希望這個總和會被觀測數量影響，所以用 $1/n$ 將其正規化。

5. 最後，取所有項目的平方根，這樣一來，我們得到的數目就會跟比較直觀的絕對值差距這個方式相當接近。

如果我們看看這兩組的標準差，就會發現這跟平均絕對離差的答案非常相似：

$$\sigma(a \text{ 組}) = 0.046, \sigma(b \text{ 組}) = 0.519$$

標準差是介於直觀的平均絕對離差，與方便計算的變異數之間的中庸之道。值得注意的是，在擴散範圍中，介於 b 和 a 之間的差量是一個數值為 10 的因子，這點跟平均絕對離差相同。標準差暨普遍又實用，因此在大部分關於機率和統計的書中，變異數都直接定義為 σ^2。

所以現在要測量資料擴散範圍，我們有三種不同的方法。在表 11-2 中，可以看到這些結果。

表 11-2　測量擴散範圍的不同方式

擴散範圍量測方式	a 組	b 組
平均絕對離差	0.040	0.416
變異數	0.002	0.269
標準差	0.046	0.519

在這些測量擴散範圍的方式中，並沒有哪一個比較正確。目前使用上最普遍的是標準差，因為我們能結合平均值，定義常態分布，並由此定義量測結果各個可能真值的明確機率。在下一章，我們將會看看常態分布，並了解這能如何幫助我們認識自己對量測結果的信心指數。

總結

在本章中，你學到了量化一組觀測結果其擴散範圍的三個方法。最接近直覺的方式是平均絕對離差，也就是計算每一個觀測結果與平均值的差距，加總後取其平均。雖然說是相當直觀，但平均絕對離差在數學計算上並不如其他兩個方式好用。

數學上比較推崇的方式是變異數，也就是取每個觀測結果與平均值之差的平方。不過，當我們計算變異數，就會失去對這個計算內含意義的直觀感受。

第三個選項是標準差，也就是變異數的平方根。標準差在數學計算上相當實用，同時在邏輯上，其產生的結果又相當符合直覺。

習題

試著回答下列問題，看看你是否真的理解這幾種測量資料擴散範圍的方法。

1. 使用變異數的其中一個好處是差量的平方會造成懲罰性指數。舉出一些例子，解釋在什麼情況下，這會是一項有用的特質。

2. 計算下列數值的平均值、變異數，及標準差：1、2、3、4、5、6、7、8、9、10。

12

常態分布

在前兩章中,你學到了兩個非常重要的概念:讓我們能在各種觀測結果下估計出量測結果的平均值 μ,也讓我們能測量出觀測結果擴散範圍的標準差 σ。

兩個概念獨立來說，都很有用，放在一起，效力就更大了。兩者合用可作為**常態分布**的參數，這是所有機率分布中最著名的一種。

在這一章，你會學到如何用常態分布，來判斷在各種估計中，你對某估計為真的肯定度。參數估計的真正目標不僅僅是為了得到估計值，而是對可能數值的值域指派機率。這讓我們能用不確定值做出更複雜的推理。

在前面的章節中，我們證明過，要根據現存資料來估計未知數，取平均值在這件事上是一個穩固的方式，而標準差可以用來測量這些資料的擴散範圍。藉由測量觀測結果的擴散範圍，我們可以判斷出自己對平均值的信心有多高。觀測結果的擴散範圍越大，我們對得出的平均值越沒有信心。當我們將觀測結果納入考量，常態分布讓我們能精準地量化出自己對各種信念有多麼肯定。

為邪惡之舉測量導火線

想像有一個長了大鬍子的卡通反派，想用炸彈將銀行金庫炸出一個大洞，但他手邊只有一顆炸彈，還是大顆的那種。他知道如果能跟炸彈保持 200 呎的距離，就能安全脫身，而他要花上 18 秒才能移動到這個距離，若是稍微少了一點點，就可能會粉身碎骨。

雖然這個反派只有一顆炸彈，但他有六條相同尺寸的導火線。所以他決定要用其中五條來做實驗，將最後一條留待炸彈使用。他點燃每條導火線，測量燒盡要花費的時間，以確定他是否有 18 秒可以離開現場。當然，在這麼趕的狀況下，測量結果會有些不一致。以秒為單位，下列數目為他記錄到的燃盡時間：19、22、20、19、23。

目前看來還不錯呢，沒有一條導火線的燃燒時間短於 18 秒。計算平均值，我們得到 μ = 20.6，而標準差為 σ = 1.62。

但現在我們想要判斷的是，根據觀測資料，導火線燃燒殆盡的時間不到 18 秒這個可能的確切機率是多少。由於我們的反派認為財富誠可貴，生命價更高，所以只有自己能在爆炸中存活下來的機率達 99.9% 時，他才會去搶劫。

在第十章，你學到在手上有一個量測集合的狀況下，取平均值是一個估計真值的好方法，但我們還沒有找到另一個方式，能用來表達我們認為此值為真的可信度有多高。

在第十一章，你認識了標準差，及如何藉此量化觀測結果的擴散範圍。合理研判，找出平均值的可能替代方案個好像會是個有幫助的方法。舉例來說，假設你手一滑，將玻璃杯摔到地上，碎了一地，你可能會根據碎片的分散狀態來搜尋鄰近的房間。如果像圖 12-1，這些碎片的距離都很接近，你會更肯定沒有必要確認隔壁房間是否有玻璃碎片的這個判斷。

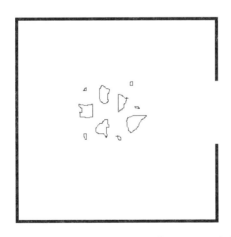

圖 12-1　若碎片分散的範圍不大，你對要清理的範圍也會更有把握。

然而，如果玻璃碎片像圖 12-2 那樣散落四處，即使沒有馬上看到碎片，你也會想把玄關到隔壁房間這整片範圍通通掃過一遍。同樣的，如果反派的導火線其燃燒時間長短不一，即使在所有實驗中，導火線的燃燒時間都大於 18 秒，它仍然有機會在正式上場時短於 18 秒。

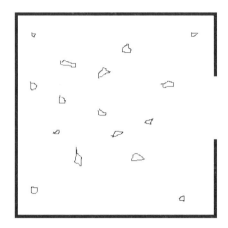

圖 12-2 若碎片散落四處，你可就不太確定它們究竟會在哪裡。

當觀測結果的散布範圍都是肉眼可見時，我們直覺上會認為在某個極限可能還有自己沒看到的部分，同時我們也會對擴散中心的位置更沒有把握。在這個玻璃杯的範例中，如果你沒有親眼見到杯子掉落且碎片四散的狀況，就很難確定杯子究竟落在何處。

我們可以將這樣的直觀想法量化，就用最常被拿出來研究且鼎鼎有名的機率分布：常態分布。

常態分布

常態分布是一個連續的機率分布（就像第五章提到的貝他分布），是用來在已知平均值和標準差的情況下，對不確定的量測結果，描述你對此值其可能信念之強度的最佳方式。這個方式僅需要用到兩個參數，分別為代表平均值的 μ，和代表標準差的 σ 兩個符號。而一個 μ = 0 且 σ = 1 的常態分布呈現鐘形，如圖 12-3 所示。

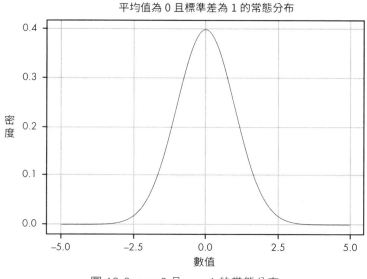

圖 12-3　μ = 0 且 σ = 1 的常態分布

如你所見，這個常態分布的中心點就是它的平均值，而其寬度是由標準差來定義。圖 12-4 和 12-5 則分別呈現了在 μ = 0 的情況下，σ = 0.5 或 2 的常態分布。

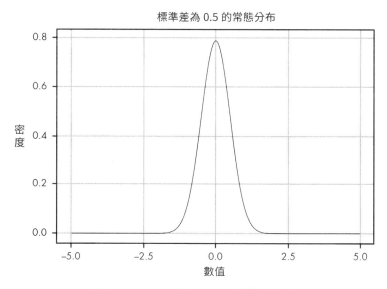

圖 12-4　μ = 0 且 σ = 0.5 的常態分布

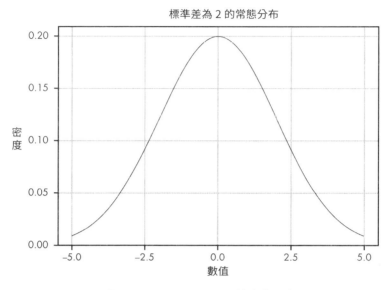

圖 12-5　μ = 0 且 σ = 2 的常態分布

隨著標準差的數值變小，常態分布的寬度也變窄了。

如前面討論過的，常態分布反映了我們對導出的平均值有多少信心。所以說，如果觀測結果更分散，我們會相信可能數值的值域範圍更大，並降低對中央平均數的信心。相反地，如果所有的觀測結果大抵上都相同（表示 σ 值不大），我們就會相信自己的估計相當滿準確。

當我們對一個問題的掌握只有觀測資料的平均值和標準差時，用常態分布來描述我們的信念狀態是最可信的方式。

解決導火線難題

回到最初的問題，我們現在有一個 μ = 20.6 且 σ = 1.62 的常態分布。除了記錄下來的燃燒時間外，我們對導火線的其他性質一無所知，還好，用觀察到的平均值和標準差，我們就能為現存資料建立常態分布的模型（參見圖 12-6）。

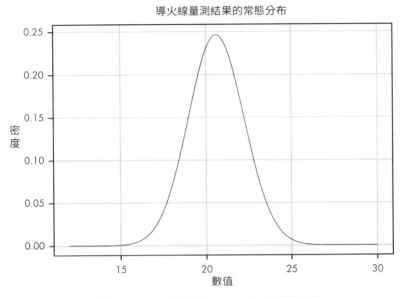

導火線量測結果的常態分布

圖 12-6　μ = 20.6 且 σ = 1.62 的常態分布

我們在探討的問題是：根據觀察到的資料，導火線的燃燒時間會等於或少於 18 秒的機率為何？要找出解答，我們需要用上你在第五章學到的機率密度函數。常態分布的機率密度函數為：

$$N\left(\mu,\sigma\right) = \frac{1}{\sqrt{2\pi\sigma^2}} \times e^{-\frac{(x-\mu)^2}{2\sigma^2}}$$

而要得到機率，我們需要將這個函數中所有小於 18 的數值積分：

$$\int_{-\infty}^{18} N\left(\mu = 20.6, \sigma = 1.62\right)$$

積分的概念其實很單純，你可以將之想像為把這個曲線下方你在意的那一部分取走，如圖 12-7 所示。

145

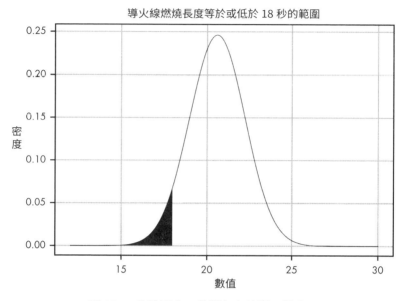

圖 12-7 曲線下方，我們在意的那一部分。

深色區域表示的是在我們的觀測結果下，導火線燃燒的時間會等於或低於 18 秒的機率。值得注意的是，雖然觀測到的數值沒有一項小於 18，但因為這些觀測結果有擴散範圍，所以從圖 12-6 呈現出的常態分布中，能看出小於 18 的數值仍有可能出現。將所有小於 18 的數值積分，就能計算出導火線的燃燒時間小於反派所需時間的機率。

手動計算這個函數的積分可不容易，還好有 R 語言可以為我們算出積分。

在開始之前，我們得先決定要從哪個數開始積分。常態分布的可能值域定義在無窮（∞）和負無窮（−∞）之間。所以理論上來說，我們想要得到的是：

$$P\left(導火線燃燒時間 < 18\right) = \int_{-\infty}^{18} N\left(\mu, \sigma\right)$$

但我們顯然不能在電腦運算中從負無窮開始積分！幸運的是，如圖 12-6 和 12-7 所示，機率密度函數的數值很快就會降至微乎其微。

我們可以看到，機率密度函數的線在數值為 10 的地方幾乎完全是平的，也就是說實際上這一區幾乎沒有機率的存在，因此，我們只要取 10 ～ 18 的積分就可以了。我們也可以選一個更小的數值，比如 0，但因為在實際上完全沒有機率落在這一區，所以選擇這個數並不會對結果產生任何具有意義的影響。下一節會介紹一個小技巧，能讓我們更輕鬆地選擇下界和上界。

要將這個函數積分，我們會用上 R 語言中的 integrate() 函數和 dnorm() 函數（也就是常態分布中機率密度函數的 R 語言函數版本），計算常態分布其機率密度函數的方式如下：

```
Integrate(function(x) gnorm(x,mean=20.6,sd=1.62),10,18)
0.05425369 with absolute error < 3e-11
```

將數值四捨五入，我們可以看到 $P($ 導火線燃燒時間 $< 18) = 0.05$，也就是導火線燃燒時間會等於或小於 18 秒的機率為 5%。反派也是珍惜生命的，只有在爆炸時能安然無恙脫身的機率至少達到 99.9% 時，他才願意去搶銀行。恭喜啦！今天銀行安全了！

常態分布的力量，就是讓我們能用機率來推論出可能替代平均值的廣大值域，讓我們了解自己的平均值有多實際。在任何我們想對資料做推理，但手上只有其平均值和標準差的狀況下，我們都能用常態分布來完成。

小技巧和直覺

雖然 R 語言在計算常態分布的積分上比手動要簡單的多，但其實也有一個非常實用的技巧，能夠在使用常態分布時，讓事情更加簡化。對任何已知平均值和標準差的常態分布，你可以估計出這個在曲線下方，以 μ 為中心，以 σ 為固定間距的面積。

舉例來說，曲線下方，在 μ – σ（平均值減去一個標準差）與 μ + σ（平均值加上一個標準差）之間的範圍就佔了整體分布中的 68%。

這表示有 68% 的可能數值都落在平均值 ± 一個標準差的範圍內，如圖 12-8 所示。

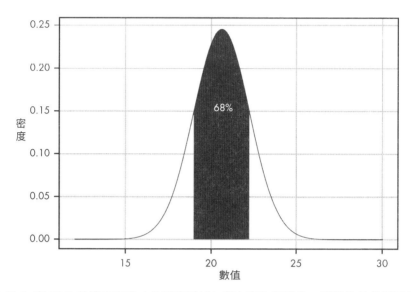

圖 12-8　有 68% 的機率密度（曲線下區域）落在平均值正負一個標準差的範圍內。

我們繼續增加 σ 的倍數，逐漸拉長與平均值的距離。表 12-1 寫出了這些面積涵蓋的機率。

表 12-1　曲線下不同 σ 涵蓋的面積

與平均值的距離	機率
σ	68%
2σ	95%
3σ	99.7%

即便樣本數很少，這個小技巧仍能有用地快速判斷一個數值的概度。你需要的只是一台計算機，以便算出 μ 和 σ 的值，這也表示就算你現在正在開會，也能做出一些相當精準的估計呢！

舉例來說，當我們在第十章測量積雪深度時，我們的量測結果如下：6.2、4.5、5.7、7.6、5.3、8.0、6.9。在這組資料中，平均數為 6.31 且標準差是 1.17。這表示我們有 95% 的信心，相信積雪深度的真值介於 3.97 英寸（6.31 – 2×1.17））和 8.65 英寸（6.31 + 2×1.17）之間。這樣一來，我們既不需要手動計算積分，也不用為了執行 R 語言而啟動電腦了！

就算我們真的想要用 R 語言來積分，這個技巧對判斷積分從起始到結束的最小值和最大值還是很有用的。舉例來說，如果我們想要知道這個反派其炸彈的導火線能燃燒超過 21 秒的機率，我們並不會想要從 21 為起點一路積分到無窮大，那麼上界應該要定在哪裡呢？我們可以從 21 積分至 25.46（20.6 + 3×1.62），也就是平均值加上三個標準差。而平均值正負三個標準差的範圍會涵蓋全部機率的 99.7%。餘下的 0.3% 分別位於分布的兩端，也就是其中只有一半（0.15%）的機率密度落在大於 25.46 的範圍中。所以如果我們從 21 積分至 25.46 的話，在結果中捨去的機率其實非常稀少。當然啦，我們可以用 R 語言，輕鬆地計算出 21 到某個保險數值的積分，好比說 30，但這個技巧已足以讓我們找出「相當保險」的範圍。

「N 標準差」事件

你可能有聽說過一種稱作標準差事件的事件種類，像是「這次股票下跌是八標準差事件」也就是說觀測到的資料位於距離平均值八個標準差之處。在上表 12-1，我們看到了與平均值相距一標準差、二標準差、三標準差的級數分別是 68%、95%，及 99.7%。由此可知，八標準差事件幾乎不可能成立。實際上，如果你這輩子有任何機會，觀察到與平均值相距五標準差的資料範圍，你應該將之視為一個警告，表示你的常態分布沒有對潛在資料建出準確的模型。

我們用你正在研究某天可能會觀測到的事件，來演示事件發生機率如何隨著 n 標準差的增加而越來越低。這些事件有的可能像是在日出之時起床這樣常見，而有的可能像是起床這天是你的生日這般罕見。表 12-2 列出了每增加一個標準差，預期事件需要等上多少天才會發生。

表 12-2 n 標準差的數量越高，則事件越罕見。

與平均值的距離	預期每……
σ	3 天
2σ	3 週
3σ	1 年
4σ	40 年
5σ	5 千年
6σ	140 萬年

所以，一個三標準差的事件差不多就是你某天醒來，發現今天是你的生日，但一個六標準差事件比較像是你醒來後，發現有個小行星就要撞上地球啦！

貝他分布和常態分布

你可能記得，在第五章，貝他分布讓我們能根據觀察到的 α 個目標結果和 β 個非目標結果，估計出真實的機率，其中產生的結果總數為 α+β。根據這點，你可能會想要對下列概念提出異議：在任意資料集合中，若僅知平均值和標準差，常態分布最適合用來為參數估計建模。畢竟，現在我們只要觀察三個 1 的值和四個 0 的值，就可以描述出一個 α=3 且 β=4 的情境。這會讓我們得到 μ=43 及 σ=0.53。我們接著能將 α=3 且 β=4 的貝他分布與 μ=43 且 σ=0.53 的常態分布做比較，如圖 12-9 所示。

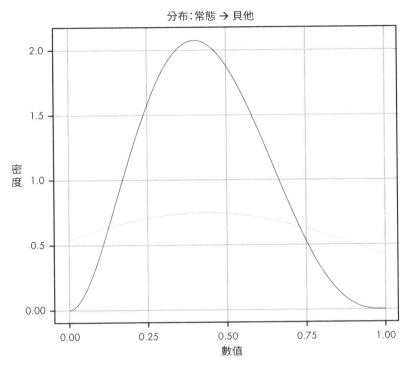

圖 12-9 將貝他分布與常態分布做比較

我們可以明顯看出,這些分布長的很不一樣,但也能看到這兩個分布的質量中心似乎是在同一個位置,只是常態分布兩個邊界的延展遠超過這個圖表的極限範圍。這裡可以看出一個重點:只有在你對資料除了平均值和變異數,其餘一無所知時,才能安全地假定出常態分布。

在貝他分布中,已知我們在找的那個值一定介於 0 ～ 1 之間,在常態分布中,此值則被定義為在 −∞ 和 ∞ 之間,其中常常包含了不可能存在的值。然而,在大多數案例中,這點並不是特別重要,因為如此遙遠的量測結果,用機率的術語來說就是基本上沒有可能。但是對我們這個檢測某事件發生機率的例子來說,缺少的資訊對塑造我們的問題則是相當重要。

所以，常態分布雖然是強大的工具，但並不能取代獲得更多資訊的重要性。

總結

常態分布是在觀測結果中用平均值來估計數值的一種延伸用法。它將平均數和標準差結合，建立出觀測結果與平均值之間擴散程度的模型。這點相當重要，因為這讓我們能將量測結果中的誤差值用機率方法進行推理。我們現在不僅能用平均值來做出最佳猜測，也能對我們估計的值域做出機率陳述。

習題

試著回答下列問題，看看你對常態分布的理解有多少。

1. 距離平均值，觀察到 5 或更多標準差或的機率為何？

2. 任何超過華氏 100.4 度的體溫都被視為發燒狀態。根據下列量測結果，病患發燒的機率有多高？

$$100.0 \cdot 99.8 \cdot 101.0 \cdot 100.5 \cdot 99.7$$

3. 假定在我們在第十一章中，試著要用硬幣落下的時間測量一口井的深度，並得到下列數值：

$$2.5 \cdot 3 \cdot 3.5 \cdot 4 \cdot 2$$

物體落下的距離可以用下列公式來計算，其距離單位為公尺：

$$距離 = 1/2 \times G \times 時間^2$$

其中 G 為 9.8m/s/s（距離除以時間的平方），那麼這口井的深度大於 500 公尺的機率是多少？

4. 這口井其實完全不存在的機率是多少（也就是說其深度為 0 公尺）？你會發現，即便你的觀測結果是那裡有一口井，這個機率可比你預期的要高。對此，我們能做出兩個解釋；第一，常態分布對我們的量測結果來說並不是一個好的模型；第二，在為範例編造數值時，我選擇的是你在現實生活中不太可能會看到的數值。對你來說，哪一個更有可能？

13

參數估計的工具：
機率密度函數、累積密度
函數和分位數函數

截至目前為止，我們已聚焦在建立常態分布的集區，以及它
在參數估計上的運用。本章將會再深入一些，探索其他能
對參數估計做出更佳主張的數學工具。我們會面對一些真實世
界中存在的問題，看看如何用不同的方式，和各種度量、函數，
及視覺輔助來解題。

本章的重點主要是針對機率密度函數（probability density function），並介紹累積分布函數（cumulative distribution function）出場，後者可以幫助我們更容易判斷值域的機率；然後我們會帶出分位數，這個方法能讓我們的將機率分布分割成等值的小部分，一個百分位就是 100 個分位數，代表它將機率分布分割成 100 個大小一樣的區塊。

估計訂閱電子報的轉換率

假設你在經營一個部落格，並想知道訪客到訪你的網站後會訂閱電子報的機率有多高。在行銷的術語中，讓使用者去執行一個目標事件就叫作轉換事件，或簡稱為轉換，而使用者會去訂閱的機率就叫作轉換率。

如第五章所討論的，在得知訪客人數 n 和訂閱人數 k 之後，我們會用貝他分布來估計訂閱的機率 p 的值。執行貝他分布需要的兩個參數分別為 α 和 β，在這個例子中，前者代表的是訂閱總數 (k)，而後者代表的是未訂閱的總數 $(n - k)$。

在我們一開始介紹貝他分布的時候，你學到的只是它的表象和行為的皮毛而已，現在你會看到它如何能成為估計參數的基石。我們想要的不只是對我們的轉換率作單次估計，而是在我們確信的實際轉換率範圍中找出一個值域。

機率密度函數

我們要用的第一個工具是機率密度函數。目前它已經出場過幾次了：第五章的貝他分布、第九章的貝氏事前機率，及第十二章的常態分布。機率密度函數的作用就是能將數值轉化為該值成立的機率。

在估計電子報訂閱的實際轉換率這件事情上，假設在首 40,000 人中，有 300 人選擇訂閱，那麼這個問題的機率密度函數就是 α = 300 且 β = 39,700 的貝他分布：

$$\text{Beta}\left(x\,;300,39700\right) = \frac{x^{300-1}\left(1-x\right)^{39700-1}}{\text{beta}\left(300,39700\right)}$$

我們花了很多時間在談論這點：在具有不確定性的情況下，平均值就是量測結果的最佳估計值。大部分機率密度函數都有一個平均值，這是我們為了貝他分布特地計算出來的，其公式如下：

$$\mu_{\text{Beta}} = \frac{\alpha}{\alpha + \beta}$$

這個公式相當直觀：只要將我們在意的結果數（300）除以發生結果總數（40,000）即可。這個平均值跟另外一個簡單算法得出的結果是一樣的：將每封電子報視為 1 個觀測結果，並將所有其他的觀測結果視為 0，再取其平均。

平均值是我們對真轉換率這個參數估計的第一試。但我們還是想要知道轉換率的其他可能數值。讓我們繼續探索機率密度函數，看看還有什麼我們能學的東西。

機率密度函數的圖像與詮釋

要了解機率的分布，機率密度函數通常會是首選。圖 13-1 闡述了部落格轉換率其貝他分布的機率密度函數。

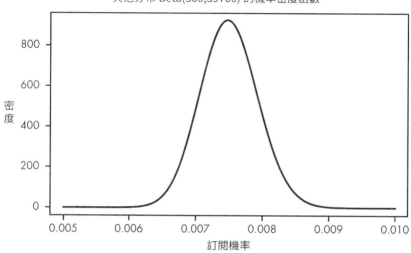

圖 13-1　我們對真轉換率的信念，其位於貝他分布中的機率密度函數圖。

機率密度函數呈現出了什麼？從這些資料，我們能得知部落格的平均轉換率就是

$$\frac{訂閱數}{訪客人數} = \frac{300}{40,000} = 0.0075$$

這也就是我們這個分布的平均值。轉換率恰好等於 0.0075 而沒有更多小數位數，如 0.00751，這看來似乎不太可能。我們知道在這個曲線下，因為機率密度函數表現出的是所有可能估計值的機率，所以機率密度函數的所有數值相加必定為 1。我們能經由觀察曲線下方的區域，看看在意的那個間距，估計出我們的真轉換率。在微積分中，這個曲線下的面積就是**積分**，這告訴了我們在機率密度函數中，我們在意的那個區域其總機率是多少。這也正是我們在前一章中，利用積分來處理常態分布的方式。

因為我們的量測結果具有不確定性，又有平均值，這能幫助我們調查出真轉換率比觀察到的平均值 0.0075 高出或低於 0.001 的可能性有多大。這麼做，我們就能得到一個可接受的誤差範圍（也就是說，我

們對這個範圍中的任何數值都會很滿意）。要這麼做，我們可以用一個方法：算出實際機率小於 0.0065 和大於 0.0085 的概率，再將兩者互相比較。實際轉換率比我們觀測的結果還要低很多的機率計算方式如下：

$$P\left(\text{低很多}\right) = \int_0^{0.0065} \text{Beta}\left(300,39700\right) = 0.008$$

記得，當我們取函數的積分時，就只是將函數中的所有小片段相加。所以，如果我們在一個 α 為 300 且 β 為 39,700 的貝他分布中取 0 至 0.0065 的積分，就是將此範圍內所有數值的出現機率相加，並判斷我們的真轉換率介於 0 ～ 0.0065 之間的何處。

這裡也可以提出另一個極端的問題，像是：我們其實拿到了一個很糟糕的採樣，而真轉換率其實要高出許多，甚至比 0.0085 還要高（代表轉換率超乎預期）的機率為何？

$$P\left(\text{高很多}\right) = \int_{0.0085}^{1} \text{Beta}\left(300,397000\right) = 0.012$$

我們在此取 0.0085 至最大可能數值（也就是 1）的積分，來判斷我們的真值落在這個範圍內的機率。所以，在這個例子中，我們的轉換率比觀測結果高出至少 0.001 的機率，實際上比低了至少 0.001 的機率還要高。這就表示如果我們必須要在有限的資料中做出決定，我們依然可以計算出哪個極端更有可能成立：

$$\frac{P\left(\text{高很多}\right)}{P\left(\text{低很多}\right)} = \frac{\int_{0.0085}^{1} \text{Beta}\left(300,397000\right)}{\int_0^{0.0065} \text{Beta}\left(300,39700\right)} = \frac{0.012}{0.008} = 1.5$$

由此可見，我們的真轉換率高於 0.0085 的機率比低於 0.0065 的機率要多出 50%。

用 R 語言來計算機率密度函數

到目前為止，我們已經用過兩個 R 語言函數來計算機率密度函數：
dnorm() 和 dbeta()。對絕大部分著名的機率分布來說，R 語言支援
一個與機率密度函數相等，且能計算其值的 dfunction() 函數。

像 dbeta() 這樣的函數對取近似連續機率密度函數也是很有用的。舉
例來說，當你想要快速地描繪數值，如下所示：

```
xs <- seq(0.005,0.01,by=0.00001)

xs.all <- seq(0,1,by=0.0001) plot(xs,dbeta(xs,300,40000-
300),type='l',lwd=3,
    ylab="density",
    xlab="probability of subscription",
    main="PDF Beta(300,39700)")
```

NOTE　要了解上面用到的繪圖函式，請見附錄 A。

在這個程式碼中，我們創造出了間隔為 0.00001 的一系列數值。這些
數值的確很小，但還沒有到無窮小，因為它們都能出現在真實的連續
分布中。除此之外，當我們繪製這些數值時，我們看到的正是一個非
常接近真實連續分布的樣貌（詳見前述圖 13-1）。

累積分布函數

在數學領域中，機率密度函數最常運用在積分上，它能像我們在前一
段落那樣，解出各種範圍的相關機率。然而，如果我們剛剛用的是**累
積密度函數**，其實可以省下很多功夫。這個函數並沒有太多微積分
的運算，而是將分布中的所有部分通通相加。

代入數值，累積分布函數會導出一個得到該數值或更小數值的機率。
舉例來說，當 $x = 0.0065$，貝他分布 Beta(300,397000) 的累積密度函數
會近似於 0.008。這表示真轉換率等於或小於 0.0065 的機率為 0.008。

藉由取機率密度函數曲線下的累積面積，累積密度函數就能得到這個機率值（如果你比較習慣用微積分的話，累積密度函數就是機率密度函數的反導函數）。我們可以將這個過程歸納為兩個步驟：(1) 為機率密度函數的每個數值計算出曲線下的累積面積，及 (2) 繪製出這些數值。這就是我們的累積密度函數了。任意 x 軸數值對應到的曲線數值就是 x 或小於 x 的值出現的機率。在的值為 0.0065 時，曲線對應到的數值為 0.008，而這跟我們之前的計算出結果一模一樣。

要理解這是如何運作的，讓我們將這個問題的機率密度函數分割成每份 0.0005 的小塊，並聚焦在我們的函數中機率密度最高的那個區域：0.006 至 0.009 之間。

圖 13-2 呈現了貝他分布 Beta(300,39700) 其機率密度函數曲線下的累積面積。如你所見，我們的曲線下累積面積顧及了所有在左側的小塊面積。

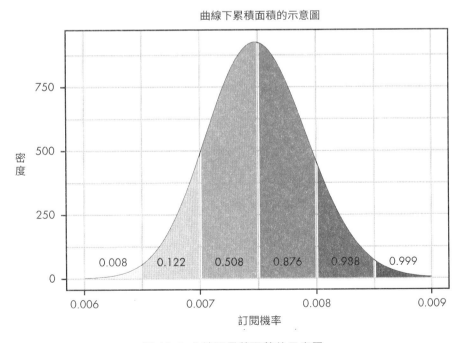

圖 13-2 曲線下累積面積的示意圖

用數學的語言來解釋，圖 13-2 呈現出的是下列積分序列：

$$\int_0^{0.0065} \text{Beta}(300,397000)$$

$$\int_0^{0.0065} \text{Beta}(300,397000) + \int_{0.0065}^{0.007} \text{Beta}(300,397000)$$

$$\int_0^{0.0065} \text{Beta}(300,397000) + \int_{0.0065}^{0.007} \text{Beta}(300,397000) + \int_{0.007}^{0.0075} \text{Beta}(300,397000)$$

（以此類推）

利用這個方法，只要我們隨著機率密度函數移動，就會將越來越高的機率納入考量，直至面積總和達到 1（或稱絕對必然）。要將這個方式轉換為累積密度函數，我們可以想像一個只檢閱曲線下面積的函數，詳見圖 13-3，此圖展示了若我們在曲線下面積中，將每個點以 0.0005 的間距繪製出來會如何呈現。

現在我們有了一個方法，可以看出當我們沿著機率密度函數各數值移動，曲線下的累積面積會如何改變。當然啦，運用這些離散的片段會是個問題，在現實中，累積密度函數只會採用機率密度函數中無窮小的那部分，所以我們會得到一個圓滑的曲線（參見圖 13-4）。

在這個範例中，我們藉由圖像輔助和直觀判斷得到累積密度函數。要用數學算是得出累積密度函數可要困難的多了，而且通常還包含很多非常複雜的方程式。不過幸運的是，我們通常會用程式碼來處理累積密度函數。你還會在接下來的許多段落中看到這點。

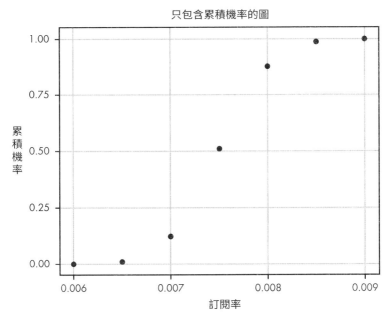

圖 13-3 根據圖 13-2，繪製出只包含累積機率的圖。

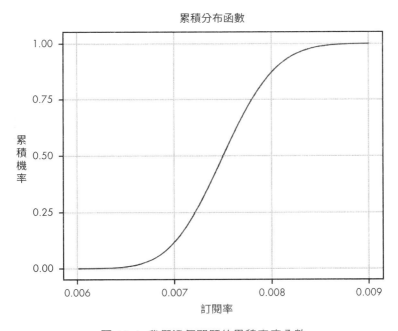

圖 13-4 我們這個問題的累積密度函數

累積密度函數的圖像及詮釋

機率密度函數是最好用的視覺輔助，無論是要快速找出某一分布其峰值的估計值，還是對其分布的寬度（變異數）和形狀做粗略估計皆然。然而，若要為推理各種範圍的機率產生圖表，機率密度函數就沒那麼好用了，而累積密度函數則是更適合的工具。

舉例來說，我們可以用圖 13-4 的累積密度函數，根據所見，為我們的問題推算出一個機率估計範圍，這比使用機率密度函數能得到的範圍要大多了。接下來，讓我們一起處理幾個形象化的範例，看看我們要如何運用這個超棒的數學工具。

找到中位數

中位數就是位於所有資料正中間的**數值**，這個資料點的左右各存在一半的數值。換句話說，得到一個數值，其大於或小於中位數的機率都是 0.5。中位數對包含極值的資料歸納來說，是很有用的輔助工具。

與平均數不同，中位數的計算其實有點妙。對小型、離散的案例來說，這很單純，只要將觀測結果照數字大小的順序排列，再挑出位於中間的那個值就是了。但對像我們的貝他分布這樣的連續分布來說，可就有點複雜了。

還好，我們可以藉由累積密度函數，輕鬆地在圖像上看出中位數的所在位置。只要從累積機率為 0.5 這點畫一條直線，這代表有 50% 的數值低於這一點，還有 50% 的數值高於這一點。參見圖 3-5 的圖表，這條線與 x 軸的交點就是我們的中位數！

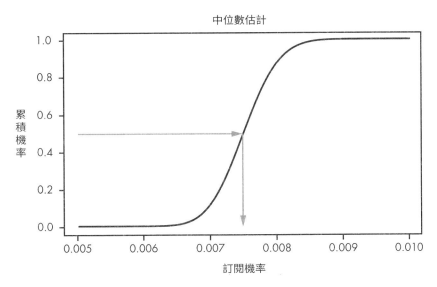

圖 13-5 從累積密度函數的圖看出中位數

由此,我們能看到資料的中位數在 0.007 和 0.008 之間(剛好非常接近我們的平均值 0.0075,表示這些資料並沒有特別偏差)。

用圖像求出近似積分

當手上有多個機率的範圍時,我們通常會想要知道真值介於某 y 值和某 x 值之間的機率為何。

我們可以用積分來解這種問題,但是就算 R 語言能使計算積分更簡單,理解資料且不斷依賴 R 語言來計算積分這個過程還是非常耗費時間。既然我們想要的只是一個粗略的估計,看看訪客對部落格的訂閱機率落在哪個特定範圍,就別用上積分了。運用累積密度函數,我們就能簡單看出某個值域的發生機率是否極高或是極低。

要估計轉換率介於 0.0075 和 0.0085 之間的機率,我們可以從 x 軸開始沿線追蹤這些點,然後看看它們與 y 軸的交會處在哪,而兩點之間的距離就是近似積分,如圖 13-6 所示。

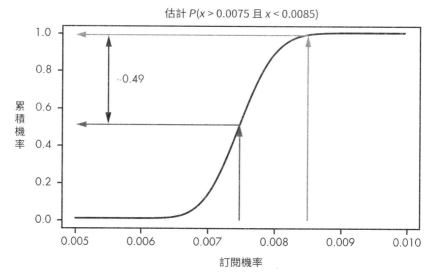

圖 13-6　用累積密度函數的圖，動動眼睛，計算積分。

我們能看到，在 y 軸上，這些數值大約分布在 0.5 ～ 0.99 之間，表示我們的實際轉換率介於這兩數之間的機率差不多有 49%。最棒的是，我們完全沒有計算任何積分！當然啦，這是因為累積密度函數呈現出了我們積分，從函數的最小值，到所有可能數值。

也就是說，因為幾乎所有要做參數預估的機率問題，都包含了要得出某特定範圍信念下的機率，所以累積密度函數通常會是一個比機率密度函數還要實用許多的視覺輔助工具。

估計信賴區間

仔細看看這些值域的機率，可以引導我們發現機率中一個非常重要的概念：信賴區間。信賴區間就是數值的一組上下界，通常落在平均值的中心點，用來描述某個高機率的範圍，此機率通常是 95%、99%，或 99.9%。當我們說出像「95% 的信賴區間落在 12 ～ 20 之間」這樣的話時，意思就是我們的真實量測結果落在 12 ～ 20 之間的機率高達

95%。在我們處理模糊的資訊時，信賴區間是一個能描述機率範圍的
好方法。

NOTE　在貝氏統計中，我們稱之為「信賴區間」的名詞也有幾個別的名字，像是「棄卻域」
或「棄卻區間」。在某些統計學的傳統學派中，「信賴區間」的意思有些許不同，而
這部分不在本書的討論範圍之列。

我們可以用累積密度函數來估計信賴區間的位置。假如我們想要知道
真轉換率中 80% 可能數值的範圍，我們可以結合之前使用過的方法
來解決這個問題：從 y 軸的 0.1 開始畫條直線至 0.9，這就是 80% 的
範圍，然後看看 x 軸與累積密度函數的交點。如圖 13-7 所示。

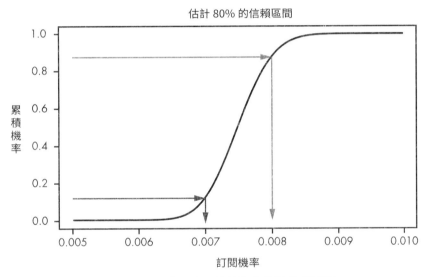

圖 13-7　用累積密度函數的圖來估計信賴區間

如你所見，與 x 軸的交點大約在 0.007 ～ 0.008 之間，這也表示我們
的真轉換率落在這兩個數值之間的機率有 80%。

在 R 語言中使用累積密度函數

幾乎所有主要的機率密度函數都有一個以 d 起頭的函數，好比 dnorm()，而累積密度函數則是以 p 開頭，比如說 pnorm()。在 R 語言中，要計算貝他分布 Beta(300, 397000) 的機率是否小於 0.0065，我們可以將 pbeta() 寫成：

```
pbeta(0.0065,300,39700)
> 0.007978686
```

而要計算轉換率大於 0.0085 的真實機率，我們可以這麼做：

```
pbeta(1,300,39700) - pbeta(0.0085,300,39700)
> 0.01248151
```

累積密度函數最棒的地方，就是無論分布是離散型或是連續型都沒關係。如果現在我們想要判斷拋五次硬幣，最多會得到三次正面的機率，我們能用二次分布的累積密度函數來計算，如下所示：

```
pbinom(3,5,0.5)
> 0.8125
```

分位數函數

你可能注意到了，我們用累積密度函數的圖形找出的中位數和信賴區間，並不容易用數學運算取得。而用上視覺輔助，我們只要從 y 軸開始畫幾條線，就能藉此找到 x 軸上的對應點。

在數學上來說，累積密度函數與其他的函數很像，都是取 x 值導出 y 值；前者通常代表我們想得到的估計值，而後者則代表累積機率。但我們並沒有一個明顯的方式能逆推這個過程，也就是說，我們無法在同一個函數中代入 y 值並導出 x 值，舉例來說，想像我們有一個用來取平方的函數。已知平方 (3)=9，但我們需要一個全新的公式（姑且稱為平方根函數）才能知道 9 的平方根是 3。

然而在前一個段落中，我們正是用逆推函數來估計中位數的：我們在 y 軸上找到 0.5 這一點，然後一路追回 x 軸。我們剛剛利用圖像在做的其實就是計算逆累積密度函數。

雖然用圖像來計算逆累積密度函數在估計上來說很簡單，但我們需要另一個不同的數學函數來計算出這個精確數值。逆累積密度函數其實是一個非常普遍又相當實用的工具，稱為**分位數函數**。要算出準確的中位數及信賴區間，我們需要在貝他分布中使用分位數函數。而正如累積密度函數，用數學計算導出分位數函數其實相當棘手，所以通常都仰賴電腦軟體來處理。

分位數函數的圖像及詮釋

因為分位數函數其實就是累積密度函數的逆推結果，所以它看起來會像轉了 90 度的累積密度函數，如圖 13-8 所示。

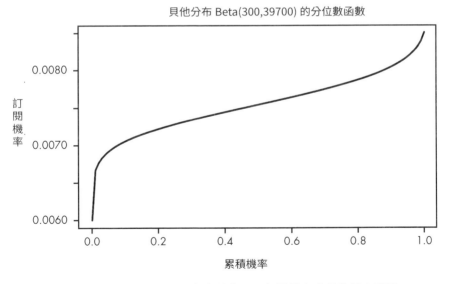

圖 13-8　分位數函數看起來就像只是把累積密度函數轉向而已

無論什麼時候，只要你聽到：

「前 10% 的學生……」

「受薪階級中，後 20% 的人賺的錢低於……」

「第一分位數的表現明顯地優於……」

你在討論的就是這些經由分位數函數得出的數值。要藉由分位數在圖像上目視找出答案，只要在 x 軸上找到你感興趣的那個數量，看看它與 y 軸在哪裡交會，然後這個對應到 y 軸上的點就是該分位數會得出的數值。不過要記得，如果你在談論的是「前 10%」，你真正想運用的分位數會是 0.9。

用 R 語言計算分位數

R 語言也包含了能用來計算分位數的函數 qnorm()。這個函數非常有用，能幫我們快速回答出機率分布中界限的數值為何。舉例來說，如果想要知道一個在分布中，大於 99.9% 分布的值，可以用 qbeta() 和我們感興趣的那個分位數來算出第一個引數，然後用貝他分布中的 α 和 β 參數作為第二和第三引數。如下所示：

```
qbeta(0.999,300,39700)
> 0.008903462
```

結果是 0.0089，這代表我們對訂閱電子報其真實轉換率小於 0.0089 這件事的肯定程度高達 99.9%。接著可以用分位數函數，快速算出在我們的估計中，信賴區間的精確數值。要找到 95% 這個信賴區間，可以先去找一個大於 2.5% 的第一四分位數，和一個小於 97.5% 的第三四分位數，而兩數的區間就是這個 95% 信賴區間（未計區域總共是機率密度的 5%，位於兩極端），可以用 qbeta() 來輕鬆算出：

下界是 qbeta(0.025,300,39700) = 0.0066781

上界是 qbeta(0.975,300,39700) = 0.0083686

現在我們能夠很自信地說，有 95% 信心水準，確定部落格訪客的實際轉換率介於 0.67% ～ 0.84% 之間。

當然，我們也可以根據自己想要得到的信心水準來提高或降低這些門檻。現在有了參數估計的所有工具，可以輕易地瞄準轉換率的某個確切範圍。而且，還可以用這個方式來預測未來事件的值域。

假設你的其中一篇部落格文章突然爆紅，訪客數因此增加了 10 萬人，根據我們的計算，可以預期電子報訂閱數量上升 670 ～ 840 人。

總結

我們談論了許多面向，並提及了機率密度函數、累積密度函數，和分位數函數之間的有趣關係。這些工具在我們做的那些估計中，成為預測參數和計算信心強度的基礎。這表示，我們不僅能猜出最接近未知數的值，也能為參數的可能數值找出可信度極高的信賴區間。

習題

試著回答下列問題，看看你是否真的了解這些參數估計的工具。

1. 用「用 R 語言來計算機率密度函數」一節中，原本用來描繪機率密度函數的程式碼，畫出累積密度函數和分位數函數。

2. 回頭看看第十章中測量積雪深度的那個任務，若你對積雪深度的量測結果如下（單位為英寸）：

    7.8、9.4、10.0、7.9、4.0、7.0、7.1、8.9、7.4

    積雪深度真值的 99.9% 信賴區間其範圍為何？

3. 一個小孩挨家挨戶的兜售棒棒糖，目前她已經拜訪過 30 戶並賣出 10 支棒棒糖。接下來還會拜訪 40 戶人家，在 95% 信賴區間中，她還能再賣出多少棒棒糖？

14

用事前機率做參數估計

在前一章，我們用了一些重要的數學工具，估算部落格訪客
會選擇訂閱電子報的轉換率。然而，前一章的計算尚未包
含參數估計中最重要的部分：運用我們對問題的現存信念。

在這一章，你會看到我們如何將事前機率加上觀測資料，得到一個更好的估計，因為這包含了我們對蒐集到的資料已擁有的了解和知識。

預測電子報訂閱的轉換率

要理解貝他分布會如何隨著得到更多資訊而產生變化，我們先來看看另一個轉換率。在這個例子中，我們會試著找出訂閱者在打開電子報件後，會去點選信中所附連結的比率為何。多數提供電子報管理服務的公司都會即時告訴你有多少人開啟郵件且點擊連結。

目前，我們的資料顯示在前五個打開郵件的收件者中，有兩個人點開了連結。圖 14-1 是這項資料的貝他分布圖。

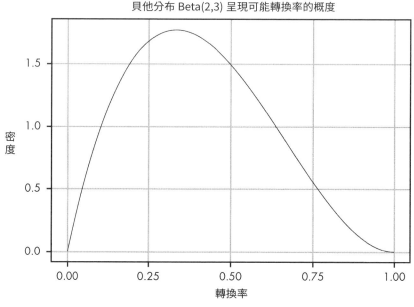

圖 14-1　目前觀測結果的貝他分布圖

圖 14-1 是貝他分布 Beta(2,3) 的圖形。這些數字代表的是兩個打開連結和三個未打開連結的收件者。在前一章，我們的可能數值相當稀少，但這次可不一樣，由於我們現有的資訊非常少，所以真轉換率的

可能值域反而很大。圖 4-2 顯示了這項資料的累積密度函數,這能幫
助我們更輕鬆地對這些機率做出推理。

為了能看得更清楚,圖中特別標示出了 95% 信賴區間的範圍(也就
是我們的真轉換率有 95% 的可能會落在這個範圍)。此時,我們代入
的資料顯示真轉換率可能會是 0.05 ~ 0.8 之間的任何一個值!這也反
映出了我們截至目前為止,實際得到的資料非常不足。由於已經有兩
個人點擊連結,所以我們知道轉換率絕對不會是 0,但同時,有三個
人沒有點擊連結,所以我們也知道答案不會是 1。除此之外,幾乎每
件事都是公平賽局。

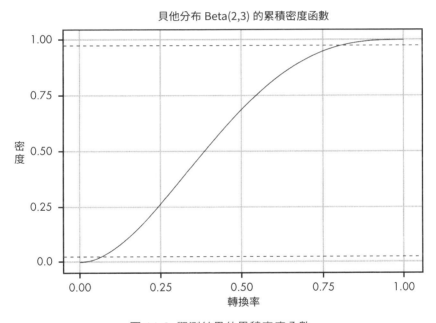

圖 14-2 觀測結果的累積密度函數

用事前機率分布帶入大環境的影響

等等！雖然你可能不熟悉電子報的運作模式，但一個高達 80% 的點擊率實在是不太可能。我自己也訂閱了不少電子報，但是我會去點開連結的比率絕對不到 80%。考量到我自己的行為模式，將 80% 這個機率視為表面價值感覺實在是有點太過天真了。

果不其然，你的電子報服務供應商也覺得事有蹊蹺。讓我們看看整個大環境的狀況。供應商表示，在同種類的部落格中，平均只有 2.4% 的人在打開電子報後會點擊內容。

在第九章，你學到了我們如何能用過往資料，修正對韓索羅成功通過小行星群的信念。我們的資料表現出來的是一件事，但背景資訊告訴了我們另一個面向。如你現在所知，在貝氏定理的術語中，觀測資料就是我們的**概度**，而外部延伸資訊，也就是這個案例中的自身經驗和電子報服務供應商，則是我們的**事前機率**。現在我們面臨的挑戰，是找出如何為我們的事前機率建模。幸運的是，不像韓索羅的例子，我們這次的確有一些能協助我們的資料。

電子報供應商提供的 2.4% 這個轉換率給了我們一個很好的起點：現在我們知道自己想要得到的是一個平均值大約為 0.024 的貝他分布（貝他分布的平均值算法是 $\alpha / (\alpha + \beta)$）。可是，這留下了一個很大的選擇空間：Beta(1,41)、Beta(2,80)、Beta(5,200)、Beta(24,976) 等等。所以我們到底要用哪一個？讓我們將其中一些組合畫成圖像，看看它們會長什麼樣子（圖 14-3）。

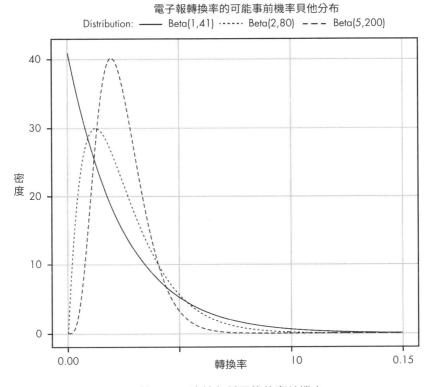

圖 14-3　比較各種可能的事前機率

如你所見，α + β 的值越小，分布的範圍就越廣。問題是，即便我們現在做選擇的自由度是最高的，但就連 Beta(1,41) 看起來都太慘了，看看它，分布中絕大部分的機率密度都落在極低的數值上。不過我們還是會繼續使用這個分布，因為這是根據供應商提供的 2.4% 轉換率所建立起來的，而且這是我們的事前機率中最弱的一個。

所謂「弱」事前機率，它的意思是說，只要我們蒐集的實際資料越多，它就愈容易被排除。一個強事前機率貝他分布，如 Beta(5,200)，則需要更多的證據才能改變它（我們稍後就會提及）。是否要使用強事前機率，要根據你認為這個事前資料，對現在的作為能做出多好的詮釋來決定。我們等一下便會看到，即便是一個弱事前機率，也能在我們處理少量資訊時，讓我們的估計更貼近現實。

記住一點，當使用貝他分布時，我們能用簡單的加法，將兩個貝他分布的參數相加，得出我們的事後機率（概度和事前機率的總和）：

$$\text{Beta}\left(\alpha_{\text{事後}}, \beta_{\text{事後}}\right) = \text{Beta}\left(\alpha_{\text{概度}} + \alpha_{\text{事前}}, \beta_{\text{概度}} + \beta_{\text{事前}}\right)$$

利用這個公式，我們就可以在有事前機率分布和沒有事前機率分布的自身信念間做比較，如圖 14-4 所示。

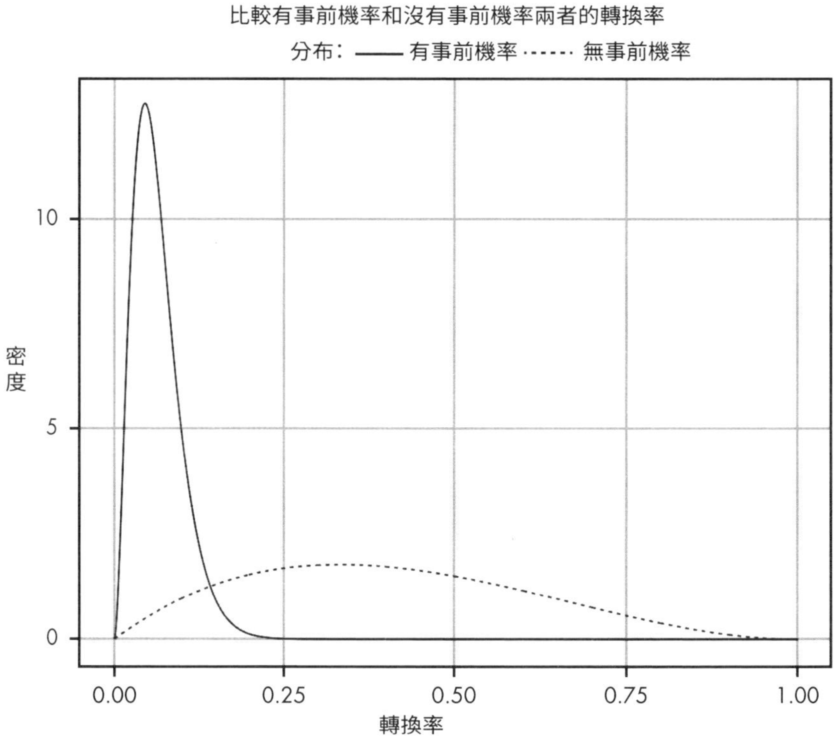

比較有事前機率和沒有事前機率兩者的轉換率

分布：—— 有事前機率 ⋯⋯ 無事前機率

圖 14-4　比較概度（沒有事前機率）和事後機率（有事前機率）

哇！這太發人深省了。雖然代入一個較弱的事前機率，還是能看到這對我們對實際轉換率的信心指數有很大的影響。注意那個沒有事前機率的概度，你會發現一部分的我們相信轉換率可能高達 80%。如前所述，這點非常可疑，且任何經驗豐富的網路行銷專家都會告訴你 80% 的轉換率根本聞所未聞。在我們的概度上加上事前機率，能調整信念，讓它們變得更合理。但我還是認為這個修正過後的信念有點太悲慘了，或許電子報的真轉換率不到 40%，但它的表現還是有可能比現在的事後分布要好。

我們要如何證明部落格的轉換率比電子報供應商提供的那些網站（2.4%）都要好？任何理性的人都會想到：取得更多資料！我們又再等了幾個小時，得到更多結果，並發現在現在打開郵件的 100 的人中，有 25 個人點開了連結！讓我們看看現在新的事後機率和概度之間的差異，如圖 14-5 所示。

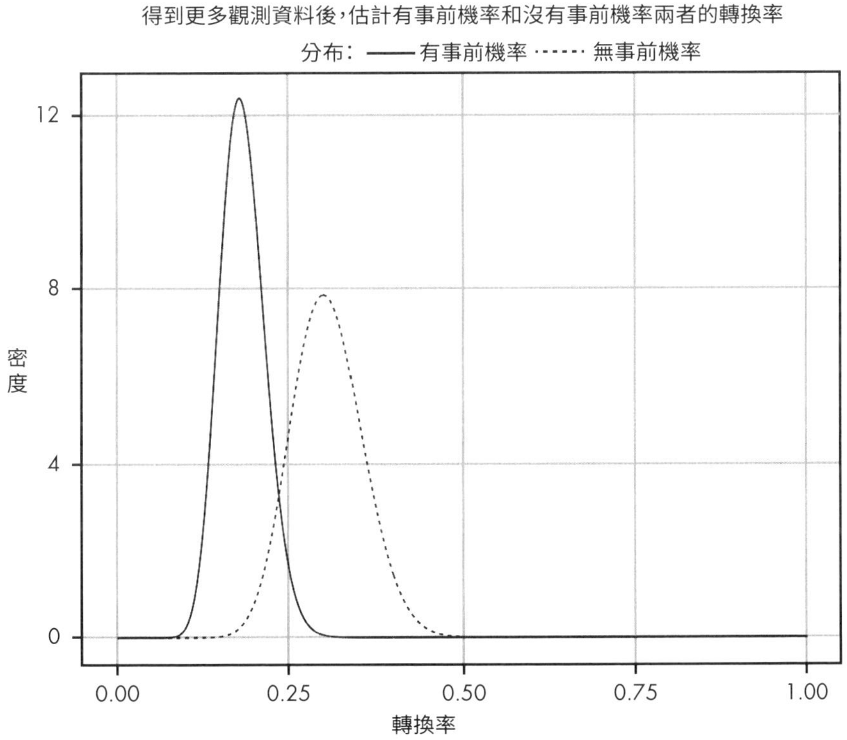
得到更多觀測資料後，估計有事前機率和沒有事前機率兩者的轉換率
分布：—— 有事前機率 ······ 無事前機率
12
8
4
0
密度
0.00
0.25
0.50
0.75
1.00
轉換率

圖 14-5 用更多資料來更新我們的信念

在繼續蒐集資料之後，我們發現有代入事前機率的事後分布開始向沒有事前機率的那一邊靠近。我們的事前機率並沒有那麼自大，對真轉換率給出了一個比較保守的估計。然而，隨著我們對概度加上證據，事前機率對事後信念圖形的影響也越來越大。換句話說，添加的觀測資料正在產生應有的影響：慢慢地讓我們的信念擺盪到與資料契合的地方。所以讓我們等上整夜，再回來看看更多資料吧！

到了早上，我們發現有 300 個人打開了這封郵件，其中有 86 個人點擊了連結。圖 14-6 顯示的正是這個更新過的信念。

我們現在目睹的這一切正是貝氏統計中最重要的一點：我們蒐集越多資料，就有越多的事前信念被證據排除。當我們幾乎沒有任何證據時，無論是從自身經驗還是直覺判斷，概度呈現出的比率連我們都自覺荒謬（好比 80% 點擊率）。但只要有了一點證據的幫忙，事前機率就能擊潰我們之前有的任何資料。

然而，在我們持續蒐集到與事前機率相悖的資料後，我們的事後信念偏移到了自己蒐集的資料上，並遠離我們最初的事前機率。

另外，我們能學到的寶貴一課，就是我們是先從一個相當弱的事前機率開始套用的。即便當初只用了一天，且只蒐集了相對小規模的資料集合，我們仍舊能得到一個看起來合理非常、非常多的事後機率。

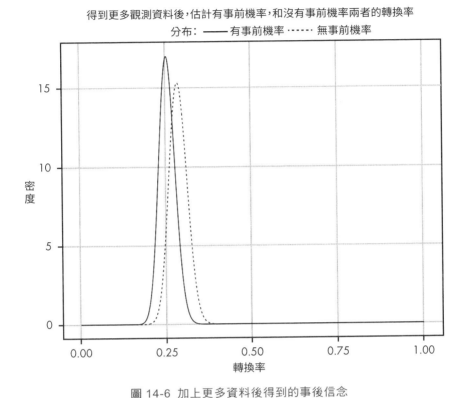

得到更多觀測資料後，估計有事前機率，和沒有事前機率兩者的轉換率

分布：—— 有事前機率 ⋯⋯ 無事前機率

圖 14-6　加上更多資料後得到的事後信念

在缺少資料的情況下，這個例子中的事前機率分布能大幅幫助我們的估計盡量保持實際。這個事前機率分布是根據真實資料產生的，所以我們可以相當有自信地說，這會幫助我們做出更貼近現實的估計。然而，在許多案例中，就是沒有任何可以支持事前機率的資料，那我們究竟該怎麼做呢？

用事前機率分布作為量化經驗的方法

我們自己也知道 80% 的電郵點擊率這個數字會讓人笑掉大牙，所以我們改成用電子報供應商的資料，來為事前機率做出更好的估計。然而，即便沒有能幫助我們建立事前機率的資料，還是可以諮詢一位有行銷背景的人來幫我們得到一個優質估計。舉例來說，一位行銷人員或許能從自身經驗中，得知你的轉換率應該落在 20% 左右。

根據經驗豐富的專家提供的資訊，你可能會選擇一個像是 Beta(2,8) 這樣相對弱的事前機率，來暗示期望的轉換率應該要在 20% 左右。這個分布只是　個猜測，但重要的是，我們可以量化出這個假定。幾乎在所有商業場合中，即便某專家從來沒特別受過機率計算的訓練，往往也能透過觀察和以往的經驗，提出強而有力的事前資訊。

藉由量化這個經驗，我們的估計能更為準確，並看看這些估計結果在不同專家之間會如何轉變。舉例來說，如果一個行銷專員對真轉換率為 20% 相當肯定，那我們可能會將這個信念建模成貝他分布 Beta(200,800)。而隨著我們繼續蒐集資料，就能對不同的模型做比較，並創造出數個信賴區間，對任一專家的信念建立可量化的模型。除此之外，當我們得到的資訊越來越多，這些事前信念造成的差異就會越來越小。

在完全無知的情況下，存在一個公正的事前機率嗎？

統計學中有某個學派，他們會教你在沒有其他事前機率時，都要在 α 和 β 加上 1。這也等同於用一個非常弱的事前機率貝他分布 Beta(1,1)，代表每一個結果的可能性都相同。他們的論點是，在沒有任何資訊的情況下，這個組合是「最公正的」（也就是最弱的）事前機率。這個公正事前機率的術語是**無資訊事前分布**。圖 14-7 為貝他分布 Beta(1,1) 的圖形。

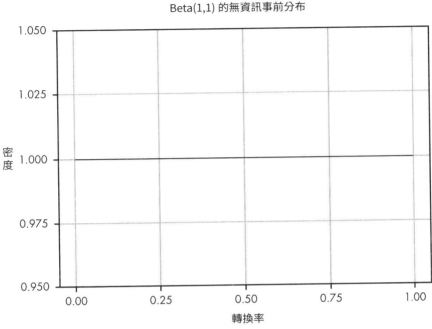

圖 14-7　貝他分布 Beta(1,1) 的無資訊事前分布

如你所見，這就是一條純粹的直線，也就是說所有結果的發生機率都一樣，而平均概度為 0.5。使用無資訊事前分布這個概念，就是我們能藉由加上一個事前機率，幫助我們緩和自己的估計，而那個事前機率並沒有偏袒任何特定的結果。乍看之下，這的確是處理問題時最公正的方法，但在我們接下來的測試中，你會發現，即便是這個非常弱的事前機率，也能導致一些奇怪的結果。

以計算明天太陽會升起的機率為例，假定你現在 30 歲，而你的人生大約經歷過 11000 次日出。如果現在有人問你明天太陽會升起的機率為何，而你因為希望一切公正，於是採用無資訊事前機率分布 Beta(1,1)。這個分布顯示出，根據你的經驗，你對太陽明天不會升起的信念是 Beta(1,11001)。雖然這個太陽明天不會升起的機率非常低，這同時也暗示了我們應該期望在你 60 歲之前，太陽至少會有一天沒有升起。這所謂的「無資訊」事前機率分布其實對這世界的運作提供了一個強烈觀點！

你可以爭論說，這不是什麼大問題，只是因為我們了解天體力學，所以才有無法遺忘的強事前資訊，但真正的問題在於我們從來沒有觀察到太陽沒升起這個狀況。如果我們不代入無資訊事前機率分布，回頭看看我們的概度函數，會得到 Beta(0,11000)。

然而，無論是 α 還是 β≤0，這個貝他分布都是未定義，也就是說，對「明天太陽會升起的機率有多少？」這個問題的正確答案，是這個問題本身根本不合理，因為我們從來沒有看過反例的存在。

再舉一個例子。假若你找到了一個可以將你和朋友傳送到新世界的入口，此時外星生物出現在你面前，用把奇形怪狀的槍朝你開了一槍，但是失手了。你的朋友問你：「下一槍射擊失敗的機率是多少？」這是一個你完全陌生的外星世界，且這把槍看起來像是個奇怪的有機物，所以你對它的運作原理一無所知。

理論上，這才是你該使用無資訊事前機率分布的理想狀態，因為你對這個世界真的毫無事前資訊。如果你加上無資訊事前分布，便會得到這把槍射擊失敗的機率為 Beta(1,2) 的事後機率（我們觀察到射擊失敗的次數 α=0 且成功射擊次數 β=1）。這個分布告訴了我們射擊失敗的平均事後機率為 1/3，在你甚至不知道這種槍是否會失誤的前提下，這樣的機率看起來真是意外地高。還是得說，雖然 Beta(0,1) 並未定義，但使用這個分布看起來仍是相當合理的做法。在沒有足夠資料及任何事前資訊的情況下，你唯一誠實的選擇就是雙手一攤，告訴你的朋友：「我根本連要怎麼開始推理都不知道。」

最佳的事前機率是要有資料佐證的，而在你基本上一點資料也沒有的時候，所謂真正的「公平」事前機率分布根本就不存在，因為每個人對任何問題都會套用自己的經驗和世界觀。貝氏推理的價值，就是即便你是主觀地指派事前機率，但你是在量化自己的主觀信念。如我們稍後會在本書中看到的,這代表你能將自己與他人的事前機率相比較,並看看這是否對周遭世界做出足夠完善的解釋。有時候我們的確會在現實生活中使用 Beta(1,1) 這個事前機率,但這應該只用在就你所知,你真心相信兩個可能結果發生的機率完全相同的時候。同理,數學上沒有任何一個數目可以彌補絕對無知。如果你沒有資料,對這個問題也沒有任何事前概念,那麼唯一誠實的答案,就是你在還沒得到更多消息前,並沒有辦法下任何結論。

綜上所述,可以發現,貝他分布 Beta(1,1) 跟 Beta(0,0) 之間爭論已縱古貫今,許多頂尖學者對此抱持不同的立場。托馬斯・貝葉斯(也就是貝氏定理的命名來源)有點猶豫,但還是相信了 Beta(1,1);著名數學家皮耶－西蒙・拉普拉斯(Simon-Pierre Laplace)則相當肯定 Beta(1,1) 的正確性;另一方面。著名經濟學家約翰・梅納德・凱因斯(John Maynard Keynes)則認為 Beta(1,1) 非常荒謬,且有損貝氏統計的名譽!

總結

在這一章,你學到了如何利用自己對問題的事前資訊,為估計未知參數得到更加精確的結果。當我們現在對問題只有一點點資訊時,很容易就會估計出感覺上根本不可能成立的機率,但是我們可能有一些事前資訊,能幫我們從小量資料中做出更好的推斷。在估計過程中加上這些資訊,我們就能得到更實際的答案。

只要情況允許,事前機率分布最好是以實際資料為根據來使用。然而,我們通常不會有能夠支撐問題的資料,但我們要不是有個人經驗,就是有能夠請教的專家。在這些案例中,根據你的直覺來估計機率分布完全沒問題。即便你錯了,那也會留下錯誤量化資料的紀錄。最重要的是,即便你的事前機率分布並不正確,它最終還是會在你蒐集更多觀測結果後,自然被排除在外。

習題

試著回答下列問題，看看你對事前機率的了解有多少。

1. 假定你正在和朋友玩桌上曲棍球，並用丟硬幣來決定誰先開球。在玩了 12 次後，你發現幾乎每次（12 次中有 9 次）都是由那個提供硬幣的朋友開賽。於是開始有人懷疑這件事了，定義下列信念的事前機率分布：

   - 其中一人對你朋友作弊，且拋硬幣得到正面的真實比率接近 70% 這件事僅抱持相當弱的懷疑態度。

   - 其中一人強烈相信這是一枚公正硬幣，得到正面的比率為 50%。

   - 其中一人強烈認為這枚硬幣絕對有鬼，且得到正面的比率有 70%。

2. 為了檢測這枚硬幣，你將之拋擲 20 次，並得到 9 次正面和 11 次反面。利用你在上一題得出的事前機率，在 95% 信賴區間中，你對得到正面的真實機率更新後的事後信念為何？

Part IV

假設測試：統計學的核心

15

從參數估計到假設測試：
建立貝氏 A/B 測試

在這一章，會建立我們的第一個假設檢定：A/B 測試。公司行號經常用 A/B 測試來檢測各種行銷手法，判斷網站中的產品頁、電子報或其他方式哪一種最能吸引顧客。本章將會檢測下列兩個對立信念：移除電子報中的一張圖片，會使點擊率增加，或是減少。

我們已經知道要怎麼估計出單個未知參數了，所以在這個測試中，我們需要了解的是如何估計出兩個參數，也就是這兩種電子報的各自的轉換率。然後我們會用 R 語言來執行蒙地卡羅模擬分析（Monte Carlo simulation），並判斷哪一個假設運作的更好。也就是說，在 A 和 B 這兩個變量之中，哪一個更加優秀。A/B 測試也能用像 t 檢定（t-tests）這樣的古典統計技術來執行，但貝氏的方法能幫我們直觀了解每一步驟，並得到更有用的結果。

至此，基本上已經介紹過基本參數估計的所有面向。我們已經知道要如何用機率密度函數、累積密度函數，和分位數函數來得到特定數值的概度，也知道如何將貝氏事前機率分布套用到估計中。現在，我們想要用這個估計來對兩個未知的參數做比較。

建立一個貝氏 A/B 測試

繼續使用前一章的電子報案例，想像我們現在想要看看，為電子報加上一張圖片，究竟會增加還是減少部落格的點擊率。在這之前，電子週報中本來就有一些圖片，為了這次測試，我們將要對一個目標變量寄出與往常一樣含有圖片的郵件，而另一變量則沒有圖片。這個測試就叫做 A/B 測試，因為我們所做的是比較變量 A（有圖片）和變量 B（沒有圖片），並判斷哪一個的表現更好。

先假定部落格有 600 個訂閱者。這次，我們想要好好利用實驗中會獲得的知識，所以只會在其中 300 個訂閱者身上進行測試，這樣一來，就能對另外 300 個訂閱者寄出我們自己相信會最有效率的電子報變量。

這 300 個人會被分成 A 和 B 兩組。A 組會收到上方有一張大圖片的一般電子報，而 B 組會收到沒有圖片的電子報。我們希望一封較簡潔的郵件會讓收件人感覺比較不像「垃圾郵件」，因而更願意點擊信中所附連結。

找到我們的事前機率

我們接下來要找出該選用哪個事前機率。一直以來,我們每週都會寄出電子報廣告,所以從手上有的資料來看,我們對收件人會點擊連結,前往部落格這個機率的合理期望值大約在 30% 左右。要讓這件事簡單一些,我們會對兩個變量套用相同的事前機率,也會選用較弱的事前分布。

選用弱事前分布,是因為我們並不確定自己對 B 究竟有什麼期望,並且,這是一個全新的電郵宣傳,所以轉換率的升降也有可能是其他因素造成的結果。我們會用 Beta(3,7) 作為我們的事前機率分布。這個分布讓我們能呈現一個平均值為 0.3 的貝他分布,但同時也將更大範圍的可能替代率考慮進去。我們可以在圖 5-1 中看到這個分布。

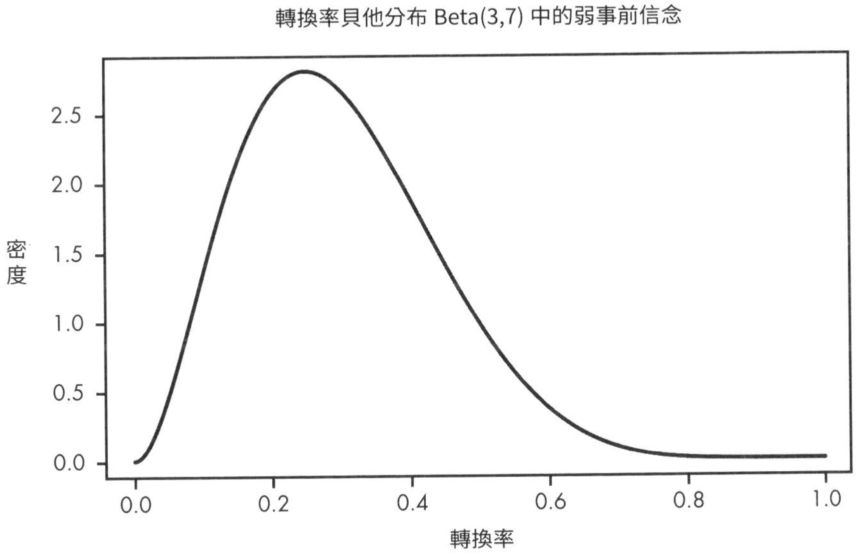

圖 15-1 我們的事前機率分布

現在還需要的就是概度,也就是說,我們該去蒐集資料了。

蒐集資料

我們將這些電子報寄出，並得到如附表 15-1 的結果。

表 15-1　電子報的點擊率

	點擊	未點擊	觀察到的轉換率
變量 A	36	114	0.24
變量 B	50	100	0.33

我們可以將每個變量分別視為要估計出的獨立參數。為了要得到個別變量的事後分布，需要將概度分布和事前分布結合。對這些分布，我們已指定其事前機率分布為 Beta(3,7)，表示在沒有額外資料的情況下，我們對可能為期望轉換率的數值保持著相對弱的信念。會說這是一個弱信念，是因為我們並沒有強力相信哪個特定值域，而是認為所有可能比率都合理地有相當高的出現機率。對這兩個變量的概度，我們會再度運用貝他分布，設定 α 為點擊連結總量，而 β 則是沒有點擊連結的總量。

回想一下：

$$\text{Beta}\left(\alpha_{事後}, \beta_{事後}\right) = \text{Beta}\left(\alpha_{事前} + \alpha_{概度}, \beta_{事前} + \beta_{概度}\right)$$

變量 A 會由 Beta(36+3,114+7) 呈現，而變量 B 則是 Beta(50+3,100+7)。圖 15-2 將兩個參數的估計並排呈現。

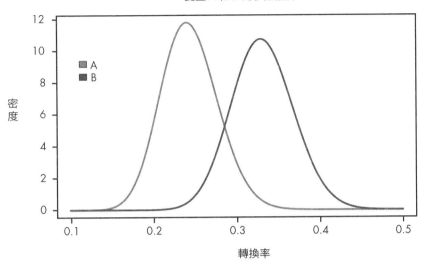

圖 15-2 電子報測試中，兩個變量其估計的貝他分布。

很明顯地，我們的資料間接表明了變量 B 更為優秀，因為它得到了更高的轉換率。然而，從我們之前對參數估計的討論中，可以得知真轉換率是某值域的其中一個數值。

我們也能看到，在這個圖中，A 和 B 的可能真轉換率有重疊之處。要是我們只是在 A 變量的運氣不好，而它的真轉換率其實還要高出許多呢？又或者，若我們只是在 B 變量中相當幸運，而其實它的轉換率要低上許多呢？即便在我們的測試中，A 變量的表現較差，我們還是可以輕易想像出一個 A 變量其實比較優秀的可能世界。所以，我們真正的問題是：對 B 是更好的變量這件事，我們有多少把握？這就是蒙地卡羅模擬法該上場的地方了。

蒙地卡羅模擬法

在這個電子報測試中，哪個變量得到了更高的點擊率，其精準答案落在 A 和 B 分布的交集中。幸運的是，我們有個可以找到它的方法：

蒙地卡羅模擬法。任何利用隨機抽樣來解決問題的技巧都稱作蒙地卡羅模擬法。在這個例子中，我們將要對這兩個分布隨機抽樣，其中，每個樣本都是根據其所在的分布位置的機率來抽選的，所以在較高機率範圍中的樣本出現的頻率也會更高。舉例來說，如我們在圖 15-2 所見，一個大於 0.2 的值在 A 分布中會比小於 0.2 的值更容易成為樣本。但是，在 B 分布中隨機抽樣，幾乎可以肯定樣本數值一定會大於 0.2。

在我們的隨機抽樣中，我們可能會在變量 A 抽選 0.2，在變量 B 抽選 0.35。每一個樣本都是隨機獲取，並根據 A 和 B 分布中數值的相對機率得來的。根據我們觀察到的證據，A 變量的 0.2 和 B 變量的 0.35 可能都是個別變量的真轉換率。對這兩個分布獨立採樣的結果證實了變量 B 的確優於變量 A，因為 0.35 大於 0.2。

然而，我們也可在 A 變量的採樣中得到 0.3，並在 B 變量的採樣得到 0.27，在個別分布中，得到這兩個樣本都相當合理，兩者也可能都是該變數真轉換率的實際可能數值，但在這個案例中，這個結果暗示了變量 B 實際上劣於變量 A。

我們可以想像，事後分布呈現了所有可能存在的世界，這些世界是根據我們現在對每一個轉換率的信念狀態所建立的。每次對個別分布抽樣，就會看到一個可能成立的世界。在圖 15-1 中，我們能看出其實自己應該期望會有更多個 B 的確是更優變量的世界。抽樣的頻率越高，就越能準確地判斷出在我們抽樣的所有世界中，究竟有多少個 B 是更優變量的世界。一旦有了這些樣本，我們就可以看看在所有的世界中，B 是最佳變量的世界佔比為何，並得到 B 實際上優於 A 的機率。

在多少個世界中，B 為更優變量？

現在我們只要寫出這個會執行這個抽樣的程式碼就行了。R 語言中的 `rbeta()` 函數讓我們能在貝他分布中自動抽樣。我們可以將兩個樣本每次的比較都視為一個單獨的試驗，而跑的試驗數越多，我們的結果

就會越準確。所以我們就先從 100,000 個試驗開始,並將此值代入變數 n.trials:

```
n.trials <- 100000
```

接下來,我們會將事前機率中的 α 和 β 兩個數值代入變數:

```
prior.alpha <- 3
prior.beta <- 7
```

然後我們要對每個變數抽樣,利用 rbeta(),我們得到:

```
a.samples <- rbeta(n.trials,36+prior.alpha,114+prior.beta)
b.samples <- rbeta(n.trials,50+prior.alpha,100+prior.beta)
```

同時,我們也在將 rbeta() 樣本的結果存入變數,以便我們能更輕易地找到它們。對每一個變量來說,我們輸入了部落格連結的點擊人數及未點擊人數。

最後,我們計算 b.samples 比 a.samples 大的次數有多少,並將此數除以 n.trials,於此,我們能得到在所有試驗中,變量 B 大於變量 A 的百分比例:

```
p.b_superior <- sum(b.samples > a.samples)/n.trials
```

結果會是:

```
p.b_superior
> 0.96
```

我們在這個結果能看到的是,在 100,000 次試驗中,變量 B 表現較好的比例為 96%。我們可以將這想像成看著 100,000 個可能世界,而根據每個變量其可能轉換率的分布,在 96% 的世界中,變量 B 是兩者中更好的選擇。這個結果顯示了,即使觀測樣本的數量很少,我們對 B 為更優變量有著相當強烈的信念。如果你曾在古典統計中做過 t 檢定,這個結果其實是差不多的;前提是我們要用上 Beta(1,1) 這個事前機率，就會在單尾 *t* 檢定（single-tailed t-test）中得到 0.04 這個 p 值（通常視為「顯著性差異」）。然而，我們這個方式的美妙之處，就在於我們僅靠著自己對機率的認知，和一個很好理解的模擬，就能從無到有建立起這個測試。

個別變量 B 比個別變量 A 優秀的程度是多少？

現在我們能準確說出自己對 B 是更優變量的信任度是多少了。然而，如果這個電子報宣傳是實際商業活動的話，簡單一句「B 比較好」顯然是不夠的。你難道不想知道究竟是好上多少嗎？

這正是蒙地卡羅模擬法的長處。我們可以直接拿上一次模擬得到的結果，看看 B 樣本數值大於 A 樣本數值的次數有多少，來測試變量 B 究竟可能好到什麼程度。換句話說，我們可以看看這個比例：

$$\frac{\text{B 樣本}}{\text{A 樣本}}$$

在 R 語言中，如果我們取之前的 `a.samples` 和 `b.samples`，就能計算 `b.samples/a.samples` 的值。這會給我們一個分布，描述變量 B 比上變量 A 會帶來的相對改善情況。當我們將這個分布繪製成如圖 15-3 的長條圖，就能看到我們期望變量 B 能提升多少點擊率。

從長條圖來看，在這整個可能值域中，我們能發現變量 B 的改善率最有可能比變量 A 高出 40%（位於 1.4 這個比例）。如我們在第十三章討論過的，累積密度函數在推論中比長條圖還要好用，而由於我們處理的是資料而不是數學函數，我們在這裡會用 R 語言的 `ecdf()` 函數來計算經驗累積分布函數（empirical cumulative distribution），此函數圖形為圖 15-4。

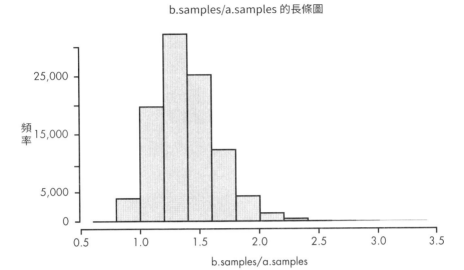

圖 15-3　此長條圖展示了我們或許會看到的可能改善程度

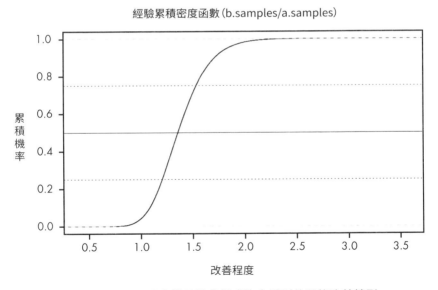

圖 15-4　此分布展示了我們或許會看到的可能改善情形

現在可以更清楚地看到我們的結果了。A 會比較優秀的機會真的非常、非常小；而且就算在 A 表現得比較好的時候，也不會好上多少。我們同時能看到，有 25% 的機率，變量 B 的改善程度會比變量 A 高出 50%，甚至可以合理的說轉換率可能會不只成長兩倍！現在，在選 B 不選 A 這件事情上，我們能對風險做出實際推理了，並告訴對方：「選項 B 降低轉換率 20% 的機會，大約等同於它能讓轉換率成長 100%的機會！」在我聽來這是個很好的賭注，而且這項聲明提供的資訊可比「B 和 A 之間有顯著性差異」要好多了。

總結

本章解釋了參數估計如何能自然地延伸為假設測試的一種形式。如果我們想要測試的假設為「變量 B 的轉換率比變量 A 好」，可以從參數估計開始，找出每個變量的可能轉換率。一旦我們得知這些估計的結果，就能用蒙地卡羅模擬法來抽樣，而藉由比較這些樣本，就能得到自己做出的假設為真的機率。最後，可以將這個測試推進一步，看看我們的新變量在這些可能世界中的表現如何，不但能估計出假設是否為真，也能估算出我們可能會看到多少改善程度。

習題

試著回答下列問題，看看你是否真的理解要如何執行 A/B 測試。

1. 假定現在有位擁有多年資歷的行銷總監，告訴你他非常肯定，沒有圖片的那個變量（B）其表現不會跟原本的變量有任何差別，你要如何將這個資訊放入我們的模型中？執行這項改變，並看看你最終的結論會有什麼變化。

2. 首席設計師看到你的計算結果，堅持沒有圖片的變量 B 怎麼樣都不可能表現得比較好。她覺得你應該要假設變量 B 的轉換率接近 20%，而非 30%。執行這項解決方案，並再次檢視我們的分析結果。

3. 假定 95% 肯定度代表了你基本上被某個假設「說服」的程度，同時假定在這個測試中，你能寄出的電子報沒有數量上限。如果 A 的實際轉換率是 0.25 而 B 是 0.3，找找看你需要多少樣本數，才能說服行銷總監，讓他接受 B 的確是最佳方案。以首席設計師為目標，執行一樣目標。你能用下列 R 語言的片段來產出轉換的樣本：

```
true.rate <- 0.25
number.of.samples <- 100
results <- runif(number.of.samples) <= true.rate
```

16

貝氏因子和事後勝率：
觀點之爭

在前一章，我們看到了要如何將假設測試視為參數估計的延伸。本章要探討如何將假設測試換個方式，成為比較觀點的途徑，並用上一個稱為**貝氏因子**（Bayes factor）的重要數學工具。貝氏因子是一個公式，藉由將假設兩相比較，檢測其中一個假設的合理性；其結果能告訴我們該假設發生的可能性比另一假設高出幾倍。

我們接著會看到如何將貝氏因子與我們的事前信念結合，得到事後勝率，也就是在解釋資料時，告訴我們某信念的可信度比另一信念大上多少。

再訪貝氏定理

第六章介紹了貝氏定理，並帶出下式：

$$P(H \mid D) = \frac{P(H) \times P(D \mid H)}{P(D)}$$

回想一下，這個公式裡有三個具有特殊名字的元素：

- $P(H \mid D)$ 代表事後機率，也就是根據資料，得出我們認為自己的假設有多少可信度。

- $P(H)$ 代表事前信念，或者可以說是在參考資料前，我們的假設成立的機率。

- $P(D \mid H)$ 代表得到現存資料的**概度**，建立在若假設為真的狀況下。

最後一部分，$P(D)$，就是該觀測資料獨立於該假設的機率。我們需要用 $P(D)$ 來確認得出的事後機率正確位於 0 ～ 1 之間。如果我們有上述所有資訊，就能根據我們的觀測資料，準確計算出我們自身假設的可信度。但如同我們在第八章說過的，$P(D)$ 通常難以定義。在許多案例中，也不是那麼容易就能找出資料的機率。如果我們在意的只是比較兩個不同假設的相對強度，那麼 $P(D)$ 其實一點也不重要。

根據這些原因，我們通常使用貝氏定理中的**比例式**（proportional form），這讓我們能在不知道 $P(D)$ 的情況下，分析出假設的可信度，如下所示：

$$P(H \mid D) \propto P(H) \times P(D \mid H)$$

講白一點，貝氏定理的比例式表達出：所作假設的事後機率等比於事前信念乘上概度。我們能用這個概念來對兩個假設做比較，檢驗個別假設的事前信念乘上概度，再取兩者的比例，也就是用**事後機率比**的公式：

$$\frac{P(H_1) \times P(D \mid H_1)}{P(H_2) \times P(D \mid H_2)}$$

這個比例說明了我們的假設對觀測資料解釋程度的好壞。也就是說，如果這個比例是 2，就說明了 H_1 對資料的解釋比 H_2 好上兩倍，而如果這個比例是 1/2，則表示 H_2 的解釋比 H_1 好上兩倍。

用事後機率比來建立假設測試

事後機率比的公式能使我們得到**事後勝率**，這讓我們能測試自己對資料具有的假設或信念。即使在我們知道 $P(D)$ 的情況下，事後勝率都會是一個很有用的工具，因為它讓我們能將觀點相互比較。為了更瞭解事後勝率，我們會將事後機率比的公式分成兩部分：概度比（也稱貝氏因子）以及事前機率比。這是一個既標準又很有幫助的練習，能讓我們對概度和事前機率的個別推理輕鬆許多。

貝氏因子

利用事後機率比的公式，我們假設 $P(H_1) = P(H_2)$，也就是說，我們對每個假設的事前信念完全相同。這樣一來，假設中的事前信念比就只會是 1，而剩餘的部分僅有：

$$\frac{P(D \mid H_1)}{P(D \mid H_2)}$$

這就是貝氏因子，也就是兩個假設之間的概度比。

花點時間思考一下這個方程式真正傳達的是什麼。當我們想著要如何為 H_1（我們的世界觀）辯護時，我們想的是蒐集證據來支持自己的信念。因此，一個典型的論證，包括建立支持 H_1 的資料集 D_1，然後與手上為另一假設 H_2 蒐集了資料集 D_2 的朋友辯論。

然而，在貝氏推理中，我們並不靠蒐集證據來支持自己的想法，而是看看我們的想法能否好好解釋手上有的那些證據。上述這個比例是一個概度，表達出我們所見之事，在自己與他人相信為真的情況中互相比較的結果。若跟另一個假設相比，我們的假設更能說明這個世界的現狀，那麼我們的假設就是獲勝的那一方。

然而，如果對方的假設能將資料解釋的更好，那麼這可能正是改變我們自己信念的時候了。此處的重點是，在貝氏推理中，我們並不擔心要如何支持信念，而是將重點放在我們的信念能否好好解釋觀測資料。到了最後，資料可能會讓我們肯定自身的觀點，也可能讓我們改變想法。

事前勝率

截至目前為止，我們都將每個假設的事前機率設為完全相同，不過這顯然不能套用在所有情況上，要不然即便假設的可能性非常低，也可能會對資料做出完美詮釋。舉例來說，如果你的手機不見了，無論是你把它忘在洗手間，或是有個外星人為了檢驗人類的科技發展程度而偷走它，這兩者對資料的解釋程度都差不多。不過，遺留在洗手間的可能性顯然大多了，這也就是為什麼我們需要考慮事前機率比：

$$\frac{P(H_1)}{P(H_2)}$$

這個比例的作用是在我們查看資料前，先對兩個假設成立的機率做出比較。當與貝氏因子連用，這個比例在 H_1 就稱作**事前勝率**，並寫作 $O(H_1)$。這個描述方式會很有用，因為這讓我們能輕易看出，自己對測試中的假設的有多信任，或多不信任。當這個數字大於 1 的時候，表示事前勝率有利於我們的假設，而若這是個小於 1 的分數，則表示我們的假設不被認同。舉例來說，$O(H_1) = 100$ 代表在完全沒有其他資訊的情況下，我們相信成立的可能性比對立假設要大上 100 倍。而反過來說，當 $O(H_1) = 1/100$，則表示對立假設的可能性比我們的假設高出 100 倍。

事後勝率

如果我們將貝氏因子和事前勝率放在一起，就會得到事後勝率：

$$事後勝率 = O(H_1)\frac{P(D \mid H_1)}{P(D \mid H_2)}$$

事後勝率計算的是，將我們的假設跟競爭假設相比，哪一個能對資料做出更好的解釋。

表 16-1 列出了評估各種事後勝率數值的一些準則。

表 16-1 事後勝率評估準則

事後勝率	證據強度
1~3	耐人尋味，但缺乏確鑿證據
3~20	感覺我們似乎有點進展了
20~150	證據充足，擁護 H_1 假設
> 150	壓倒性證據

我們能看看這些勝率的倒數，來決定我們何時該改變自己的想法。

雖然這些數值的確能做為相當有用的指引，但貝氏推理仍舊是一種推理的形式，也就是說你必須要有一點判斷能力。如果你跟朋友起了一些小衝突，事後勝率為 2 的情況可能就足以讓你感到自信了，但如果你想知道的是自己喝下的飲料是否有毒，那就算事後勝率達到 100 可能也依舊不足。

接下來，是兩個用貝氏因子來判斷自身信念強度的例子。

不公正骰子測試

我們能用貝氏因子和事後勝率來組成一個假設測試，其中每個測試都是兩個觀點之間的競爭。假定你的朋友有一個袋子，裡面有三顆六面骰子，而其中一顆的重量被動了手腳，所以它落在數字 6 的機率有五成。另外兩顆則是傳統的骰子，其骰出點數 6 的機率為 1/6。你的朋友拿出其中一顆，並骰了 10 次，得到下列結果：

$$6 \cdot 1 \cdot 3 \cdot 6 \cdot 4 \cdot 5 \cdot 6 \cdot 1 \cdot 2 \cdot 6$$

我們想知道這是一顆不公正骰子還是一顆普通骰子。我們將不公正骰子稱為 H_1，而普通骰子則稱為 H_2。

首先，計算貝氏因子：

$$\frac{P(D \mid H_1)}{P(D \mid H_2)}$$

第一步，計算 $P(D \mid H)$，也就是根據我們觀測到的資料，計算 H_1 和 H_2 的概度。在這個案例中，你朋友擲出的結果有四個點數 6 和六個非點數 6。我們知道如果這是一顆不公正骰子，得到點數 6 的機率為 1/2，不會得到點數 6 的機率也是 1/2，這表示如果我們用的是一顆不公正骰子，則觀察到這個資料的概度為：

$$P(D \mid H_1) = \left(\frac{1}{2}\right)^4 \times \left(\frac{1}{2}\right)^6 = 0.00098$$

另一方面，如果這是一顆公正骰子，則得到點數 6 的機率為 1/6，得到其他點數的機率為 5/6。這表示我們觀察到的是 H_2 的資料，也就是假設這是一顆公正骰子的概度為：

$$P\left(D \mid H_2\right) = \left(\frac{1}{6}\right)^4 \times \left(\frac{5}{6}\right)^6 = 0.00026$$

現在我們能來計算貝氏因子了，這會告訴我們，在每個假設成立的機率都相等的前提下（也就是說事前機率比為 1），H_1 對資料做出的解釋會比 H_2 好上幾倍：

$$\frac{P\left(D \mid H_1\right)}{P\left(D \mid H_2\right)} = \frac{0.00098}{0.00026} = 3.77$$

這表示 H_1，也就是骰子被動過手腳的這個信念，對資料的解釋優於 H_2 幾乎四倍。

然而，這只有在 H_1 跟 H_2 兩者可能性相同的前提下才成立。但我們知道袋子裡有兩顆公正骰子，而不公正骰子只有一顆，也就是說，這兩個假設發生的機率並完全相同。根據袋中骰子的分布，我們能看出這就是每個假設的事前機率：

$$P\left(H_1\right) = \frac{1}{3} ; P\left(H_2\right) = \frac{2}{3}$$

於此，我們可以計算出 H_1 的事前勝率：

$$事前勝率 = O\left(H_1\right) = \frac{P\left(H_1\right)}{P\left(H_2\right)} = \frac{\dfrac{1}{3}}{\dfrac{2}{3}} = \frac{1}{2}$$

因為袋子裡的不公正骰子只有一顆，但公正骰子有兩顆，所以我們會抽到一顆公正骰子的機率是抽到不公正骰子的兩倍。加上對 H_1 的事前勝率，我們現在能算出完整的事後勝率了：

$$事後勝率 = O\left(H_1\right) \times \frac{P\left(D \mid H_1\right)}{P\left(D \mid H_2\right)} = \frac{1}{2} \times 3.77 = 1.89$$

雖然一開始的概度比顯示出 H_1 解釋資料的能力幾乎是 H_2 的四倍，但事後勝率告訴我們，因為 H_1 發生的機率只有 H_2 的一半，所以 H_1 其實在解釋資料上只優於 H_2 兩倍。

有鑑於此，如果你需要做出一個結論，知道這顆骰子究竟是否公正，最好的選擇是說這的確被動過手腳。然而，一個小於 2 的事後勝率並不是能表現出贊同 H_1 的有力證據。如果你真的想要知道這顆骰子是不是被動了手腳，你需要再多值擲幾次骰子，直到有利於某一假設的證據多到足以讓你做出更有力的結論為止。

現在我們來看看第二個例子，利用貝氏因子來判斷我們的信念強度。

罕見疾病的線上自我診斷

許多人都曾幹過這種蠢事，就是在大半夜，上網查詢自己出現的症狀和疾病的資訊，然後覺得自己患了某種怪病重症，在螢幕前嚇到無法動彈。可惜的是，他們在分析時幾乎都沒想到運用貝氏推理，這或許能緩解一些不必要的焦慮。在這個例子中，我們先假定你已經犯下這個錯誤，在網路上搜尋自己的症狀，並找到了兩個符合描述的可能疾病。與其沒來由地開始恐慌，你要做的是用事後勝率來衡量兩者發生的可能性。

假若某天，你一覺醒來，發現自己聽力出現問題，而且其中一邊耳朵一直有鈴聲（耳鳴）。這困擾了你一整天，下班回家後，你覺得應該上網查查資料，看看究竟有什麼可能的原因會造成這樣的症狀。你越看越擔心，最後得到兩個可能的假設：

耳垢栓塞：表示你其中一邊耳朵內的耳垢太多了，這只要去看個醫生，很快就能解決了。

前庭神經鞘瘤：你得了腦瘤，長在前庭神經的髓鞘處，造成不可逆的聽力損失，且可能需要動腦部手術。

在這兩者之中，前庭神經鞘瘤是最令人擔心的。當然，也有可能只是耳垢而已，但如果不是呢？要是你**真的**有一個腦瘤呢？由於你最擔心的是得到腦瘤的可能，你決定要將這件事設定為 H_1，而 H_2 則是你有太多耳垢的這個假設。

讓我們看看事後勝率是否能讓你冷靜下來。

跟上一個案例的做法一樣，我們先看看若假設為真，觀察到這些症狀的概度，然後算出貝氏因子，這代表我們需要計算 $P(D|H)$。目前，你已經觀察到兩個症狀：聽力損失和耳鳴狀況。

若是前庭神經鞘瘤，你有 94% 的機率會損傷聽力，並有 83% 的機率會經歷耳鳴，也就是說，如果你有前庭神經鞘瘤的話，聽力損傷及耳鳴存在的機率為：

$$P\left(D \mid H_1\right) = 0.94 \times 0.83 = 0.78$$

接著，我們會對 H_2 做一樣的事，對耳垢栓塞來說，聽力損傷的機率為 63%，而經歷耳鳴的機率為 55%，如果你有耳垢栓塞的狀況，會經歷這些症狀的概度為：

$$P\left(D \mid H_2\right) = 0.63 \times 0.55 = 0.35$$

現在我們有足夠的資訊來計算貝氏因子了：

$$\frac{P\left(D \mid H_1\right)}{P\left(D \mid H_2\right)} = \frac{0.78}{0.35} = 2.23$$

哎呀！只看貝氏因子的話，對緩解罹患腦瘤的擔心可沒多大幫助。僅僅將概度比納入考量，你會發現如果自己罹患的是前庭神經鞘瘤，會經歷這些症狀的可能性比耳垢栓塞還要高出兩倍以上！好險的是，我們的分析還沒有結束。

卜一步是檢測每一個假設的事前勝率。先不管這些症狀，將兩個問題相比，任何人會經歷其中一個狀況的可能性跟另一個狀況比起來相差多少？這兩個病症都能找到流行病學的資料，而結果是，前庭神經鞘瘤是一個罕見疾病，患病機率是每年 1,000,000 人中會有 11 人罹患此症。因此，其事前勝率為：

$$P\left(H_1\right) = \frac{11}{1,000,000}$$

不意外地，耳垢栓塞相比之下可謂是非常常見，每年在 1,000,000 人之中就有 37,000 個案例：

$$P\left(H_2\right) = \frac{37,000}{1,000,000}$$

要得到 H_1 的事前勝率，我們需要看看這兩個事前機率的比例：

$$O\left(H_1\right) = \frac{P\left(H_1\right)}{P\left(H_2\right)} = \frac{\dfrac{11}{1,000,000}}{\dfrac{37,000}{1,000,000}} = \frac{11}{37,000}$$

單看我們的事前資訊，任何一個人得到耳垢栓塞的機率就比罹患前庭神經鞘瘤要大上 3,700 倍，但在你能鬆一口氣之前，我們還是得先計算出完整的事後勝率。別緊張，只是要將貝氏因子乘上我們的事前勝率：

$$O\left(H_1\right) \times \frac{P\left(D \mid H_1\right)}{P\left(D \mid H_2\right)} = \frac{11}{37,000} \times 2.23 = \frac{223}{370,000}$$

這個結果顯示出 H_2 發生的機率比 H_1 大上 1,659 倍。你終於能放心了，知道只要早上去看個醫生，清清耳朵，基本上就能清掉這件事了！

在日常推理中，很容易高估一個駭人情況的機率，但只要用運用貝氏推理，我們就能將現實的危機拆解，並看看他們實際上發生的機率究竟是多少。

總結

在這一章，你學到如何用貝氏因子和事後勝率來將兩個假設相比。與其將重點放在找到能夠支持信念的資料，貝氏因子則是在測試信念對觀測資料的支持程度。結果會得到一個比例，反映出哪一個假設能對資料做出更好的解釋。當我們的事前信念解釋資料的狀況比對立信念更好時，我們可以用這個比例來加強我們事前信念。另一方面來說，當這個結果是一個分數，我們可能就該考慮改變自己的想法了。

習題

試著回答下列問題，看看你是否真的理解了貝氏因子和事後勝率。

1. 回到骰子的問題，若你朋友犯了個錯誤，突然意識到其實袋子裡是兩顆不公正骰子和一顆公正骰子，此事會如何改變這個問題的事前機率，並因此改變事後勝率？現在你會比較願意相信那顆測試的骰子其實是不公正骰子嗎？

2. 回到罕見疾病的例子，假如你去看了醫生，但在清過耳朵後，症狀還是沒有改善。更糟的是出現了一個新症狀：眩暈。醫生提出了另一個可能解釋：迷路炎。這是一種內耳的病毒感染，且有 98% 的機率會出現眩暈的症狀。然而，聽力損傷和耳鳴都不是這種疾病常見的現象，前者發生機率只有 30%，而後者只有 28%。眩暈也是前庭神經鞘瘤的一種可能症狀，不過發生的機率也只有 49% 而已。一般來說，每年每一百萬人有 35 人罹患迷路炎。拿罹患迷路炎的假設和罹患腦瘤的假設相比，其事後勝率為何？

17

陰陽魔界中的貝氏推理

在第十六章，我們運用貝氏因子和事後勝率，找出某假設比另一假設究竟好上幾倍，但這些貝氏推理的工具能做的可不只有比較觀點而已。在本章中，我們會用貝氏因子和事後勝率，量化出究竟需要多少證據，才能說服某人相信某假設。我們也會了解要如何在特定假設中，估計某人事前信念的強度。在這兩件事上，我們都會以一部經典的電視劇為例：《陰陽魔界》（*The Twilight Zone*）。

陰陽魔界中的貝氏推理

《陰陽魔界》中我最喜歡的一集叫做「千鈞一髮」（The Nick of Time）。在這個故事中，一對年輕的新婚夫妻唐恩和佩特正在等待技師將他們的車子修好，與此同時，他們待在小鎮上的一家餐館裡，這裡有一台叫做「玄秘先知」的算命機，你能問它是非題，然後只要花一分錢，就能得到一堆寫了各題解答的卡片。

唐恩是一個非常迷信的人，問了玄秘先知一堆問題。當這臺機器給出正確答案時，他開始相信，這機器有著超自然的力量。然而，即便先知不斷給出正確答案，佩特對這台機器的能力還是心存懷疑。

雖然唐恩跟佩特得到的資料完全一樣，但他倆做出了不同的結論。我們要如何解釋他們為何對相同證據做出不同的推論這件事？利用貝氏因子，我們能更加了解他們兩人如何解讀這個資料。

利用貝氏因子來了解玄秘先知

在這一集中，我們面對兩個競爭假設，姑且稱其為 H 和 $\bar{H}$（或「非」H），這是因為任一假設為另一假設的否定：

　　H 玄秘先知真的能預知未來

　　$\bar{H}$ 玄秘先知只是運氣很好罷了

我們的資料 D 在這裡代表的就是一連串神秘先知提供的 n 個正確答案。n 的數值越大，則證據會對 H 越有利。在《陰陽魔界》的這個故事中，主要的假定是玄秘先知每次的答案都是正確的，所以問題其實是：這是超自然現象，還是純屬巧合？對我們來說，資料 D 永遠都代表著一連串的 n 個正確答案。現在我們要來評估概度，也就是根據每個假設，能得到現有資料的機率。

$P(D|H)$ 是一個在玄秘先知真的能預知未來的狀況下，連續得到 n 個正確答案的機率。不論問了多少個問題，這個概度永遠都會是 1，因為如果玄秘先知有超能力，那麼不管你是問一個問題還是一千個問題，他都會講出正確答案。當然，這也表示只要玄秘先知答錯一題，那麼這個假設的機率就會直落至 0，因為一個通靈的機器是永遠不可能出錯的。在這個情況下，我們可能會想做出一個較弱的假設，比方說玄秘先知正確的機率有 90%（我們在第十九章也會探究一個類似的問題）。

$P(D|\overline{H})$ 則是在玄秘先知隨機吐出答案的情況下，得到個正確答案的機率。在這個狀況中，$P(D|\overline{H})$ 為 0.5^n。換句話說，如果這個機器只是亂猜，那麼每個答案正確的機率都會是 0.5。

要比較這些假設，我們先看看這兩個概度的比例：

$$\frac{P(D|H)}{P(D|\overline{H})}$$

在這裡我要提醒你一下這個比例的用途為何。在 H 與 $\overline{H}$ 對立的情況下，若假定兩個假設的可能性相同，此比例顯示的就是資料成立的機率會差上幾倍。現在我們來看看這些觀點要如何比較。

測量貝氏因子

如我們在上一章的操作，我們會暫時忽略事前機率的比例，聚焦在概度比（也就是貝氏因子）的比較上。我們假定（就目前來說）玄秘先知有超能力或純屬幸運這兩個情況的發生機率完全相同。

在這個案例中，我們的分子 $P(D|H)$ 永遠會是 1，所以對任意 n 值來說，我們有：

$$BF = \frac{P(D_n|H)}{P(D_n|\overline{H})} = \frac{1}{0.5^n}$$

想像到目前為止，玄秘先知已經給出了三個正確答案。在這個時間點，$P(D_3 | H) = 1$ 且 $P(D | H) = 0.5^3 = 0.125$。顯而易見地，H 對資料做出了更好的解釋，但肯定沒有任何人，就連迷信的唐恩也是，會因為僅僅三個正確猜測就被說服。假定事前勝率都是一樣的，這二個問題的貝氏因子會是：

$$BF = \frac{1}{0.125} = 8$$

我們能用表 16-1 中，用來估計事後勝率的相同準則來評估這裡的貝氏因子（在我們假定每個假設的可能性相等的情況下），如表 17-1 所示。如你所見，一個數值為 8 的貝氏因子（BF）跟無庸置疑還差的遠呢！

表 17-1 貝氏因子評估準則

貝氏因子	證據強度
1 to 3	耐人尋味，但缺乏確鑿證據
3 to 20	感覺我們似乎有點進展了
20 to 150	證據充足，擁護 H_1 假設
> 150	支持 H_1 的壓倒性證據

所以，在答對三個問題且 BF=8 的現狀下，我們應該會至少開始對玄秘先知的能力感到好奇，但還並沒有完全被說服。

在影集中，此時唐恩看來已經相當肯定玄秘先知是個靈媒。對他來說，只要有四個正確答案就相當足夠了。不過呢，對佩特來說，至少要有 14 個正確答案，她才會終於開始認真考慮這件事的可能，並產生 16,384 這個貝氏因子，這可大大超過她應該會需要的證據量。

然而，計算貝氏因子並無法解釋唐恩和佩特為何對同樣的證據抱有不同的信念，那麼究竟發生什麼事了？

解釋其事前信念

我們在模型中缺少的部分就是每個人物的事前信念。還記得唐恩超級迷信，而佩特是懷疑論者嗎？很明顯地，唐恩和佩特用上了一些自身思維模型中的額外資訊，因為兩人做出的結論不但強度不同，連下結論的時間點都不同。這種兩個人對同一件事做出不同反應的狀況，在我們的日常推理中其實也相當常見。

我們能將這個現象建模，在沒有其他資訊的情況下，簡單想像 $P(H)$ 和 $P(\overline{H})$ 的初始勝率。我們將這個做法稱為事前勝率比，如你在第十六章所見：

$$事前勝率 = O(H) = \frac{P(H)}{P(\overline{H})}$$

事前信念與貝氏因子兩者之間存在某種關聯這個概念其實相當直觀，若說我們走進《陰陽魔界》的這間餐館，然後我問你：「玄秘先知是靈媒的可能性有多大？」你可能會說：「嗯，百萬分之一吧！這玩意根本不可能有什麼超自然力量。」用數學語言敘述，我們能將這段對話寫為：

$$O(H) = \frac{1}{1,000,000}$$

現在將這個事前信念跟我們的資料結合。如此一來，只要將我們的事前勝率乘上概度比的結果，就能得到根據觀測資料，對自身假設產生的事後勝率：

$$事後勝率 = O(H \mid D) = O(H) \times \frac{P(D \mid H)}{P(D \mid \overline{H})}$$

在查看任何證據前，就認為玄秘先知是靈媒的機率只有百萬分之一，這可是一個相當強烈的懷疑態度。而貝氏推理的方式則恰當地反映出了這個懷疑論。如果你認為玄秘先知有超能力這件事從一開始就極不合理，那麼你會需要更大量的資料才能被反方說法說服。假定玄秘先知給出了五個正確答案，我們的貝氏因子會變成：

$$BF = \frac{1}{0.5^5} = 32$$

一個數值為 32 的貝氏因子對相信玄秘先知真有超能力這件事算是一個相當強烈的信念，然而，如果我們在算式中加上先前那個充滿懷疑想法的事前勝率，事後勝率的結果就會變為：

$$事後勝率 = O\left(H \mid D_5\right) \times \frac{P\left(D_5 \mid H\right)}{P\left(D_5 \mid \overline{H}\right)} = \frac{1}{1,000,000} \times \frac{1}{0.5^5} = 0.000032$$

現在，事後勝率告訴我們這台機器極不可能擁有通靈的能力。這個結果跟我們一開始的直覺相當吻合。這也再次證明了，如果你真的從一開始就不相信這個假設，那麼要說服你相信它，就需要用上超大量的證據才行。

事實上，如果我們倒過來做，事後勝率能幫助我們找出需要多少證據，才能讓你相信 H 這個假設。事後勝率為 2，表示你剛剛開始覺得超自然這個假設是有可能的。所以，若我們能得到一個大於 2 的事後勝率，就能判斷出所需的證據量。

$$\frac{1}{1,000,000} \times \frac{1}{0.5^n} > 2$$

如果我們以最接近整數作為 n 的解，會得到：

$$n > 21$$

只要有 21 個連續正解，即便是一個強烈懷疑論者，也會開始考慮先知真的是靈媒的可能性。

因此，事前勝率能做的不只是根據背景環境，讓我們了解自己對某事的信念有多強，也能幫助我們量化出被某假設說服所需的證據量有多

少。反之亦然。如果，在連續出現 21 個正解後，你發現自己現在對
H 深信不疑，那麼你可能會想要弱化你的事前勝率。

培養自己的通靈能力

到了現在，我們已經學到要如何對不同假設做比較，並根據我們對 H
的事前信念，計算出若要讓我們相信 H，所需的有利證據要有多少。
現在我們再來看看另一個事後勝率的技巧：根據唐恩和佩特對證據的
反應來量化他們的事前信念。

我們並不知道唐恩和佩特在第一次走進餐館時，他們對玄秘先知是一
個靈媒的信任度究竟有多高，但我們的確知道唐恩在得到七個正解
後，基本上已經相當肯定玄秘先知擁有超自然力量。我們可以估計在
這個時候，唐恩的事後勝率為 150；根據附表 17-1 的資料，這可是
高強度信念的門檻。現在我們可以寫下所有已知事項，其中 $O(H)$ 這
項還屬未知，但會在下式求出：

$$150 = O(H) \times \frac{P(D_7 \mid H)}{P(D_7 \mid \overline{H})} = O(H) \times \frac{1}{0.5^7}$$

解出 $O(H)$，得到：

$$O(H)_{唐恩} = 1.17$$

我們現在得到的是唐恩的迷信信念的量化模型。因為他的初始勝率比
大於 1，也就是說在唐恩走進餐館，蒐集任何資料之前，就已經對玄
秘先知有超自然能力這點比不願意相信的人稍微有意願一些。當然
啦，這對他迷信的本性來說，本來就是很合理的。

現在輪到佩特了，在出現 14 次正解之後，佩特開始有點緊張了，並
說玄秘先知是「一塊愚蠢的廢鐵！」雖然她已經開始懷疑玄秘先知可
能真的是靈媒，但她跟唐恩的信任程度比起來可差遠了。我會估計她

的事後勝率應該差不多是 5，這是一個她可能會開始動搖的數字，思
考：「這個玄秘先知或許的確有通靈能力⋯」現在我們能用同樣的方
式，建立出佩特信念的事後勝率：

$$5 = O(H) \times \frac{P(D_{14} \mid H)}{P(D_{14} \mid \overline{H})} = O(H) \times \frac{1}{0.5^{14}}$$

解出 $O(H)$ 時，就能將佩特的懷疑心態建模為：

$$O(H)_{佩特} = 0.0003$$

換句話說，在走進餐館時，會宣稱先知具有超能力的機率大約為
1/3,000。這再次與我們的直覺吻合，在她與唐恩等待上餐，與玄秘
先知互動時，佩特一開始就展現出了強烈信念，那就是這台算命的機
器不過是一個逗人開心的遊戲罷了。

我們到目前做的事非常了不起，用機率的規則，得到某人相信某事的
定量語句。本質上，我們也能說自己會讀心術了！

總結

本章探索了三個使用貝氏因子和事後勝率的方式，並藉此讓我們能對
問題進行機率推理。一開始，我們回訪了前一章學過的內容：用事後
勝率來將兩個觀點做比較。然後我們看到了，如果我們知道自己的事
前信念的勝率在某假設與另一假設有什麼不同，就能算出究竟需要多
少證據，才能說服我們改變信念。最後，藉由得知說服他人所需的證
據量，運用事後勝率來確定每個人其事前信念的數值。你能發現，事
後勝率的功用遠不僅止於測試觀點而已，它讓我們有了一個框架，知
道該如何在不確定的狀態下，思考，推理。

現在，你可以藉著從貝氏推理中得到的「玄秘」力量，回答下列問題
了：

習題

試著回答下列問題，看看你是否真的了解在說服別人相信某假設時，要如何量化出所需的證據量，並估計出他人的事前信念。

1. 每次跟朋友去看電影時，你們都會用拋硬幣的方式來決定誰有電影的選擇權。你的朋友每次都挑正面，且拋硬幣的結果也已經連續十個星期五都落在正面了。你發展出一套假設，就是這枚硬幣其實兩面都是正面，而不是一正一反。為該硬幣為騙徒硬幣而不是公正硬幣這個假設建立貝氏因子，單看這個比值，試問你的朋友是不是在作弊？

2. 現在想像三種情況，一是你朋友就愛捉弄人；二是他其實絕大多數時間都很誠實，只是有時候鬼鬼祟祟；三是你朋友非常值得信任。在每一個情況中，為你的假設估出事前勝率比，並計算事後勝率。

3. 假定你對這位朋友深信不疑，對他可能作弊的事前勝率設定為 1/10,000，那麼若事後勝率為 1，拋硬幣的結果為正面總共要發生多少次，你才會開始懷疑他的清白？

4. 另一位朋友也常常跟這位朋友出去，且僅僅在連續四周得到正面之後，就認為你們肯定都被騙了。這樣的信心暗示了一個數值大約為 100 的事後勝率。對第二位朋友認為第一位朋友是個騙子的事前信念，你會賦予哪個數值？

18

當資料無法說服你

前一章，我們用貝氏推理來論證《陰陽魔界》其中一集出現的兩個假設。

- H 算命機玄秘先知有超自然力量。

- $\bar{H}$ 算命機玄秘先知沒有超自然力量，只是運氣很好而已。

我們也學到了要如何藉由改變事前勝率比來說明懷疑理論。舉例來說，如果你像我一樣，認為玄秘先知絕對不是一個靈媒，那麼你可能會想設一個極低的事前勝率，比方說 1/1,000,000 這種數值。

然而，根據你個人的質疑程度，你可能會認為，就連 1/1,000,000 這個勝率比都還算太高，不足以說服你先知真的有超能力。

即便從先知那得到 1,000 個正確答案，你可能還是不相信這套超自然力量的說法。在你那個抱持強烈懷疑態度的事前勝率上，1,000 已經是一個會影射你極度傾向於支持先知是靈媒的數字。我們也可以隨意取更極端的事前勝率來表現這一點，但我自己是不認為這會是令人滿意的解決方案，因為無論有多少資料，都不可能說服我玄秘先知實際上是個靈媒。

本章會更深入探討這個問題，看看那些資料無法如願說服他人的狀況。在現實世界中，這些情形非常普遍，如果你曾跟親戚在聚餐中起過爭執，就有可能注意到，通常當你給出的證據越與之矛盾，他們反而越相信自己原本的信念。為了要完全理解貝氏推理，我們需要了解這樣的情況在數學上為什麼會出現。這能夠幫助我們在統計分析中有能力辨認並避開這些問題。

讓通靈的朋友擲骰子

假定你有一些朋友，告訴你他們有通靈的能力，所以能夠預測出擲一顆六面骰子的結果，且命中率有九成。你實在很難相信這個主張，所以決定用貝氏因子設置一個假設測試。如同在玄秘先知的例子中那樣，你有兩個想要互相比較的假設：

$$H_1 : P(\text{正確}) = \frac{1}{6} \qquad H_2 : P(\text{正確}) = \frac{9}{10}$$

第一個假設 H_1 表示你相信這顆骰子是公正的，而且你朋友不會通靈。如果這是一顆公正骰子，那麼猜對結果的機率就有 1/6。第二個假設 H_2 則表示你的朋友相信他們對擲骰子結果的預測準確度高達 90%，也就是比例為 9/10。我們需要一些資料才能開始測試他們的主張，而接下來你的朋友擲了 10 次骰子，並正確的猜中了 9 次。

比較概度

如同在前一章常做的，我們先找出貝氏因子，並假定現在每個假設的事前勝率都完全相同。我們會將概度比訂為：

$$\frac{P(D \mid H_2)}{P(D \mid H_1)}$$

所以這個結果將會告訴我們，朋友的主張（可以通靈）跟你的假設相比差了多少倍，無論優劣。在這個範例中，我們會用變數 BF 做為貝氏因子的簡寫，運用在我們的方程式中。根據你的朋友在 10 次中成功預測 9 次的情況，下方是我們產生的結果：

$$BF = \frac{P(D_{10} \mid H_2)}{P(D_{10} \mid H_1)} = \frac{\left(\dfrac{9}{10}\right)^9 \times \left(1 - \dfrac{9}{10}\right)^1}{\left(\dfrac{1}{6}\right)^9 \times \left(1 - \dfrac{1}{6}\right)^1} = 468,517$$

這個概度比的意思是，對現狀來說，朋友具有通靈能力的假設，其合理度比他只是運氣好的假設高上 468,517 倍。這有點令人煩惱，因為根據我們在前幾章看到的貝氏因子準則，這表示我們近乎完全肯定 H_2 是真的，而朋友的確是個靈媒。除非你原本就強烈相信通靈能力的存在，否則這看起來真的很有問題。

代入事前勝率

在本書中，若單看概度，有些例子得到的結果相當奇怪，但其中多數都能藉由加入事前機率來解決。我們顯然對朋友的假設不是很信任，其強度遠不及我們自己的假設，所以做出一個偏袒我方假設的強事前勝率是很合理的。我們能從設定一個高勝率比開始，此值要高到能抵消貝氏因子的極端結果，現在來看看這是否能解決我們的問題：

$$O(H_2) = \frac{1}{468,517}$$

接著，當我們在計算完整的事後勝率時，發現自己再次落入了同樣情況，並沒有被你朋友的靈媒理論說服：

$$事後勝率 = O(H_2) \times \frac{P(D_{10} \mid H_2)}{P(D_{10} \mid H_1)} = 1$$

至於現在，看來事前勝率再次拯救了我們，讓我們免於在單看貝氏因子而產生的問題中掙扎。

不過，假定你的朋友再擲了五次骰子，且其預測完全命中。這就是我們的資料集 D_{15} 了，這個資料表示的是擲 15 次骰子中，你的朋友預測正確 14 次。現在再來計算事後勝率，我們會發現即便是那個超極端的事前勝率也起不了什麼作用：

$$事後勝率 = O(H_2) \times \frac{P(D_{15} \mid H_2)}{P(D_{15} \mid H_1)} = \frac{1}{468,517} \times \frac{\left(\frac{9}{10}\right)^{14} \times \left(1 - \frac{9}{10}\right)^{1}}{\left(\frac{1}{6}\right)^{14} \times \left(1 - \frac{1}{6}\right)^{1}} = 4,592$$

利用我們現存的事前機率，只不過多擲了五次骰子，就得到了 4,592 這個事後勝率，這就表示，我們又回到那個近乎完全肯定朋友是個靈媒的狀態了！

在之前多數的問題中，我們都利用加上合情合理的事前機率這個辦法，來糾正這個並不直觀的事後勝率。我們曾為朋友是靈媒這個假設加上一個相當極端的事前勝率，但我們的事後勝率還是強烈擁護他們的確有通靈能力這個假設。

這是一個很大的問題，因為貝氏推理應該要符合我們的日常邏輯才對。當然，擲骰子 15 次，準確預測 14 次並非尋常，但也不太可能因為這樣，就說服多數人相信這個做出猜測的人真的擁有通靈能力！然而，如果我們不能解釋這個假設測試究竟發生了什麼事，就表示我們其實無法依靠這個測試來解決日常的統計問題。

考慮對立假設

我們面臨的問題是自己不想相信你朋友是靈媒。你會發現，如果自己在現實生活中陷入這種局面，很有可能會快速做出替代結論，像是認為你朋友其實用了一顆不公正骰子，能在九成時間都擲出特定數值。這個想法呈現出了第三個假設，而我們的貝氏因子只在看兩個可能假設：表示骰子公正的 H_1 假設，以及表示你朋友能通靈的 H_2 假設。

到目前為止，我們的貝氏因子都在說你朋友是靈媒的可能性，比他們只是對公正骰子做出正確猜測要大多了。以這些條件來想結論，這就更合理了，因為有了這些結果，這根本就不可能是顆公正的骰子。反過來接受 H_2，並不會讓我們感到比較自在，因為在我們的世界觀中，並不支持 H_2 會是實際解釋的這個觀點。

有一點必須要先了解，那就是假設測試只能在一個事件中對兩個解釋做比較，但情況通常是我們有無數個可能解釋。如果勝出的那個假設並不能說服你，你永遠可以考慮第三種假設。

我們來看看將勝出的假設 H_2 和新的假設 H_3 相比會有什麼結果。新假設的內容為：這顆骰子被動過手腳，會在 90% 狀態下得到特定結果。

首先，我們要為 H_2 尋找一個新的事前勝率，稱作 $O(H_2)'$（這個刻點符號在數學中很常用，表示「近似但不相等」）。這會代表 H_2/H_3 的勝率，至於現在，對你朋友的能力，就說我們認為它用了顆不公正骰子的可能性，比他是靈媒這件事要高上 1,000 倍（雖然我們實際的事前勝率可能會更極端）。這表示你朋友能通靈的事前勝率為 1/1,000，如果我們再次檢驗這個新的事後勝率，會得到下面這個有趣的結果：

$$PO = O\left(H_2\right)' \times \frac{P\left(D_{15} \mid H_2\right)}{P\left(D_{15} \mid H_3\right)} = \frac{1}{1,000} \times \frac{\left(\dfrac{9}{10}\right)^{14} \times \left(1 - \dfrac{9}{10}\right)^{1}}{\left(\dfrac{9}{10}\right)^{14} \times \left(1 - \dfrac{9}{10}\right)^{1}} = \frac{1}{1,000}$$

根據這個計算結果，我們的事後勝率跟我們的事前勝率一模一樣，也就是 $O(H_2)'$。會產生這個結果，是因為兩個假設的概度完全一樣。換句話說，$P(D_{15} \mid H_2) = P(D_{15} \mid H_3)$。在這兩個假設中，因為兩者成功的機率是相同的，所以你朋友對擲骰子的結果做出正確預測的概度，與他用了顆不公正骰子的概度完全一模一樣。這也表示我們的貝氏因子永遠都會是 1。

這些結果跟我們日常的直覺思維相當吻合，畢竟，先不考慮事前勝率的話，每個假設都對我們看到的這些資料做出相當不錯的解釋。這表示如果在將資料納入考量之前，我們相信其中一個解釋成立的可能性遠超過另一個解釋，那麼不論出現多少新證據，都無法改變我們的想法。所以我們的狀況已經不再是手上有某個問題的觀測資料，而是我們直接為這個問題找到一個更好的解釋。

在這個情境中，無論資料有多少，都無法改變我們相信 H_3 勝過相信 H_2 這件事，因為兩者都能完整解釋現狀，且我們已經認為 H_3 是一個比 H_2 更容易出現的解釋。有趣的是，假使今天我們的事前信念完全沒有道理可言，也可能會同樣落在這個情況中。你可能是通靈現象的忠實信徒，並認為你的朋友是這個世界上最誠實的人。在這個狀況下，你可能會設出事前勝率 $O(H_2)' = 1,000$。若你是這麼想信的，那麼再多資料也不可能說服你他其實是用了一顆不公的正骰子。

在這樣的情況中有一點非常重要，那就是你必須了解，如果想要解決問題，就需要有改變事前信念的意願。如果不願意放棄那些毫無道理的事前信念，那麼至少，你一定要意識到，自己的推理已經與貝氏推理和任何邏輯思考完全無關了。每個人都會有些不理性的信念，這完全沒有什麼問題，只要記得，不要試圖用貝氏推理來為其辯護。

與親戚和陰謀論者的爭論

任何一個曾在節慶聚餐時與親戚爭論過政治、氣候變遷，或最愛的電影等話題的人，都親身經歷過這個狀態：兩個假設在相比之下對資料能做出的解釋都一樣好（對參與爭論的人來說），但到了最後，勝出的只有事前信念。在多少資料都無法改變任何事情的情況下，我們要如何改變他人，甚或是我們自己的信念呢？

我們已經看到了，如果你將使用不公平骰子和因為他是靈媒這兩個信念相比，再多的資料也無法讓你改信朋友的主張；這是因為你自己的兩個假設和朋友的一個假設，都能對資料做出同等完整的解釋。朋友若要說服你他真的有通靈的能力，那麼他必須要撼動你的事前信念。

舉例來說，因為你對骰子是否公正這點存疑，所以你的朋友可以提議讓你挑選他們使用的骰子。如果你自己帶了一顆全新的骰子並交給你朋友，而他們依然持續做出準確的預測，這時候你可能就會開始被說服。任何時候，只要問題中兩個假設對資料的解釋程度一樣好，就可以套用同樣的邏輯思維。在這些案例中，你到時候一定要看看，是否有任何東西可以改變你的事前信念。

假定在你為朋友買了顆新的骰子後，他們仍舊不曾失敗，而你依舊不相信他們，並主張他們一定是有一個特殊的擲骰手法。有鑑於此，你的朋友讓你替他們擲骰子，而他們的預測仍舊正中紅心。事已至此，你仍然不相信他們。

在這個狀況下，事情一定不只是漏看隱匿假設這麼簡單。你現在做出了 H_4：他們一定從頭到尾都在作弊！而且你也不打算改變自己的想法。這表示對任何 D_n 來說，都會得到 $P(D_n|H_4) = 1$。顯然，我們現在根本不在貝氏推理的管轄之中了，因為本質上，你已經承認了自己絕對不會改變想法；不過，我們還是來看看，如果你的朋友堅持要說服你的話，在數學計算中會發生什麼事。

看看 H_2 和 H_4 這兩個解釋，用我們的資料 D_{10}，也就是預測成功九次，失敗一次，來做比較。這樣的貝氏因子會是：

$$BF = \frac{P(D_{10}|H_2)}{P(D_{10}|H_4)} = \frac{\left(\frac{9}{10}\right)^9 \times \left(1 - \frac{9}{10}\right)^1}{1} = \frac{1}{26}$$

因為你拒絕相信朋友作弊以外的任何假設，所以你的觀測結果其機率無論如何都會是 1。即便資料其實就跟你朋友是靈媒的狀況完全吻合，我們還是會認為自己的信念做出的解釋好上 26 倍。你的朋友下定決心，一定要扭轉你那固執的想法，堅持再擲了 100 次骰子，並預測成功 90 次，失敗 10 次。現在我們的貝氏因子顯示出了這個非常詭異的狀況：

$$BF = \frac{P(D_{100}|H_2)}{P(D_{100}|H_4)} = \frac{\left(\frac{9}{10}\right)^{90} \times \left(1 - \frac{9}{10}\right)^{10}}{1} = \frac{1}{131,272,619,177,803}$$

就算這個資料看來是你朋友那個假設的強烈後盾，但因為你完全不肯讓步，現在反而讓你更加堅信自己是正確的了！在我們完全不願意改變想法的情況下，資料越多，只會越讓我們更相信自己是對的。

如果你曾與政治激進的親戚，或是深信某陰謀論的人辯論過，這個模式對你來說應該不算陌生。在貝氏推理中，信念具有可否證性是很重要的。傳統科學裡，**可否證性**代表某件事可以被否定，但在我們的例子中，這僅代表我們在假設中的信念可以用某種方式削弱。

不可否證的信念在貝氏推理中帶來的危機並不只是它們不能證否，而是即便證據看起來與之矛盾，它們的影響力還是越來越大。與其堅持嘗試說服你，你的朋友應該先問問：「我要做什麼才能改變你的想法？」而如果你的回答是**完全沒有**，那麼你的朋友最好就不要再試著給你看更多證據了。

所以，下一次你再跟親戚對政治或陰謀論的問題爭辯之時，應該先問問他們：「什麼樣的證據能扭轉你的想法？」如果他們對此沒有答案，你最好就不要再試著用更多證據來為你的觀點辯護了，因為這只會讓親戚更加肯定他們自己的信念而已。

總結

你從本章學到了幾種假設測試可能出錯的方式。雖然貝氏因子是兩個觀點相互比較下的產物，但其實可能也有其他值得一試的合理假設。

其他時間，我們發現這兩個假設對資料的解釋同等優秀，無論你的朋友真的有通靈的能力，或是他們對骰子動了手腳，你會看到正確預測結果的可能性都是一樣的。當情況如此，就只有每個假設的事前機率比會造成差異了。這也表示，在這些情況中，無論取得多少新資料都無法改變我們的信念，因為永遠不會有一方脫穎而出。在這樣的情況下，最好的方法是想想你能如何改變事前信念，而不是如何影響結果。

在更極端的案例中，我們可能會有一個怎麼樣都不願意改變的假設，這就好像是你對資料抱持著一個陰謀論。在這種情況下，獲取更多資料不但無法說服我們改變信念，甚至還可能造成反效果。如果一個假設不具有可否證性，那麼資料越多，只會越讓我們相信這個陰謀論。

習題

試著回答下列問題，看看你是否真的理解要如何處理貝氏推理中的極端例子。

1. 當兩個假設對現有資料的解釋一樣好的時候，一個能改變想法的方式，是看看我們能否攻擊這個事前機率。想想看，有什麼因素能讓你增加相信朋友具有特異功能的這個事前信念呢？

2. 有個實驗主張當人們聽到佛羅里達四個字，會聯想到老年人，從而影響他們走路的速度。要驗證這件事，我們需要兩組各 15 名學生穿越房間。其中一組會聽到佛羅里達，而另一組不會。若 H_1 為兩組移動速度保持相同，而 H_2 為佛羅里達組會因為聽到佛羅里達四個字而變慢，並假定：

$$BF = \frac{P(D \mid H_2)}{P(D \mid H_1)}$$

這個實驗結果顯示 H_2 的貝氏因子為 19。若某人因為 H_2 的事前勝率較低而不相信這個實驗結果，什麼樣的事前勝率代表這件事沒有說服力，且對這個不相信實驗結果的人來說，貝氏因子要是多少才能讓事前勝率達到 50？

現在假定事前勝率並不會改變這個懷疑論者的想法。找出一個能解釋佛羅里達組為何變慢的替代方案 H_3。記住，若 H_2 和 H_3 對資料的解釋一樣好，那麼就只有利於 H_3 的事前勝率才能讓某人主張 H_3 的真實性大過 H_2。所以我們需要重新思考這個實驗過程，好讓這些勝率降低。想出一個能讓 H_3 的事前勝率大過 H_2 的實驗機制。

19

從假設測試到參數估計

截至目前為止，事後勝率只用來對兩個假設做比較。對簡單的問題來說，這當然沒問題，即便有三或四個假設，我們仍然能像在前一章一樣，多做幾次假設測試來將每種組合跑過一遍。但有時候我們想要在一個相當大的範圍內進行搜尋，找出能解釋資料的可能假設。舉例來說，你可能會想要猜猜一個罐子中雷根糖的數量，一棟遠處建築的高度，或是一架班機抵達所需的精確分鐘數。在上述這些例子中，有非常非常多種可能假設，多到不可能用假設測試來一一檢驗。

幸運的是，我們有一個可以處理這情境的技巧。我們從第十五章學到了要如何將一個參數估計的問題變成一個假設測試。而本章則要反向操作，藉由看看一段實際上不間斷的可能假設範圍，了解我們能用貝氏因子和事後勝率（一個假設測試）來組成一種參數估計！這個方法讓我們能不只評估兩個假設，還能提供一個能估計任何參數的簡單框架。

園遊會中的遊戲真的公正嗎？

假定你現在身處於一場園遊會，當你經過遊戲攤位時，注意到有個人在一池的塑膠小鴨旁，和一個園遊會攤商起了爭執。出於好奇，你靠近了些，聽到玩家生氣的大喊：「這遊戲是個騙局！你說贏得獎品的機會有 1/2，但我挑了 20 隻鴨子，只拿到 1 個獎品！要我說，拿到獎品的機會根本就只有 1/20 ！」

你現在比較了解機率了，決定出面調解這場爭執。你向攤商和正在氣頭上的顧客解釋道，如果你能多觀察幾場遊戲的話，你就能用貝氏因子來判斷誰說的是對的。你決定要將這個結果分成兩個假設：攤商的主張是 H_1，表示抽到獎品的機會有 1/2，而火大顧客的主張是 H_2，表示抽到獎品的機會只有 1/20：

$$H_1 : P(\text{獎品}) = \frac{1}{2}$$

$$H_2 : P(\text{獎品}) = \frac{1}{20}$$

攤商爭辯說，因為他並沒有監督顧客挑選塑膠小鴨的過程，所以你不應該使用顧客宣稱的資料，因為根本沒有其他人可以證實他的說法。這聽起來滿合理的，於是決定用接下來 100 場遊戲的數據取而代之。在顧客挑選了 100 隻小鴨後，你觀察到其中含有獎品的有 24 隻。

現在輪到貝氏因子上場了！由於我們對顧客或是攤商的主張都沒有什麼強烈的立場，所以並不用擔心事前勝率，也不用急著算出完整的事後勝率。

要得到貝氏因子，我們需要計算各個假設的 $P(D \mid H)$：

$$P\left(D \mid H_1\right) = \left(0.5\right)^{24} \times \left(1 - 0.5\right)^{76}$$

$$P\left(D \mid H_2\right) = \left(0.05\right)^{24} \times \left(1 - 0.05\right)^{76}$$

目前這兩個機率都滿小的，但我們在乎的是它們的比例。我們要看看 H_2 / H_1 的比例，這樣我們的結果就會告訴我們顧客的假設比攤商的假設對資料的解釋好上多少倍：

$$\frac{P\left(D \mid H_2\right)}{P\left(D \mid H_1\right)} = \frac{1}{653}$$

貝氏因子告訴我們的是，攤商的假設 H_1 比顧客的假設 H_2 對資料的解釋強上 653 倍，也就表示攤商的假設（挑小鴨時得到獎品的機率有五成）是比較可能的答案。

你應該立刻就感到有些不對勁。很明顯地，在 100 場遊戲中得到 24 個獎品這件事怎麼看都不像是中獎機率有 0.5 的結果。我們可以用 R 語言的 `pbinom()` 函數（於十三章中介紹過）來計算二項分布，而這會在中獎機率為 0.5 的設定下，告訴我們得到 24 個或更少獎品的機率：

```
> pbinom(24,100,0.5)
9.050013e-08
```

如你所見，若中獎機率是 0.5，那麼會拿到 24 個或更少獎品的真實機率非常低，若把所有小數位展開，我們會得到的機率是 0.00000009050013！H_1 肯定事有蹊蹺。不過，即便我們不相信攤商的假設，它對資料做出的解釋還是比顧客的假設好上很多。

所以我們錯過了什麼？在過去的案例中，我們會發現，在單憑貝氏因子無法得出合理解答時，事前機率通常就會占有很重要的地位。但如我們在第十八章所見，在某些案例中，事前機率並不是問題的根本原因。而在現在這個案例中，由於我們對任一假設都沒有強烈意見，所以下面這個方程式看來會是最合理的選擇：

$$O\left(\frac{H_2}{H_1}\right) = 1$$

但這裡的問題或許是你對園遊會會出現的遊戲攤有著誤解。而因為貝氏因子的結果對攤商的假設如此有利，我們若要得到一個傾向於顧客假設的事後勝率，其事前勝率至少要是 653 才行：

$$O\left(\frac{H_2}{H_1}\right) = 653$$

對這遊戲來說可真是嚴重的信任危機啊！這其中肯定還有什麼除了事前機率以外的問題存在。

考慮多個假設

其中一個明顯的問題是，雖然直觀上攤商做出的假設是錯的，但顧客的對立假設又太極端了，不太可能是正確的，也就是說我們有兩個錯誤的假設。如果顧客認為獲勝機率是 0.2，而不是 0.05 呢？我們將這個假設稱為 H_3。執行 H_3 對上攤商的假設測試，這個結果急遽的改變了我們的概度比：

$$bf = \frac{P(D \mid H_3)}{P(D \mid H_1)} = \frac{(0.2)^{24} \times (1 - 0.2)^{76}}{(0.5)^{24} \times (1 - 0.5)^{76}} = 917,399$$

我們在這裡能看到 H_3 對資料的解釋比 H_1 好太多了。有著 917,399 這個貝氏因子，我們現在可以肯定在解釋觀測資料這件事上，H_1 絕對稱不上是最佳假設，因為 H_3 徹底擊垮了它。第一個假設測試還有一件麻煩事，那就是顧客的信念對此事件的敘述非常糟，甚至比攤商的信念還要糟糕的多。不過我們還是能看出來，這並不表示攤商就是對的。在我們得出一個對立假設時，就發現這個猜測比原本攤商和顧客的假設都還要好。

當然了，我們還未真正解決這個問題。如果其實還有更好的假設呢？

用 R 語言尋找更多假設

我們想要一個能搜尋所有可能假設，並挑出最佳選項的通用解法。要達成這個目標，可以運用 R 語言中的 seq() 函數來創造出一系列我們想要跟 H_1 做比較的假設。

我們會將 0 ～ 1 之間，所有以 0.01 定量增幅的數值納為可能假設；也就是我們會考慮 0.01、0.02、0.03 等數值。我們會將 0.01，也就是每個假設的增量稱之為 dx（這是一個微積分常用的記號，表示「極微小差」），並用這來定義一個 hypotheses 變數，這個變數會呈現出我們想要考慮的所有可能假設。這裡我們用 R 語言中的 seq() 函數來為所有介於 0 ～ 1 之間，以 dx 定量增幅的假設產生一個值域：

```
dx <- 0.01
hypotheses <- seq(0,1,by=dx)
```

接下來，我們需要一個函數，用來計算任意兩個假設的概度比。我們的 bayes.factor() 函數會取兩個引數：h_top 和 h_bottom，前者是上方假設（分子）得到獎品的機率，後者是我們反對的假設（攤商的假設）。如下所示：

```
bayes.factor <- function(h_top,h_bottom){
  ((h_top)^24*(1-h_top)^76)/((h_bottom)^24*(1-h_bottom)^76)
}
```

最後，算出所有可能假設的概度比：

```
bfs <- bayes.factor(hypotheses,0.5)
```

然後以 R 語言為基礎，繪製出其泛函性，並看看這些概度比看起來是
什麼樣子：

```
plot(hypotheses,bfs, type='l')
```

圖 19-1 呈現出這個繪製結果。

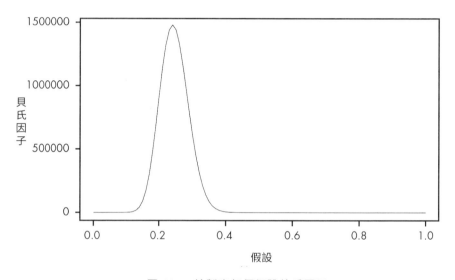

圖 19-1　繪製出每個假設的氏因子

現在我們能看到一個清楚的分布了，這個分布上包含了各種對觀測資
料的解釋。利用 R 語言，我們能看到更大範圍的可能假設，其中線上
的每一點都是其相應 x 軸上那個假設的貝氏因子。

我們也能看看最大的貝氏因子會是多少，將 max() 函數運用在 bfs 向
量上：

```
> max(bfs)
1.47877610^{6}
```

然後看看哪個假設對應到這個數值最大的概度比，就能得知哪個假設
值得我們信任。要達成這個目標，輸入：

```
> hypotheses[which.max(bfs)]
0.24
```

現在我們知道 0.24 是我們的最佳猜測了，因為在跟攤商的假設相比時，這個假設產出的概度比最高。在第十章，你學到了一個通常能得出參數估計的好方法：運用自身資料的平均值或期望值。在這個例子中，由於目前並沒有能用估計值的發生機率為該估計加權的方式，所以我們就只是單純地選出能單獨對資料做出最佳解釋的那個假設。

在概度比中加上事前機率

現在若將你的發現告訴顧客和攤商，他們都同意你的發現相當令人信服，但此時有人走過來告訴你：「我以前就是負責生產這些遊戲的，而我可以告訴你，因為一些奇怪的產業因素，設計這些小鴨遊戲的人從來不曾將中獎機率設在 0.2 ～ 0.3 之間。我敢說實際中獎機率不在這個範圍的勝率為 1/1,000；不過除此之外的，我就毫無頭緒了。」

現在我們有些可以使用的事前勝率了。這位前遊戲製造商給了我們一些有憑有據的數字，是他對中獎這個事前信念的勝率，因此我們可以試著將這個數乘上我們現在的貝氏因子清單，並算出事後勝率。要這麼做，我們得先為手上有的每一個假設找出其事前機率比。如這位前遊戲製造商告訴我們的，對所有介於 0.2 ～ 0.3 之間的機率，其事前機率比都應該會是 1/1,000。由於這位製造商對其他的假設沒有任何看法，所以餘下假設的勝率比就只會是 1。我們能用簡單的 `ifelse` 敘述和 `hypotheses` 向量，創造出概度比的向量：

```
priors <- ifelse(hypotheses >= 0.2 & hypotheses <= 0.3, 1/1000,1)
```

然後我們可以再次用 `plot()` 來呈現事前勝率的分布：

```
plot(hypotheses,priors,type='l')
```

圖 19-2 呈現出我們的事前勝率分布。

因為 R 語言是一個以向量為基礎的語言（詳見附錄 A），我們只要將 priors 與 bfs 相乘，就能得到一個 posteriors 的新向量，代表我們的貝氏因子：

```
posteriors  <- priors*bfs
```

最後，根據所有的假設繪製出一個事後勝率的圖表：

```
plot(hypotheses,posteriors,type='l')
```

圖 19-3 展現了這個圖形。

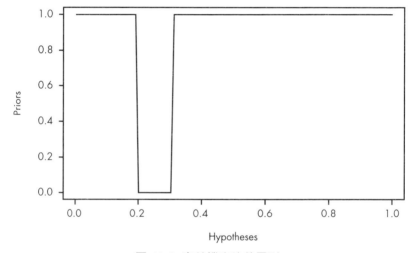

圖 19-2　事前機率比的圖形

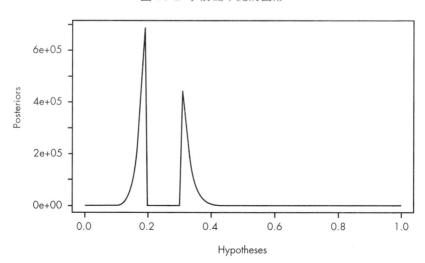

圖 19-3　繪製貝氏因子的分布圖

如你所見，我們對可能信念得到的分布感到非常奇怪，我們的合理信心落在 0.15 ～ 0.2 之間，和 0.3 ～ 0.35 之間，但卻在 0.2 ～ 0.3 之間有個極不可能的斷層。不過，根據我們習得的這個小鴨遊戲製造過程，這個分布就是一個誠實展現每個假設其信念強度的圖。

雖然這個圖像很有幫助，我們真的希望能將這個資料視為真實的機率分布。這樣一來，我們就能問一些問題，確認我們對可能假設的這些範圍有多信任，並計算我們分布的期望值，藉此得到我們究竟相信哪個假設的單一估計值。

建立機率分布

一個真正的機率分布其所有可能信念的總和必須為 1。握有機率分布就能讓我們計算自身資料的期望值（或平均值）並藉此對真實的中獎機率做出更好的預估。這會讓我們簡單得到數值範圍的總和，於是我們就可以得到信賴區間和其他相似的估計值。

問題是如果我們將所有假設的事後勝率相加，並不會等於 1，如下列計算所示：

```
> sum(posteriors)
3.140687510^{6}
```

這表示需要將事後勝率正規化，才能得到總和 1 這個結果。我們只需要將 posteriors 向量中每個數值除以數值總和，就能達成這個結果：

```
p.posteriors <- posteriors/sum(posteriors)
```

現在，p.posteriors 的所有值相加會是 1：

```
> sum(p.posteriors)
1
```

最後，繪製出這個新的 p.posteriors：

```
plot(hypotheses,p.posteriors,type='l')
```

圖 19-4 展示出了這個圖形。

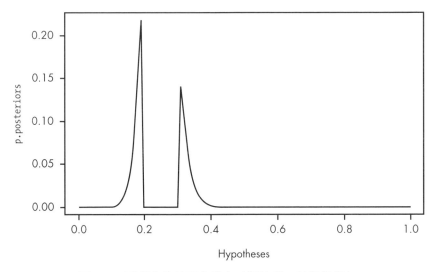

圖 19-4　正規化後的事後勝率（請注意 y 軸的規模）

我們也能用 p.posteriors 來解出一些對資料可能有的常見問題。舉例來說，我們可以計算中獎機率其實比攤商主張的還低的機率。只要將所有小於 0.5 的機率相加：

```
sum(p.posteriors[which(hypotheses < 0.5)])
> 0.9999995
```

根據計算結果，中獎機率小於攤商假設的機率近乎於 1，這就表示我們幾乎可以肯定這個攤商所稱的中獎機率其實是誇大其辭。

我們也可以計算自身分布的期望值，並用這個結果作為我們對真實機率的估計值。回想一下，期望值其實就只是各個估計值以各自機率加權後的總和：

```
> sum(p.posteriors*hypotheses)
0.2402704
```

當然了，我們能看出自己的分布中間那一個大斷層其實有點不尋常，所以我們或許該單純選擇最有可能的估計，如下：

```
hypotheses[which.max(p.posteriors)]
0.19
```

現在經由貝氏因子，我們已經為小鴨遊戲的真實中獎率的估計出機率的值域，這也表示我們已經將貝氏因子用作為一種參數估計的形式了！

從貝氏因子到參數估計

讓我們再花點時間，單獨看看概度比。在我們還沒有對任何假設使用事前機率時，你可能已察覺到，這個問題其實已經有一個完美的解法，而這個方法並不必用上貝氏因子。我們觀察到了 24 隻有獎品的鴨子和 76 隻沒有獎品的鴨子，我們難道不能就用老方法，也就是貝他分布來解決這個問題嗎？如第五章討論過很多次的，如果我們想要估計出某個事件的比率，那麼貝他分布永遠是個可行的方法。圖 19-5 呈現出了 α 為 24 且 β 為 76 的貝他分布。

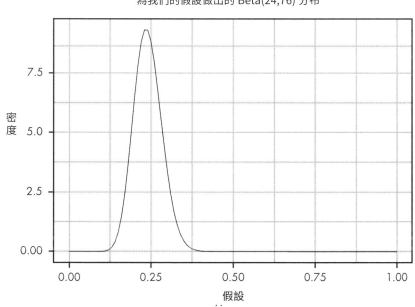

為我們的假設做出的 Beta(24,76) 分布

圖 19-5 α 為 24 且 β 為 76 的貝他分布

除了 y 軸的規模外，這個圖形看起來跟原本的概度比根本一模一樣！
實際上，若是用點小把戲，就能將這兩個圖形完美重合。如果我們改
變這個貝他分布的規模，用 dx 來改變大小，並將 bfs 正規化，我發
現這兩個分布變得相當接近（圖 19-6）。

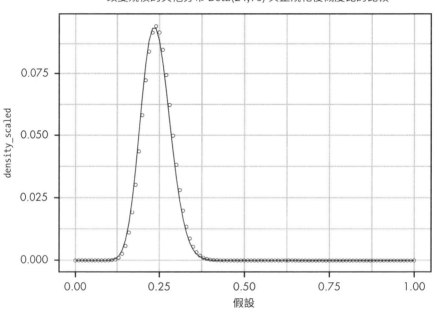

改變規模的貝他分布 Beta(24,76) 與正規化後概度比的比較

圖 19-6　由概度比建立出的初始分布與 Beta(24,76) 非常接近

他們的差距看來微乎其微。我們可以套用最弱的事前機率，代表中獎
和沒中獎的可能性一模一樣，也就是對我們的 α 參數和 β 參數都加上
1，如圖 19-7 所示。

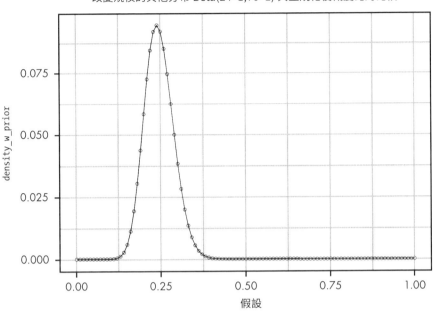

圖 19-7　我們的概度比與 Beta(24+1,76+1) 的分布完全重合

現在我們能看到，兩個分布一點不差的重疊了。在第五章，我們提過，從機率的基本規則中很難導出貝他分布，然而，只要用上貝氏因子，我們就能憑藉經驗，重建一個假定事前機率分布為 Beta(1,1) 的修正版本。我們不靠任何花俏的數學就做到了！只要這樣做：

1. 根據假設，定義證據的出現機率。

2. 將所有可能假設納入考量。

3. 將所有數值正規化，製造一個機率分布。

在本書中，我們每次使用貝他分布，都會用上一個符合貝他分布的事前機率。這麼做能讓數學計算變得簡單一些，因為這樣我們就能將事前貝他分布與概度中的 α 參數及 β 參數結合，並得到事後分布。也就是說：

$$\mathrm{Beta}\left(\alpha_{事後}, \beta_{事後}\right) = \mathrm{Beta}\left(\alpha_{事前} \mid \alpha_{概度}, \beta_{事前} \mid \beta_{概度}\right)$$

藉由用貝氏因子來建立分布，我們就能輕易使用一項獨特事前分布。貝氏因子不只是建立假設測試的好工具，它也是我們為解決問題而建立機率分布時，唯一的需求，且無論在假設測試或是參數估計中都適用。只要能定義兩個假設間的基本比較，我們就準備好了。

當我們在第十五章建立 A/B 假設時，找到了能將多個假設測試降為一個參數估計問題的方法；現在你也看到了要如何將最普遍的假設測試用在執行參數估計上。根據這兩個相關見解，我們基本上沒有僅用最基本的機率規則解不出的機率問題。

總結

現在，這場貝氏統計的旅程已經結束了，是時候來好好回顧這一路上的美麗風景了。從機率的基本規則，我們能導出貝氏定理，而這讓我們能將證據轉變為表達信念強度的敘述。從貝氏定理，我們導出了貝氏因子，這個工具能比較兩個假設對觀測資料解釋的好壞。

利用貝氏因子，我們能為建立未知數的參數估計，也就是利用各個估計之間的比較，讓我們輪流執行無數個其他的假設。而要解鎖這些能力，我們從頭到尾，只需要用機率的基本通則來定義我們的概度 $P(D \mid H)$ 就行了！

習題

試著回答下列問題,看看你是否真的理解要如何用貝氏因子和事後勝率來做參數估計。

1. 我們的貝氏因子假定目前狀況是 H_1: $P($ 中獎 $) = 0.5$,這讓我們可以導出一個貝他分布的其中一個版本,其 α 為 1,β 也是 1。如果我們為 H_1 選擇一個不同的機率,會有什麼改變嗎?假定 H_1: $P($ 中獎 $) = 0.24$,那麼再看看現在得到的分布狀態,一旦正規化至總和為 1,這與原始假設會差別嗎?

2. 為這個分布寫出一個事前勝率,其每個假設都比前一假設的可能性高上 1.05 倍(假定我們的 dx 保持不變。)

3. 若你觀察到另外一場小鴨遊戲,其中有 34 隻鴨子有獎,另外 66 隻則沒有,你會如何設立測試,以回答問題:「比起我們之前做為範例的那一場遊戲,你在這場遊戲的中獎機率會比較高的概率是多少?」進行這個測試,要用上比之前出現過的 R 語言還精密的計算,不過我們就看看你是否能自己學會這一點,為你的進階貝氏統計之旅整備行囊,準備出發!

A

R 語言快速入門

本書使用 R 語言來處理一些棘手的數學問題。R 語言是專門用來處理數據和資料科學的程式語言,如果你沒學過 R 語言,或是根本沒接觸過任何程式語言,不用擔心,這個單元會從頭開始教起。

R 語言和 RStudio

要執行本書的範例程式碼，必須用到 R 語言。請參訪下列網站，跟隨指示，安裝適合自己作業系統的版本。

https://cran.rstudio.com/

安裝 R 語言之後，你還需要安裝對應的軟體 RStudio，這是一個整合開發環境，能讓 R 語言的專案運行無阻。請到下述網站下載並安裝此軟體。

www.rstudio.com/products/rstudio/

當你打開 RStudio，首先應該會看到幾個面板（詳見圖 A-1）。

圖 A-1　RStudio 的控制台

最重要的是中間那個大面板，稱為**控制台**。在控制台中，輸入本書出現的任何程式碼，按下 ENTER 就能執行。控制台能立即處理輸入的程式碼，但這樣的即時性也讓你難以追蹤自己目前寫過的程式碼。

要寫出一個能儲存並回頭查看的程式，你必須將程式碼放在 R 腳本（R script），這是一個你可以匯入控制台的文字檔。R 語言是一個互動性很高的程式語言，所以與其想著要在控制台上測試程式碼，不如記得 R 腳本是一個你能將所需工具快速匯入控制台的方式。

建立 R 腳本

要建立一個 R 腳本，請在 RStudio 中開啟 **File>NewFile>R Script**，就可以在左上方建立出一個新的空白面板（參見圖 A-2）。

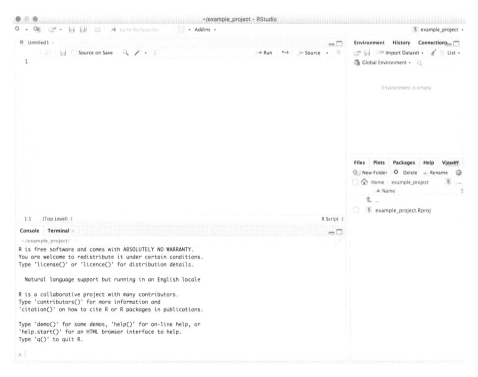

圖 A-2 建立 R 腳本

在這個面板中，你可以輸入程式碼，並將之儲存成一個文件。只需要按下面版右上方的 **Source** 就能執行一整段程式碼，或按下 **Run** 來執行單行程式碼。Source 按鍵會自動將你的整份文件匯入控制台，就跟你自己在控制台輸入的沒什麼兩樣。

R 語言的基本概念

本書會把 R 語言當作計算機使用。你只需要具備一些基礎，就能解決這些問題，並能自行延伸至書中的其他例子。

資料類型

所有的程式語言都有不同的資料類型。對不同的目的，你能套用不同類型，並用不同方式調處。R 語言有著非常豐富的資料種類和結構，但本書中只會用上其中一小部分。

Double（倍精準度浮點數）

我們在 R 語言中用到的數字都會是 *double* 類型，全文是倍精準度浮點數（double-precision floating-point），這是一種在電腦上最常用來呈現十進數的方式。double 類型是表述十進數的預設值，除非另有說明，否則你在控制台輸入的所有數字都會是 double 類型。

我們能用標準數學方法處理 double 類型。舉例來說，我們可以用 +這個運算子將兩個數相加，在控制台中執行：

```
> 5 + 2
[1] 7
```

也可以用運算子 / 來做十進數的除法：

```
> 5/2
[1] 2.5
```

還可以用運算子 * 來將數值相乘，如下：

```
> 5 * 2
[1] 10
```

並用運算子 ^ 得到指數數值。舉例來說，5^2 就是：

```
> 5^2
[1] 25
```

我們也可以在某數前方加上 - 使其變成負數：

```
> 5 - -2
[1] 7
```

也能用上科學記符 e+。所以 5×10^2 會是：

```
> 5e+2
[1] 500
```

如果我們用 e-，會得到跟 5×10^{-2} 一樣的結果：

```
> 5e-2
[1] 0.05
```

了解這點會很有幫助，因為 R 語言如果遇到執行的結果太長，無法完整顯示時，就會使用科學記號，比如：

```
> 5*10^20
[1] 5e+20
```

字串（Strings）

另一個 R 語言中重要的類型是 *string*，這只是表述文字的一組字元。在 R 語言中，我們將一個字串用引號環繞：

```
> "hello"
[1] "hello"
```

請注意，如果你在一個 string 內放入一個數，就不能用一般的數字運算來處理此數，因為 string 和數字是處於不同的類型。舉例來說：

```
> "2" + 2
Error in "2" + 2 : non-numeric argument to binary operator
```

本書不會用到太多字串，主要只是用來將引數傳遞至函數，並為圖表加上標籤。但如果你會處理到文字的話，字串就很重要了。

邏輯（Logicals）

Logical 或 *binary* 這兩個類型的真假值都由程式碼 TRUE 和 FALSE 表述。要注意的是，TRUE 和 FALSE 都不是字串，他們並沒有被引號環繞，且全都是大寫（在 R 語言中，你也可以直接用 T 和 F 來取代全名）。

我們可以將邏輯型式用符號 &（且）和 |（或）相結合，以執行基本的邏輯運算。舉例來說，如果我們想要知道事情是否有可能同時**亦真亦假**，可以輸入：

```
> TRUE & FALSE
```

而 R 語言會回傳：

```
[1] FALSE
```

告訴了我們一個值是不可能同時既真又假。

但如果是真**或**假呢？

```
TRUE | FALSE
[1] TRUE
```

就跟字串一樣，本書的邏輯數值主要都會用在將引數傳遞給要使用的函數，或是做為比較兩個不同數值的結果。

遺漏值（Missing Values）

在實際數據和資料科學中，資料通常會漏掉某些值。舉例來說，若你手上有某個月每天早上和下午的溫度資料，但有天不知道哪裡發生故障，因此遺漏了早上的溫度數據。因為遺漏值這件事真的太普遍了，所以 R 語言有一個表述它們的特殊方法：用值 NA 代替。

有個能用來表示遺漏值的方式是很重要的，因為在不同的上下文中，它們有著非常不同的意義。舉例來說，當你在測量降雨量時，一個遺漏值可能代表雨量計中完全沒有雨水，或是其實本來水量很高，只是那晚的氣溫實在太低，造成雨量計破裂，導致雨水都流光了。在第一個例子中，我們可能會認為遺漏值是 0，但在後者案例中，此值為何就不得而知了。將遺漏值排除在其他數值之外，就會強迫我們考慮這些差異。

每當我們試著要使用一個遺漏值時，R 語言就會對任何使用遺漏值的運算子輸出 NA，促使我們對遺漏值做出合理解釋：

```
> NA + 2
[1] NA
```

我們很快就會看到，R 語言中的各種函數處理遺漏值的方法也不相同，但對本書中出現的 R 語言遺漏值，你不必太過擔心。

向量

幾乎每一種程式語言都包含了某種特徵，讓它對自己領域內的問題有一個既獨特，又特別合適的解決方式。R 語言的特徵就是它的向量語言。一個向量就是一列數值，而 R 語言做的就是在向量上執行運算。我們用程式碼 c(...) 來定義向量（就算我們只放進一個數值，R 語言還是會把它算出來！）。

要了解向量是怎麼運作的，我們先來看一個範例。將下面這個例子輸入腳本（而非控制台），我們首先要建立要一個新的向量，藉由用指定運算子 <-，指派新的變數 x 到向量 c(1,2,3)，如下所示：

```
x <- c(1,2,3)
```

現在我們有了一個向量，可以將之用在我們的計算上。當我們執行一個簡單運算時，好比將 3 加到 x，並在控制台輸入後，我們會得到一個意外的結果（尤其是如果你比較習慣用其他程式語言的話）：

```
> x + 3
[1] 4 5 6
```

x + 3 的這個結果說明的是，如果我們將 x 向量上的所有值都加上 3 會發生什麼事（在其他的程式語言中，也許需要用 for 迴圈之類的方式來進行運算）。

我們也可以將向量相加。接下來會建立一個新的向量，其中包含三個元素，每一個元素的數值都是 2。我們將這個向量命名為 y，然後將 y 加入 x：

```
> y <- c(2,2,2)
> x + y
[1] 3 4 5
```

如你所見，這次運算將 x 中的每個元素都與其在 y 中的對應元素相加。

如果我們將兩個向量相乘呢？

```
> x * y
[1] 2 4 6
```

我們將 x 中的每一個值都與其在 y 中對應的值相乘，如果這些列表的大小都不相同，或為相同大小的倍數項，就會得到錯誤通知。如果一個向量是同尺寸向量的倍數，那麼 R 語言就只會不斷將小的向量套到大的那個身上而已。然而，我們不會在本書中運用這個特徵。

根據已知向量定義另一個向量，就能相當輕鬆地將 R 語言的向量結合。這裡要將 x 與 y 結合並建立出 z：

```
> z <- c(x,y)
> z
[1] 1 2 3 2 2 2
```

值得注意的是，這個運算給予我們的不是多個向量中的一個向量，而是一個包含兩者數值的單一向量。這是根據你在定義 z 時，對 x 與 y 下的命令所呈現的結果。

學習如何在 R 語言中有效運用向量，對新手來說可能會有點難度，但諷刺的是，這對使用非向量基礎程式語言的工程師來說才是最難的。不過，你不用擔心，本書會用向量來讓讀取程式碼這件事簡單一些。

函數

函數是對某數值執行特定運算的一段程式碼，在 R 語言中，我們會利用它們來解決問題。

在 R 語言和 RStudio 中，所有函數都有說明文件。如果你在 R 語言的控制台中輸入 ?，後面接著一個函數名稱，就會得到該函數的完整文件。舉例來說，如果你在 RStudio 控制台中輸入 ?sum，就會在螢幕右下角看到如圖 A-3 那樣的文件面板。

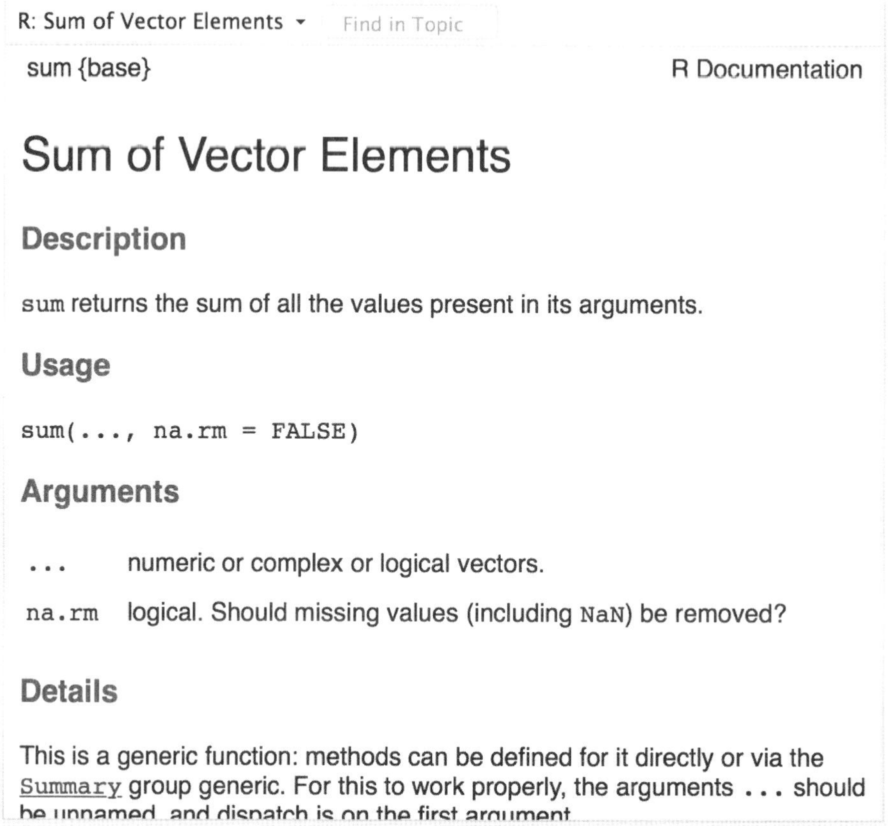

R: Sum of Vector Elements ▾   Find in Topic

sum {base}   R Documentation

Sum of Vector Elements

Description

sum returns the sum of all the values present in its arguments.

Usage

```
sum(..., na.rm = FALSE)
```

Arguments

...   numeric or complex or logical vectors.

na.rm   logical. Should missing values (including NaN) be removed?

Details

This is a generic function: methods can be defined for it directly or via the Summary group generic. For this to work properly, the arguments ... should be unnamed, and dispatch is on the first argument.

圖 A-3 查看 sum 函數的說明文件

這個文件提供了一些關於 sum 函數的定義與用法，sum 函數的功能是取一個向量的所有值並將它們全部相加。文件中說它也將 ... 視為引數，也就表示它能接受的數值數量沒有限制。通常這些數值會在一個向量中，但它們也有可能落在數個向量內。

文件中也列出了一個任選引數：na.rm = FALSE。任選引數就是那些不用傳送至函數就能運作的引數。如果你不將任選引數傳送進去，R 語言就會使用引數的預設值。在 na.rm 自動移除任何遺漏值的例子中，等號後方的預設值就是 FALSE。這就表示，預設 sum() 不會移除任何遺漏值。

基本函數

以下是一些 R 語言中最重要的函數。

length() 和 nchar() 函數

length() 函數會回傳向量的長度：

```
> length(c(1,2,3))
[1] 3
```

由於這個向量中有 3 個元素，因此 length() 函數的回傳結果為 3。

因為 R 語言中的所有東西都是一個向量，所以你可以用 length() 函數來找到任何東西的長度，即便是字串也行。用 "doggies" 這個字來舉例：

```
> length("doggies")
[1] 1
```

R 語言告訴我們 "doggies" 是包含一個字串的一個向量。

現在，如果我們有兩個字串："doggies" 和 "cats"，會得到：

```
> length(c("doggies","cats"))
[1] 2
```

要找出一個字串中的字元數，我們會用 nchar() 這個函數：

```
> nchar("doggies")
[1] 7
```

要注意的是，如果我們在 c("doggies","cats") 向量上用 nchar() 函數，R 語言會回傳一個新的向量，其中含有每個字串的個別字元。

```
> nchar(c("doggies","cats"))
[1] 7 4
```

Theum(), cumsum(), and diff() 函數

sum() 函數的作用是取一個向量中所有的數並全部相加：

```
> sum(c(1,1,1,1,1))
[1] 5
```

如我們在前一個段落中的文件看到的，sum() 會將 ... 視為它的引數，也就表示它可以接受的數值數量沒有限制：

```
> sum(2,3,1)
[1] 6
> sum(c(2,3),1)
[1] 6
> sum(c(2,3,1))
[1] 6
```

如你所見，無論我們提供了多少向量，即使它們原本都是單一向量中的整數，sum() 都會將它們相加。如果你想要取多個向量的總和，你得分別在每個向量上呼叫 sum()。

別忘了，sum() 函數取的任選引數 na.rm 其預設值為 FALSE。也就是 na.rm 引數會裁定 sum() 是否有移除 NA 值。

如果我們將 na.rm 設為 FALSE，當我們試著在向量上用 sum() 來處理遺漏值時，會變成這樣：

```
> sum(c(1,NA,3))
[1] NA
```

如我們在 NA 剛出場時看到的，在 NA 值加上另一個值還是會得到 NA。如果我們希望 R 語言給出一個數，我們能設置 na.rm = TRUE，告訴 sum() 去移除 NA 值：

```
> sum(c(1,NA,3),na.rm = TRUE)
[1] 4
```

cumsum() 函數的作用是取一向量，並計算其*累積和*，也就是一個有同樣長度的向量。這是因為數列中的每一個數都被等於及小於此數的累積和所取代。為了讓這段話更清楚，下面是程式碼的範例：

```
> cumsum(c(1,1,1,1,1))
[1] 1 2 3 4 5
> cumsum(c(2,10,20))
[1] 2 12 32
```

diff() 這個函數則是取一向量，然後在向量中，將數列的每個後項減去前項：

```
> diff(c(1,2,3,4,5))
[1] 1 1 1 1
> diff(c(2,10,3))
[1]  8 -7
```

請注意，diff() 這個函數的結果包含的元素比我們原本的向量少了一個，這是因為在向量中，沒有任何數能被第一個值減去。

運算子：和 seq() 函數

通常，比起手動將向量中的每一個元素列出，我們偏好自動生成向量。要自動建立某個範圍內的一個整數向量，我們可以用：這個運算子來將此範圍的頭尾分開。R 語言甚至能找出你是想要向上計數還是向下計數（環繞這個運算子的 c() 則非絕對必要）：

```
> c(1:5)
[1] 1 2 3 4 5

> c(5:1)
[1] 5 4 3 2 1
```

當你用：這個運算子，R 語言會自動從第一個值計數至最後一個。

有些時候我們會想要用 1 以外的增量值來計數，這時候 seq() 函數就是能讓我們能用特定增幅，建立一個值序列組其許多向量的方法。依照順序，seq() 的引數為：

1. 該序列的頭

2. 該序列的尾

3. 序列的增幅值

下面是一些用上 seq() 的例子：

```
> seq(1,1.1,0.05)
[1] 1.00 1.05 1.10

> seq(0,15,5)
[1]  0  5 10 15

> seq(1,2,0.3)
[1] 1.0 1.3 1.6 1.9
```

如果我們想要用 seq() 來向下計數到某個特定數值，我們會用負值來作為我們的增幅，如下：

```
> seq(10,5,-1)
[1] 10  9  8  7  6  5
```

ifelse() 函數

ifelse() 這個函數告訴 R 語言，在某些情況下，要在兩個指令中挑選一個。如果你慣用的是在其他語言中，常見的 if... else 這個控制結構，此函數可能會有點讓你摸不著頭緒。在 R 語言中，這個函數需要下列三個引數，依序排列為：

1. 一個表達某向量的值可能為真或假的敘述

2. 若敘述為真會如何

3. 若敘述為假又會如何

這個 `ifelse()` 函數會直接對整個向量做運算，當它碰到數個只有單一數值的向量時，過程看起來相當直覺：

```
> ifelse(2 < 3,"small","too big")
[1] "small"
```

這是一個 2 小於 3 的敘述，且我們要求 R 語言在敘述為真時輸出 "small"，在敘述為假時輸出 "too big"。

假定我們有一個向量 x，其包含數個值：

```
> x <- c(1,2,3)
```

這個 `ifelse()` 函數會為向量中的每一個元素回傳一個值：

```
> ifelse(x < 3,"small","too big")
[1] "small"   "small"   "too big"
```

我們也可以再將這些引數中的向量代回 `ifelse()`。假定我們除了這個 x 向量外，還有另一個向量 y：

```
y <- c(2,1,6)
```

我們想要得到一個新的列表，這個列表包含了向量 x 和 y 其所有元素中的最大值，我們能用 `ifelse()` 輕鬆化解：

```
> ifelse(x > y,x,y)
[1] 2 2 6
```

你可以看到 R 語言已經將 x 中的值與其在 y 中相對應的值做出比較，且輸出了兩向量中擁有最大值的那個元素。

隨機抽樣

我們常常用 R 語言對數值進行隨機抽樣，也就是讓電腦來為我們隨機挑選數或值，我們會用這個樣本來模擬一些活動，像是拋硬幣、玩剪刀石頭布，或是在 1 ～ 100 之間挑一個數目。

runif() 函數

對數值隨機抽樣的其中一個方式是採用 runif() 函數，這是「random uniform」，也就是隨機均勻分散的簡寫。這個函數會取一個必要引數 n，並給出在 0 ～ 1 之間的樣本：

```
> runif(5)
[1] 0.8688236 0.1078877 0.6814762 0.9152730 0.8702736
```

我們可以將這個函數與 ifelse() 一起使用，並產生一個出現頻率為 20% 的 A 值。在這個情況下，我們會用 runif(5) 來建立五個在 0 ～ 1 之間的隨機值；如果此值小於 0.2，我們就會回傳「A」，若是其他情況，我們就會回傳「B」：

```
> ifelse(runif(5) < 0.2,"A","B")
[1] "B" "B" "B" "B" "A"
```

由於我們會產生的數字是隨機的，所以每次執行 ifelse() 函數時，都會得到不同的結果。下列是一些可能會出現的結果：

```
> ifelse(runif(5) < 0.2,"A","B")
[1] "B" "B" "B" "B" "B"
> ifelse(runif(5) < 0.2,"A","B")
[1] "A" "A" "B" "B" "B"
```

runif() 函數能取第二任選和第三任選引數，也就是在這個範圍中，均勻抽樣的最大值和最小值。根據預設，此函數只包含介於 0 ～ 1 之間的範圍，但你可以將這個範圍設成你想要的任何樣子：

```
> runif(5,0,2)
[1] 1.4875132 0.9368703 0.4759267 1.8924910 1.6925406
```

rnorm() 函數

我們也能在常態分布中利用 `rnorm()` 函數來抽樣，關於這點，我們會在書中做更深入的討論（常態分布的篇幅位於第十二章）：

```
> rnorm(3)
[1]  0.28352476  0.03482336 -0.20195303
```

如範例所示，`rnorm()` 預設為在平均值為 0 和標準差為 1 的常態分布中抽樣。對不熟悉常態分布的讀者，這表示這些樣本會以 0 為中心，呈現「鐘形」分布，其中大部分的樣本都靠近 0，而極少數會小於 -3 或大於 3。

`rnorm()` 函數有兩個任選引數；`mean` 和 `sd`，能讓你分別設置不同的平均值和標準差：

```
> rnorm(4,mean=2,sd=10)
[1] -12.801407  -9.648737   1.707625  -8.232063
```

統計學上，在常態分布中抽樣的情形比在均勻分布中常見，所以 `rnorm()` 是一個相當好用的函數。

sample() 函數

有些時候，比起一個被研究透徹的分布，我們會想在其他狀況中抽樣。現在假定你有一個抽屜，裡面有各種不同顏色的襪子：

```
socks <- c("red","grey","white","red","black")
```

如果你想要模擬一個隨機抽選任兩只襪子的情形，可以用 R 語言中的 `sample()` 函數，這個函數將取數值的向量及要抽樣的元素量作為引數進行抽樣：

```
> sample(socks,2)
[1] "grey" "red"
```

sample()函數表現的就跟我們自己去抽屜中隨機拿取兩只襪子一樣，而且沒有把任何一只放回去。如果我們抽取五只襪子，就會得到抽屜裡原本有的所有襪子：

```
> sample(socks,5)
[1] "grey"  "red"    "red"    "black" "white"
```

這表示如果我們試著在只有五只襪子的抽屜中拿出六只襪子，就會得到一個錯誤訊息：

```
> sample(socks,6)
Error in sample.int(length(x), size, replace, prob) :
  cannot take a sample larger than the population when 'replace = FALSE'
```

如果我們想要同時抽樣及「放回襪子」，我們可以將任選引數設成 replace 至 TRUE。現在，我們每抽出一只襪子，就同時放一只回抽屜。這讓我們能做出比抽屜中的襪子總數還要多的抽樣，這也表示抽屜中的襪子分布永不改變。

```
> sample(socks,6,replace=TRUE)
[1] "black" "red"    "black" "red"    "black" "black"
```

用這些簡單的抽樣工具，就能用 R 語言執行複雜的模擬，並將你從大量的數學運算中拯救出來。

用 set.seed() 計算可預測的隨機結果

這些 R 語言產生出的「隨機數字」其實並非真的是亂數。不管在哪種程式語言中，亂數都是由一個叫做偽亂數產生器的東西產生的，這會取一個種子值（seed value）並用之建立出對多數目的來說足夠隨機的序列。這個種子值為亂數產生器設定了其初始階段，並決定了哪些數會成為序列中的下一個。在 R 語言中，我們能用 set.seed() 函數來手動設定這個種子值。當我們想要再次得到同樣的隨機結果時，設下種子會是個極有幫助的方法：

```
> set.seed(1337)
> ifelse(runif(5) < 0.2,"A","B")
[1] "B" "B" "A" "B" "B"
> set.seed(1337)
> ifelse(runif(5) < 0.2,"A","B")
[1] "B" "B" "A" "B" "B"
```

如你所見，當我們在 runif() 函數中用兩次同樣的種子時，它會產生同一組理論上是隨機產生的值集。用 runif() 的主要好處是可以重製結果，讓在含有樣本的程式中追蹤錯誤變得容易多了，因為這個結果不會在每次執行程式時都產生變化。

自定函數

有時候，為自己會重複執行的特定運算，寫下自己的函數會很有幫助。在 R 語言中，我們能用關鍵字 function 來定義函數（在程式語言中，關鍵字就是一個為特定用途所保留的一個特殊字）。

這裡有個函數：val，其定義為只取單一引數。這裡它代表了使用者會輸入函數的那個值，然後我們先取其雙倍，再求其立方。

```
double_then_cube <- function(val){
  (val*2)^3
}
```

一旦定義了自己的函數之後，就能像使用 R 語言內建的函數那樣進行運用。下面是 double_then_cube() 函數應用在數字 8 的情況：

```
> double_then_cube(8)
[1] 4096
```

同時，因為我們用來定義函數的一切都被向量化（也就是說所有的值在各個值向量內都有用），我們的函數在數個向量或單一數值上都會合用：

```
> double_then_cube(c(1,2,3))
[1] 8 64 216
```

我們也可以定義出不只取一個引數的函數。這裡將 sum_then_square() 函數定義為將兩個引數先相加再取其平方：

```
sum_then_square <- function(x,y){
  (x+y)^2
}
```

藉由在函數定義中包含 兩個引數 (x,y)，我們告訴了 R 語言這個 sum_then_square() 函數期望輸入兩個引數。現在可以用這個新函數了，如下所示：

```
> sum_then_square(2,3)
[1] 25
> sum_then_square(c(1,2),c(5,3))
[1] 36 25
```

我們也能定義需要數行程式碼的函數。在 R 語言中，當一個函數被呼叫時，它永遠會在函數定義的最後一行回傳計算結果。這表示我們可以將 sum_then_square() 重寫為：

```
sum_then_square <- function(x,y){
  sum_of_args <- x+y
  square_of_result <- sum_of_args^2
  square_of_result
}
```

一般來說，當你撰寫函數時，最好是寫在 R 腳本中，以便儲存再利用。

建立基本圖表

在 R 語言中，我們能輕鬆地快速產出資料圖表。雖然 R 語言有一個很厲害的繪圖套件，叫做 **ggplot2**，裡頭提供了許多能產出漂亮圖表的有用函數，但我們目前只會用到 R 語言的基本繪圖函數，而其實這些函數本身就很夠用了。

要說明如何繪圖，首先建立兩個值向量，也就是 xs 和 ys：

```
> xs <- c(1,2,3,4,5)
> ys <- c(2,3,2,4,6)
```

接下來，用這些向量作為 plot() 函數的引數，做為資料繪製的圖表。這個 plot() 函數需要兩個引數：此圖在 x 軸上各點的數值，以及在 y 軸上各點的數值，依序為：

```
> plot(xs,ys)
```

這個函數應該會在 RStudio 的螢幕左下方產出如圖 A-4 的圖表。

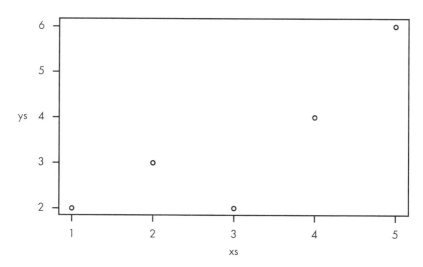

圖 A-4 利用 R 語言 plot() 函數建立出來的簡單圖表

這個圖表展現了我們的 xs 值及其相對應的 ys 值之間的關係。如果回傳這個函數，我們能用任選引數 main 為這個圖表加上標題。我們也可以用 xlab 和 ylab 這兩個引數來改變 x 軸和 y 軸的標籤，如下所示：

```
plot(xs,ys,
     main="example plot",
     xlab="x values",
     ylab="y values"
     )
```

這個新的標籤應該會如圖 A-5 所示：

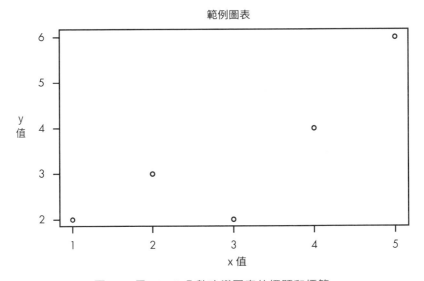

圖 A-5　用 plot() 函數改變圖表的標題和標籤

我們也能用 type 引數來改變圖表的類型。我們產出的第一種圖表叫做點線圖，但如果我們想要畫出一個線繪圖，也就是畫一條連接每個數值的線，我們可以設定 type="l"：

```
plot(xs,ys,
    type="l",
    main="example plot",
    xlab="x values",
    ylab="y values"
    )
```

結果會如圖 A-6 所示。

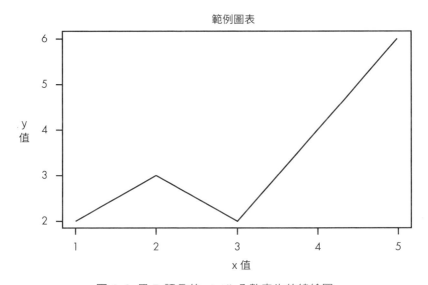

圖 A-6　用 R 語言的 plot() 函數產生的線繪圖

我們也可以雙管齊下！lines() 這個 R 語言函數能將直線加入現存圖表中，而需要用到的引數大多都與 plot() 相同：

```
plot(xs,ys,
    main="example plot",
    xlab="x values",
    ylab="y values"
    ) lines(xs,ys)
```

圖 A-7 呈現了這個函數會產出的圖表。

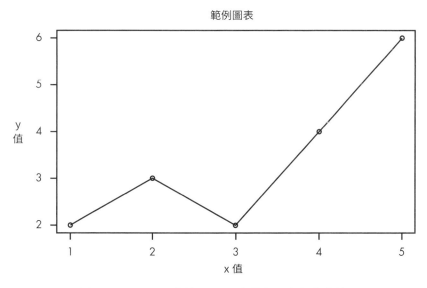

圖 A-7 用 R 語言中的 lines() 為線存圖表加上直線

還有很多能夠運用 R 語言基本圖表的絕妙方式，而且你可利用 **?plot** 取得更豐富的使用說明。但是，如果你想要在 R 語言中建立漂亮的圖表，就要好好研究一下 **ggplot2**（參見 *https:// ggplot2.tidyverse. org/*）。

習題：模擬股票

現在我們將學到的東西全部放在一起，建立一個模擬的股市即時行情看板！人們經常用常態分布中亂數的累積和來建立股價模型。一開始，我們先模擬某段時間的股市走向，先產生 1 ～ 20 的數值序列，然後將每次使用 **seq()** 函數的定量增幅設定為 1。我們會將這個敘述該段時間的向量稱作 **t.vals**。

```
t.vals <- seq(1,20,by=1)
```

現在，t.vals 是一個從 1 至 20，且每數之間以 1 為增幅的序列。接下來，我們要在你每次用 t.vals 產出符合常態分布的數值時，取其累積和並建立一些模擬行情。要這麼做，我們會需要用 rmorm() 在符合 t.vals 長度的數值總量中抽樣；接著我們會用 cumsu() 來計算這個值向量的累積和。這會表述出價格在隨機移動後，概念上會提高還是降低，而相比之下，較不極端的移動會比極端的移動更普遍。

```
price.vals <- cumsum(rnorm(length(t.vals),mean=5,sd=10))
```

最後，我們能將這些數值畫成圖表，看看它們如何呈現！我們會用 plot() 和 lines 這兩個函數，並根據它們的表述將兩軸加上標籤。

```
plot(t.vals,price.vals,
    main="Simulated stock ticker",
    xlab="time",
    ylab="price")
lines(t.vals,price.vals)
```

由 plot() 和 lines 兩個函數產出的圖表應該會如圖 A-8 所示。

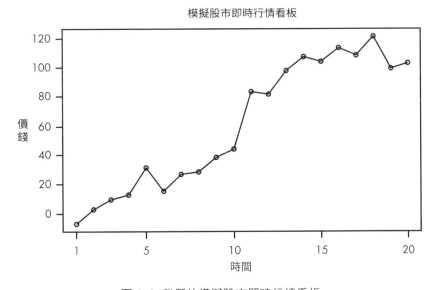

圖 A-8 我們的模擬股市即時行情看板

總結

這個單元中介紹的 R 語言知識應該足以讓你實作本書的範例了。我建議你照著書中章節走，再經由隨意修改程式碼的範例來自學更多內容。如果你想深入研究的話，網路上可以找到很多跟 R 語言相關的文件來參考。

B

剛好夠用的微積分

本書偶爾會用到微積分的概念，當然不是真的要你手動解出這些微積分問題啦！不過，我們的確是需要對微積分有些基本認識，比如說導數和（尤其是）積分。這個單元無意深入探討這些概念，也不會教你要如何解開它們，相反地，這裡提供的只是這些觀念的概述，並告訴你要如何用數學記號來呈現它們。

函數

函數就是一個數學「機器」，用來取值、診斷處理，然後再交回另一個值。這跟函數在 R 語言中（詳見附錄 A）的運作方式非常接近：取一值並回傳結果。舉例來說，在微積分中我們可能有一個叫做 f 的函數，其定義如下：

$$f(x) = x^2$$

在這個例子中，f 取的值為 x，並將之平方。如果我們改將數值 3 代入 f，會得到：

$$f(3) = 9$$

這與你在高中數學會看到的代數有點不同，那時候的算法通常是你有一個數值 y，並有一些包含了 x 的方程式。

$$y = x^2$$

函數會這麼重要的其中原因之一，是它們能讓我們將實際的計算過程變得抽象，也就是讓我們能說出像是 $y = f(x)$ 這樣的敘述；同時，我們只需要將重點放在函數本身的抽象行為，並不用太擔心它的定義，這就是我們會在這個單元中使用的處理方法。

舉例來說，若你正在為五公里馬拉松進行鍛鍊，且用一個智慧手錶來追蹤你的距離、速度、時間，和其他因子。今天你出門跑了半小時，然而智慧手錶故障了，在你這 30 分鐘內，只有以每小時英里數（mph）記錄到你的跑速。圖 B-1 顯示的是你能夠復原的資料。

在這個單元中，我們要將你的跑步速度想成由函數 s 帶著一個引數 t（時速）建立出的數值。函數通常根據所取引數寫成，所以我們這裡會將之寫成 $s(t)$，這會導出一個代表你在時間下的速度值。你可以將這個函數 s 視為一個機器，它取你現在的時間，並在處理過後交回當時的速度。在微積分中，我們通常對 $s(t)$ 有一個特殊定義，好比 $s(t)$ = t^2 + 3t + 2，但我們目前只是在討論一般概念，所以並不用擔心其精確定義為何。

NOTE　綜觀全書，我們會用 R 語言來處理所有需要微積分的地方，所以真正重要的是你能了解這背後的基礎觀念，而不是解開微積分問題的技巧。

單從這個函數看來，我們能學到幾件事。在這次鍛鍊中，你的步伐明顯地並不太穩定，開始的時候曾低至 4.5mph，而結束的時候則高達 8mph。

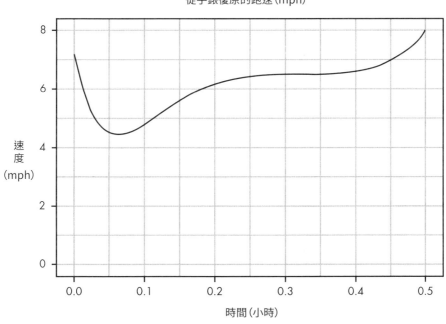

圖 B-1　你跑步時，某個時段的速度。

然而，我們還是有很多你應該會想要得到答案的有趣問題：

• 你跑了多遠？

- 你在哪個時間點減速最多？

- 你在哪個時間點加速最多？

- 你在什麼時候跑速相對穩定？

對最後一個問題，我們能根據這張圖做出一個相當準確的估計；至於其他問題，我們似乎無法就現有資料回答出來。不過，只要用上微積分的力量，我們就能答出所有問題！趕快來看看吧。

判斷你跑了多遠

目前，我們的圖表只顯示你在某一特定時段的跑速，那我們要麼知道你跑了多遠呢？

理論上這聽起來不是什麼難事。舉例來說，假定你穩定地以 5mph 的速度跑完全程，在這個情況下，你用 5mph 的速度跑了 0.5 小時，所以你的總距離為 2.5 英里。直覺上這非常合理，因為你每小時能跑 5 英里，但你只跑了半小時，所以總距離是跑一小時的一半。

但我們還有其他的問題，包含你在跑步的每個時間點幾乎都有不同的速度。我們用另一個角度來看看這個問題。圖 B-2 顯示的是跑速穩定的圖製資料。

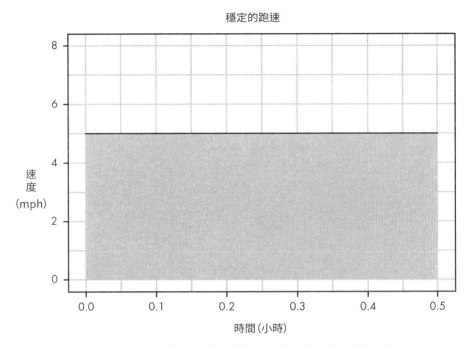

圖 B-2 從這個速度／時間圖展現的面積看出你跑步的距離

你可以看到這個資料建立出了一條直線。如果我們看著直線下方的空間，會看到這個大方塊其實正表現了你跑步的距離！這個方塊高 5 長 0.5，所以其面積為 5×0.5 = 2.5，正是 2.5 英里這個答案！

現在來看簡化過的版本，但在這個問題中有更多種的速度，其中你在 0.0 ～ 0.3 小時之間的跑速為 4.5mph，而 0.3 ～ 0.4 為 6mph，最後用 3mph 跑完餘程。如果我們用方塊（或說是高塔）來看這些結果，如 圖 B-3 所示，我們就能用同樣的方法來解決這個問題。

第一座高塔是 4.5×0.3，第二座是 6×0.1，而第三座是 3×0.1，於 是：

$$4.5 \times 0.3 + 6 \times 0.1 + 3 \times 0.1 = 2.25$$

藉由看看高塔下覆蓋的面積，就能得到你移動的總距離：2.25 英里。

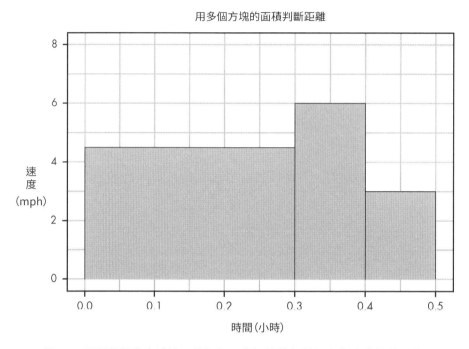

圖 B-3 只要將這些高塔的面積相加，我們就能輕鬆得出你跑步的總距離。

測量曲線下方的面積：積分

現在你已經看到了，我們能用直線下的面積算出移動距離，但不幸的是，我們原始資料中是條曲線，這讓我們的問題變得有一點困難：要怎麼計算曲線下的塔面面積呢？

我們能從想像一些接近該曲線的大型塔座開始。如果我們一開始只畫三座高塔，如圖 B-4 所示，這個估計並不算太差。

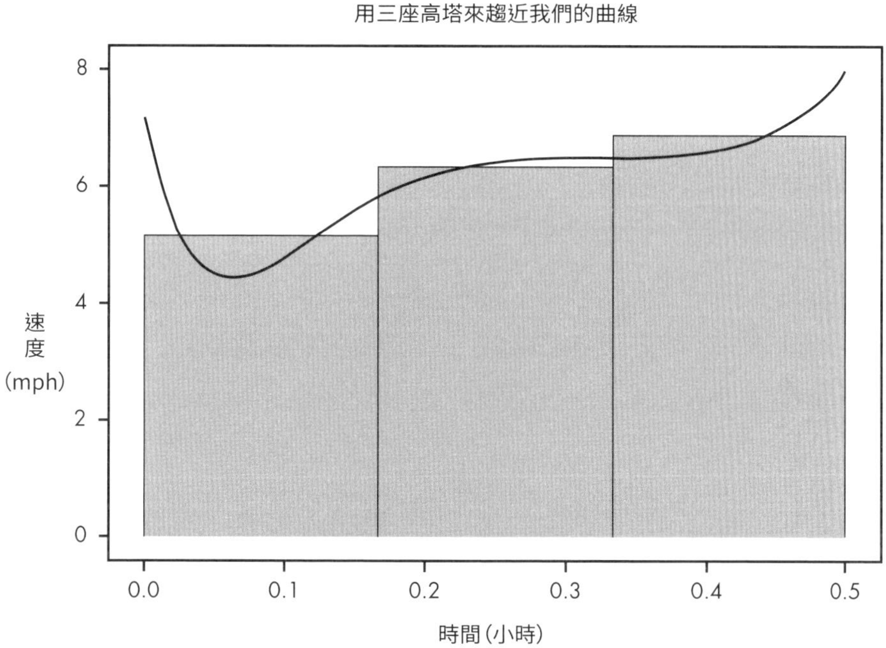

用三座高塔來趨近我們的曲線

圖 B-4 用三座高塔來趨近該曲線

藉由計算每座高塔的面積，我們會得到 3.055 英里這個數值，也就是你跑步總距離的估計值。但我們顯然可以做得更好，只要再放入更多且更小的高塔就行了。如圖 B-5 所示。

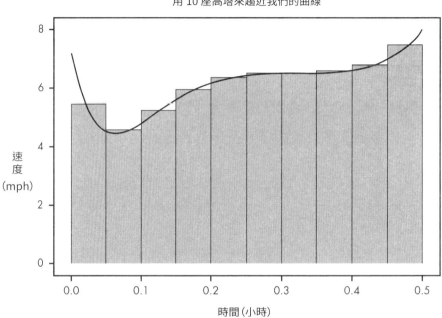

圖 B-5　從 3 座高塔改成 10 座高塔，以更趨近這個曲線。

將這些高塔的面積相加，我們會得到 3.054 英里這個數值，也就是一個更準確的估計值。

如果我們想像永遠不斷進行這個過程，每次都用更多更細的高塔，最後我們就會得到一個曲線下的完整面積，如圖 B-6 所示。

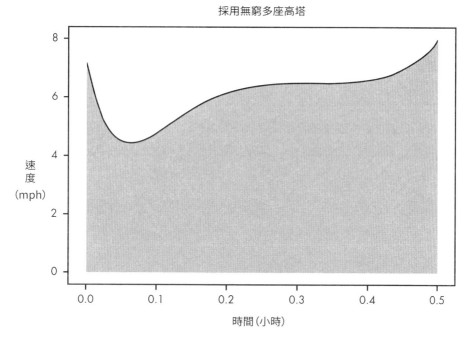

採用無窮多座高塔

圖 B-6 完全捕捉到曲線下所有面積

這就是你在這半小時內跑步距離的準確面積。如果我們能加上無窮多個高塔，會得到 3.053 英里這個數值。這個估計已經非常接近了，且隨著我們用越來越小的塔，這個估計值就會更接近。微積分的威力就是讓我們能計算這個曲線下的**準確**區域面積，或稱為**積分**。在微積分中，我們會將 s(t) 從 0 ～ 0.5 之間的積分用數學記號如下表示：

$$\int_0^{0.5} s(t)\, dt$$

這個 ∫ 就是 S 的花俏寫法而已，代表 s(t) 中的所有高塔的面積總和（或說總額）。其中 dt 這個記號提醒我們正在處理一點變數 t，而 d 則是一個用來指稱這些小塔的數學方式。當然，在這麼點記號下，變數只有 t 一個，所以我們並不容易搞混。同理，本書通常會將 dt 省略（或與其同功能的等價變數），因為這在範例中已經很明顯了。

我們為這個積分設立的最後一個記號，出現在積分的前後，表示我們能找出的不只是整段跑步的距離，也可以只找出其中一段的長度。假定想要知道你在第 0.1 ～ 0.2 小時這個階段跑了多遠，我們會這樣寫：

$$\int_{0.1}^{0.2} s(t)\,dt$$

我們可以在圖 B-7 中看到這個積分。

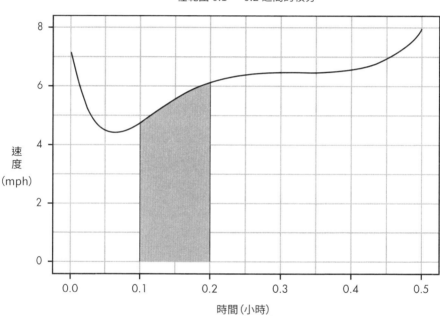

圖 B-7　看看在 0.1 和 0.2 之間的曲線下面積

僅看這個灰階，其面積為 0.556 英里。

我們能將自己手上這個函數的積分視為另一個函數。如果定義一個新函數：dist(T)，其中 T 是我們的「跑步總時數」

$$\text{dist}(T) = \int_{0}^{T} s(t)\,dt$$

藉由這個函數，就能知道你在時間內移動的距離；也能看出我們為什麼想用 dt，這是因為我們已經在積分中套用了小寫的 t 引數，而不是大寫 T 的引數。圖 B-8 繪製出了這個在任意時間點 T 時，你跑步的總距離。

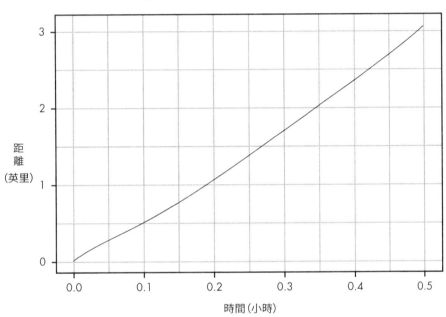

隨時間推移，跑步的距離為速度對時間的積分。

圖 B-8　繪製出從時間對速度的積分轉變為時間對距離的圖

這麼一來，這個積分就已經將我們的函數 s（該時速度）轉變成函數 $dist$（至該時總距離）。如前所示，我們的函數在兩點之間的積分呈現了兩個時間點間的移動距離，我們現在看著的是任一時間 t 與起始時間 0 之間的總距離。

這個積分很重要，因為這讓我們能算出曲線下面積，比起直線，這個運算要難的多。本書會用積分的概念去判斷兩個值域間所有事件的發生機率。

測量變化率：導數

在我們手上只有不同時間的速度這項資料時，你已經看到了我們如何能用積分找出移動距離。但隨著得到不同的速度量測結果，我們可能也會想知道你在不同時間中速度的變化率。當我們談到速度的變化率時，其實就是在討論加速度。在圖表中，我們對變化率有幾個比較感興趣的地方：開始降速時的最高速度、開始加速時的最高速度，以及速度最穩定的時候（也就是說此時的變化率近乎 0）。

就像在積分一樣，最大的挑戰是你的加速度似乎不斷變化。如果我們有一個穩定的變化率，計算加速度就不會那麼困難，如圖 B-9 所示。

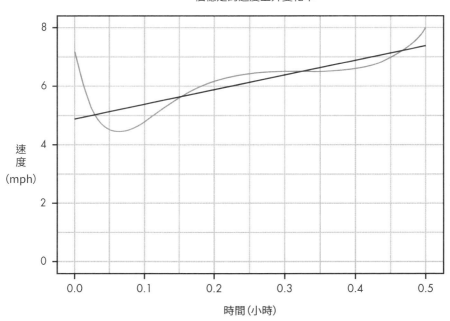

圖 B-9　繪製出一個穩定的變化率（跟我們實際的變化率相比）

你可能記得，在基礎代數中，我們能根據下列公式畫出任何直線：

$$y = mx + b$$

其中 b 是該線與 y 軸交點，而 m 是該線的斜率。這個斜率呈現出了一條直線的變化率。圖 B-9 中直線的完整公式為：

$$y = 5x + 4.8$$

斜率為 5 表示每次 x 值上升 1，y 值就會上升 5；而 4.8 就是這條直線與 x 軸的交點。在這個範例中，我們會將這個公式闡釋為 $s(t) = 5t + 4.8$，表示你的起跑速度為 4.8mph，而每前進一英里，速度就會增加 5mph。由於你已經跑了半英里，所以用這個簡單的公式，我們能算出：

$$s(t) = 5 \times 0.5 + 4.8 = 7.3$$

也就是在你跑完全程時，速度會來到 7.3mph。只要加速度是穩定的，我們就能用同樣的方式判斷出你在任何時間點的精確速度。

對我們的實際資料來說，這是一條曲折的線，所以要判斷單一時間點上的斜率並不是那麼簡單。反之，我們能找出某個線段的斜率。如果我們將資料分小段，就能在每段畫出一條直線，如圖 B-10 所示。

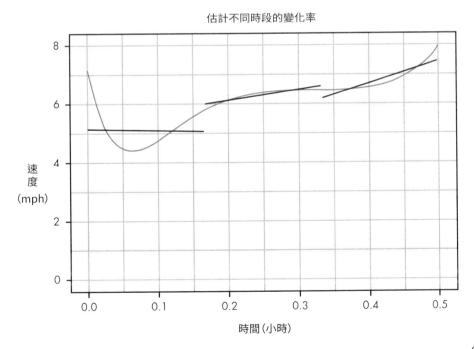

圖 B-10 用多個斜率來對變化率做出更好的估計

現在，很明顯地這些線段與我們曲折線並沒有完全相符，但能讓我們看出你在那些時段的加速最高，減速最多，或相對穩定。

如果我們將函數分成更多段，就會得到更好的估計，如圖 B-11 所示。

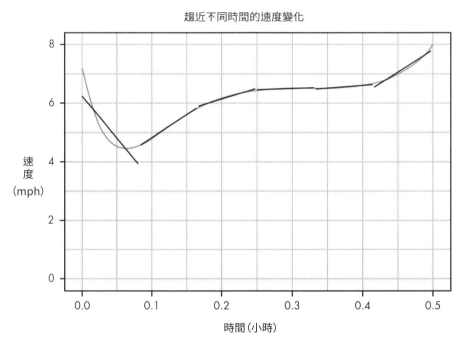

趨近不同時間的速度變化

圖 B-11　增加斜率數量，能我們更趨近這個曲折線。

這裡跟我們找到積分時模式是相同的。在積分中，我們將曲線下面積一直分成更小的高塔，直到我們能加上無窮多個小塔為止；而現在，我們想要將這條線分成無窮多個小線段。最終，與其用單一個來代表我們的斜率，我們會產生一個新的函數，用來表示原始函數中每一點的變化率，這就稱作**導數**，在數學記號中是這樣呈現的：

$$\frac{d}{dx}f(x)$$

dx 再次了提醒我們，正在看的這是引數 *x* 中非常小的一部分。圖 B-12 顯示了我們的 *s(t)* 函數的導數圖形，也讓我們看到在跑步過程中每一個時刻的速度變化率。換句話說，這是一個繪製出你在跑步過程中的加速度圖表。看看 y 軸，你會看到自己在一開始的時候大量減速，然後在大約 0.3 小時的階段有一段 0 加速度期，也就表示你的步調沒有改變（這對跑步鍛鍊來說通常是一件好事！）。我們也能看出你什麼時候的加速度最高。看看原始的圖，我們沒辦法輕易說出你是在 0.1 小時（也就是第一次加速後）還是快結束的時候加速最快，但是有了導數，就能明顯看出結束時的最後那段衝刺的確比一開始時還要快。

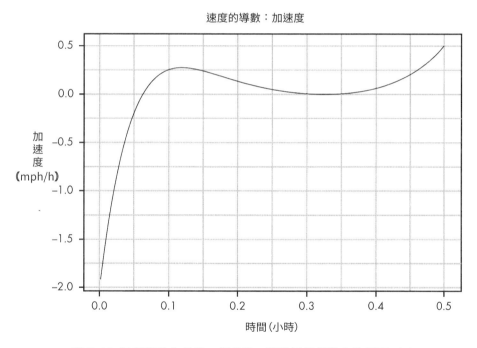

速度的導數：加速度

圖 B-12 這個導數也是另一個函數，其描述每個點上的斜率 *s(x)*。

這個導數的作用就跟直線的斜率一樣，只不過它告訴我們的是曲折線在特定時間點上的斜率為何。

微積分的基本定理

接下來要看最後一個相當了不起的微積分概念。積分和導數間有一個相當有趣的關係（證明這個關係實在超過了本書的範圍，所以這裡只將重點放在這個關係本身）。假定有一個函數 $F(x)$（注意 F 為大寫），這個函數的特別之處在於它的導數是 $f(x)$。舉例來說，dist 函數的導數就是我們的 s 函數；也就是說，你在每個時間點的移動變化就是你的速度，而速度的導數就是加速度。我們能將這點用數學方式描述為：

$$\frac{d}{dx}F(x) = f(x)$$

用微積分的術語來說，因為 f 是 F 的導數，所以我們將 F 稱為 f 的反導函數。以這個例子來說，加速度的反倒函數會是速度，而速度的反導函數會是距離。現在假定 f 為任意值，我們想要取 10 ～ 50 的積分；也就是說我們想算出：

$$\int_{10}^{50} f(x)\,dx$$

用 $F(50)$ 減去 $F(10)$，我們就能輕易算出答案，所以：

$$\int_{10}^{50} f(x)\,dx = F(50) - F(10)$$

這個積分和與導數之間的關係就稱作微積分的基本定理。這是一個相當棒的工具，因為這讓我們能用數學方式解出積分，而這點通常比找出導數還要困難。使用這個基本定理，如果我們能找出目標積分其函數的反導函數，就能輕鬆地運算積分。而解出這一點就是手動計算積分的核心。

一堂完整的微積分課程（或許兩堂）通常會對積分和導數這個主題談的更深入。然而，如前所述，本書只會偶爾用到微積分而已，而且我們會用 R 語言來負責做所有的計算。只不過如果你能對微積分稍微有一點概念，並大概了解那些不熟悉的 ∫ 符號代表了什麼，還是會很有幫助的。

C

習題解答

第一部分：機率入門

第 1 章 貝氏思維與日常推理

題 1-1 用本章學到的數學記號，將下列敘述寫成方程式：

- 下雨的機率為低

- 根據現在是陰天的狀態，下雨的機率相當高

- 根據正在下雨這件事，你現在身上有傘的機率比平常的日子還要高。

答：

$$P(\text{下雨}) = \text{低}$$

$$P(\text{下雨}|\text{陰天}) = \text{高}$$

$$P(\text{帶傘}|\text{下雨}) \gg P(\text{帶傘})$$

題 1-2　用數學記號來整理下列情境中的觀測資料，同時別忘了用上本章提及的技巧，最後，組成一個能解釋資料的假設：

> 下班後，你直接回家，卻發現前門是開著的，窗戶也破了。一走進屋內，你立刻發現自己的筆記型電腦不見了。

答：首先，我們希望用一個變數來描述資料：

$$D = \text{前門開著，窗戶破了，筆電消失}$$

我們的資料呈現出了你到家時發現的三個事實，對這資料的立即反應就是你家遭小偷了！用數學方式來表述：

$$H_1 = \text{遭小偷了！}$$

現在我們能將「根據你家遭小偷的假設，同時看見這三件事的機率」寫成：

$$P(D|H_1)$$

題 1-3　下面這個情境為上一題的情況加入了些資料。闡述這個新的資訊如何改變你的信念，並做出第二個假設來解釋資料，記得用上你在本章學到的數學記號。

> 鄰居家的小孩跑向你，並不斷地為不小心打破你的窗戶而道歉。他們聲稱有看到你的筆記型電腦，由於擔心它會被偷走的，所以打開了前門把它拿走。現在你的筆記型電腦正安全地在他們家中。

答：現在我們對你的觀察結果有了另一個假設：

$H_2 = $ 小孩子意外地打破了你的窗戶並出於安全考量將你的筆電拿走

我們能寫成：

$$P(D|H_2) \gg P(D|H_1)$$

且我們預期：

$$\frac{P(D|H_2)}{P(D|H_1)} = \text{大數}$$

當然，你可能會想，這個小孩既不能信任，又是惡名昭彰的麻煩製造機。這點可能會改變你對他們所做解釋的看法，並做出新假設，認為其實是他們偷了你的東西！繼續閱讀本書，你會學到要如何將這點映入數學算式。

第 2 章　衡量不確定性

題 2-1　擲兩顆六面骰子，得到的點數大於 7 的機率為何？

答：擲兩顆六面骰子有 36 種可能組合（如果我們將 1 和 6 及 6 和 1 視為不同結果）。你可以將這些組合全部列在紙上（或是找到用程式碼輔助的方法，這會快多了）。36 組裡面有 15 組的點數和大於 7，所以你會得到的總點數大於 7 的機率為 15/36。

題 2-2　擲三顆六面骰子，得到的點數大於 7 的機率為何？

答：三顆骰子的可能組合有 216 種，你能將他們寫在紙上，這沒有什麼不行，只是會花上你一段時間。你現在能看出為什麼學一點基礎的程式語言會很有幫助了，因為其中有多種程式（即便是很難的那一些）能用來解決這個問題。舉例來說，我們能用 R 語言中一組簡單的 `for` 迴圈：

```
count <- 0
for(roll1 in c(1:6)){
  for(roll2 in c(1:6)){
    for(roll3 in c(1:6)){
      count <- count + ifelse(roll1+roll2+roll3 > 7,1,0)
    }
  }
}
```

這裡你能看到計數結果為 181，所以擲骰子的結果中，點數和會大於 7 的機率為 181/216。然而，剛剛也說了還有很多方式能計算這一題，其中一個替代方案就是這條單行的（但非常難念！）R 語言程式，這與剛剛那個 for 迴圈的計算方式完全相同：

```
sum(apply(expand.grid(c(1:6),c(1:6),c(1:6)),1,sum) > 7)
```

在學習如何寫程式時，你應該要將重點放在得到正確答案，而不是執著於某一種特定方法。

題 2-3 棒球賽事中，洋基對上了紅襪。你是紅襪隊的超級鐵粉，跟朋友打賭他們一定會贏得比賽。如果紅襪輸了，你願意付他們 **30 塊**，但如果紅襪贏了，就要給你 **5 塊錢**。你根據直覺，指派給紅襪隊的獲勝機率為何？

答：我們能看到你指派給紅襪隊獲勝的賠率為：

$$O\left(紅襪隊獲勝\right) = \frac{30}{5} = 6$$

回想我們那個將賠率轉換成機率的公式，我們能將這個賠率解釋成一個紅襪隊會贏的機率

$$P\left(紅襪隊獲勝\right) = \frac{O\left(紅襪隊獲勝\right)}{1 + O\left(紅襪隊獲勝\right)} = \frac{6}{7}$$

所以，根據你下的賭注，你會說今天紅襪隊獲勝的機率高達 86%！

第 3 章 不確定性的邏輯

題 3-1 擲一顆 20 面的骰子，連續擲出 3 次 20 點的機率為何？

答：擲出 20 點的機率為 1/20，而要判斷連續擲出這個結果三次的機率，我們一定要用上乘積法則：

$$P\left(三個\ 20\ 點\right) = \frac{1}{20} \times \frac{1}{20} \times \frac{2}{10} = \frac{1}{8000}$$

題 3-2 天氣預報表示明天的降雨機率有 **10%**，而你出門時基本上有一半的時間會忘記帶傘，那麼你明天碰上下雨，身邊又沒有傘的機率是多少？

答：我們同樣能用乘積法則來解出這個問題。已知 $P($ 下雨 $) = 0.1$ 且 $P($ 忘記帶傘 $) = 0.5$，那麼：

$$P\left(下雨, 忘記帶傘\right) = P\left(下雨\right) \times P\left(忘記帶傘\right) = 0.05$$

如你所見，你會碰上下雨同時身邊又沒有傘的機率只有 5% 而已。

題 3-3 生蛋含有沙門桿菌的機率為 **1/20,000**，假設你吃了兩顆生蛋，那麼其中一個生蛋有沙門桿菌的機率為何？

答：我們需要用求和定則來解出這題，因為若任一顆蛋含有沙門桿菌，你都會因此生病：

$$P\left(蛋_1\right) + P\left(蛋_2\right) - P\left(蛋_1\right) \times P\left(蛋_2\right)$$

$$= \frac{1}{20000} + \frac{1}{20000} - \frac{1}{20000} \times \frac{1}{20000} = \frac{39999}{400000000}$$

……這樣的結果近乎 1/10,000。

題 3-4 拋 2 枚硬幣都得到正面，或擲 3 顆六面骰子都得到 6 點的機率為何？

答：在這個練習中需要將乘積法則與求和定則併用。首先，我們先分別計算 $P($ 兩個正面 $)$ 和 $P($ 三次 6 點 $)$，利用乘積法則算出個別機率：

$$P\left(\text{兩個正面}\right) = \frac{1}{2} \times \frac{1}{2} = \frac{1}{4}$$

$$P\left(\text{三次 6 點}\right) = \frac{1}{6} \times \frac{1}{6} \times \frac{1}{6} = \frac{1}{216}$$

現在我們需要用求和定則來找出任一事件發生的機率，也就是 $P($ 兩個正面或三次 6 點 $)$：

$$P\left(\text{兩個正面}\right) + P\left(\text{三次 6 點}\right) - P\left(\text{兩個正面}\right) \times P\left(\text{三次 6 點}\right)$$

$$= \frac{1}{4} + \frac{1}{216} - \frac{1}{4} \times \frac{1}{216} = \frac{73}{288}$$

……這樣的結果稍微高過 25%。

第 4 章 建立二項機率分布

題 4-1 我們想知道擲一顆 20 面的骰子 12 次會得到 1 點或 20 點的機率為何。用二項分布來計算，其各個參數為何？

答：我們想找的是在 12 次試驗中發生 1 次的事件，所以 $n = 12$ 且 $k = 1$。我們的骰子有 20 面而我們只在乎其中兩面，所以 $p = 2/20 = 1/10$。

題 4-2　在一疊有 52 張的撲克牌中，總共有 4 張 A。若抽一張牌，放回排堆，洗牌，再抽一張；持續五輪後，總共只抽到 1 張 A 的排列組合有幾種？

答：我們甚至不需要用組合數學就能解出這題了。如果我們將 A 以外的其他值用 x 表示，總共會有 5 種可能結果：

$$Axxxx$$
$$xAxxx$$
$$xxAxx$$
$$xxxAx$$
$$xxxxA$$

我們可以稱之為 $\binom{5}{1}$，它也是 R 語言中的 choose(5,1)。無論用哪種方式，答案都會是 5。

題 4-3　流程與問題 2 相同，但改成抽 10 次牌，其中有 5 次抽到 A 的機率為何（別忘了，每次都要將抽出的牌放回牌堆中洗牌重置）？

答：這與下式相同：

$$B(5; 10, \frac{1}{23})$$

而一如預期，這會是個極低的機率：大約是 1/32,000。

題 4-4　找工作時，若有不只一間公司想僱用你，對工作的協商總是能比較有利。若你在面試時有 1/5 的機率能被錄取，而你一個月有 7 個面試，這個月結束後，至少有兩間公司要僱用你的機率為何？

答：我們能用下列 R 語言來算出這個答案：

```
> pbinom(1,7,1/5,lower.tail = FALSE)
  0.4232832
```

如你所見，如果你去 7 家公司面試的話，會有 42% 的機會得到兩個或更多工作邀約。

題 4-5　你收到了一堆面試通知，最後發現自己下個月有 25 場面試。不過，你知道這樣自己會身心俱疲，且當你感到疲倦，通過面試的機率就會降低。除非你能得到至少兩個具有競爭力的工作機會，否則你真的不想去參加那麼多場面試。你認為自己比較有可能在 25 場面試中至少被 2 間公司錄用，還是會堅持只去其中 7 場？

答：讓我們再多寫一些 R 語言程式碼來解出這題：

```
p.two.or.more.7 <- pbinom(1,7,1/5,lower.tail = FALSE)
p.two.or.more.25 <- pbinom(1,25,1/10,lower.tail = FALSE)
```

即便通過單場面試的機率下降了，但你在 25 場面試中會至少被兩間公司錄取的機率是 73%。然而，只有在這個可能性是原本錄取率的兩倍時，你才願意這麼做。我們在 R 語言中能看到：

```
> p.two.or.more.25/p.two.or.more.7
[1] 1.721765
```

你會至少被兩間公司錄用的機率只有原本的 1.72 倍，所以還是別給自己找麻煩了吧。

第 5 章 貝他分布

題 5-1 你想用貝他分布來判斷自己手上這是不是枚公正硬幣，也就是拋硬幣後得到正面和反面的數量應該要相等。你拋了 **10** 次硬幣，並得到 **4** 次正面和 **6** 次反面。利用貝他分布，試問拋這枚硬幣，得到正面的機率大於 **60%** 的概率是多少？

答：將這題建模為 Beta(4,6)，我們想要算出 0.6 ～ 1 的積分，在 R 語言中的計算過程為：

```
integrate(function(x) dbeta(x,4,6),0.6,1)
```

這告訴了我們，得到正面的機率至少有 60% 這件事會發生的真實概率大約是 10%。

題 5-2 再拋同一枚硬幣 **10** 次，現在總共有 **9** 次正面和 **11** 次反面，根據我們對公正的定義，這是枚公正硬幣的機率為何？應該要多 **5%** 或少 **5%**？

答：這時我們的貝他分布是 Beta(9,11)，但我們想要知道這枚硬幣是否公正，也就是得到正面的機率是 0.5 加減 0.05。這代表我們需要整合這個新的分布中 0.45 至 0.55 的部分，而我們可以用 R 語言的這行程式碼來計算：

```
integrate(function(x) dbeta(x,9,11),0.45,0.55)
```

現在我們會發現，根據得到的新資料，這是枚公正硬幣的機率為 30%。

題 5-3　　提出資料是讓你對結論更有信心的最佳方法。於是你再將這枚硬幣拋 200 次，得到 109 次正面和 111 次反面，試問現在這是枚公正硬幣的機率為何？應該要多 5% 或少 5%？

答：參考前一個問題，這題的答案非常明顯：

```
integrate(function(x) dbeta(x,109,111),0.45,0.55)
```

現在這是枚公正硬幣的機率高達 86% 了。值得注意的是，這裡能增加肯定度的關鍵就是獲得更多資料。

第二部分：貝氏機率和事前機率

第 6 章　條件機率

題 6-1　　利用貝氏定理，判斷某個在 2010 年患有 GBS 的人也有去接種流感疫苗的機率，會需要哪些資料？

答：我們想要找出的是 $P($ 流感疫苗 $|$ GBS$)$ 的結果。運用貝氏定理和我們手上所有的資料：

$$P\big(\text{流感疫苗}|\text{GBS}\big) = \frac{P\big(\text{流感疫苗}\big) \times P\big(\text{流感疫苗}|\text{GBS}\big)}{P(\text{GBS})}$$

在這些資料中，我們唯一不知道的數據是已經接種流感疫苗的機率。或許能在衛生福利部疾病管制署或其他的國家資料庫中查到這項資訊吧。

題 6-2 在全體居民中隨機抽選一人，此人為女性且沒有色盲的機率為何？

答： 已知 $P($ 女性 $) = 0.5$ 且 $P($ 色盲 $|$ 女性 $) = 0.005$，但我們想要知道的是某人是女性但不是色盲的機率，也就是 $1-P($ 色盲 $|$ 女性 $)$ $=0.995$，所以說：

$$P(\text{女性, 不是色盲}) = P(\text{女性}) \times P(\text{不是色盲}|\text{女性}) = 0.5 \times 0.995 = 0.4975$$

題 6-3 在 **2010** 年接種過流感疫苗的男性中，同時患有色盲或 **GBS** 的機率為何？

答： 這個問題乍看之下可能有點複雜，但我們可以將之簡化一些。一開始，我們先算出某人是男性且是色盲的機率，再算出有接種流感疫苗的且患有 GBS 的機率。請注意，我們在這裡走了條捷徑，由於身為男性跟患有 GBS 互為獨立事件（就我們目前所知），且施打流感疫苗不會影響到一個人是否成為色盲，我們能建立出個別機率：

$$P(A) = P(\text{色盲}|\text{男性})$$

$$P(B) = P(\text{GBS}|\text{流感疫苗})$$

因為我們在本章稍早已經做過這些計算了，所以我們知道 $P(A) = 4/1,000$ 且 $P(B) = 3/100,000$。

現在，可以直接用乘積法則來算出：

$$P(A\text{或}B) = P(A) = P(B) - P(A) \times P(B|A)$$

且因為就目前所知，身為色盲的機率跟患有 GBS 的機率完全沒有關係，所以我們知道 $P(B|A) = P(B)$。將我們的數據代入，會得到 $100,747/25,000,000$ 或 0.00403 這個答案，只比某人身為男性同時是色盲的機率高出一點點而已，因為患有 GBS 的機率實在相當低。

第 7 章　樂高中的貝氏定理

題 7-1　堪薩斯城坐落在美國兩個州的交界處：堪薩斯州和密蘇里州。堪薩斯城的大都會區包括了 15 個郡，其中 9 個在密蘇里州，6 個在堪薩斯州。以總數量來說，密蘇里全州有 114 個郡，而堪薩斯有 105 個。利用貝氏定理計算：一位親戚剛搬到堪薩斯城大都會區的其中一個郡，而他搬進去的區域正好位於堪薩斯州的機率。記得寫出 $P($ 堪薩斯州 $)$（假定你的親戚住在堪薩斯州或密蘇里州其中一處）、$P($ 堪薩斯城大都會區 $)$，和 $P($ 堪薩斯城大都會區 | 堪薩斯州 $)$。

答： 堪薩斯城的大都會區中有 15 個郡，其中有 6 個在堪薩斯州，所以在已知某人住在堪薩斯城大都會區的情況下，他家位於堪薩斯州的機率為 6/15，也就是 2/3。然而，這個問題的目的並不只是要得出答案，而是要證明貝氏定理是能用於解題的工具，當我們處理困難的問題時，建立對貝氏定理的信心會很有幫助。

所以，要解出 $P($ 堪薩斯州 | 堪薩斯城 $)$，我們能如下運用貝氏定理：

$$P\Big(堪薩斯州\Big|堪薩斯城\Big) = \frac{P\Big(堪薩斯州\Big|堪薩斯城\Big) \times P\Big(堪薩斯州\Big)}{P\Big(堪薩斯城\Big)}$$

根據資料，我們知道在堪薩斯州的 105 個郡中，有 6 個位於堪薩斯城大都會區：

$$P\Big(堪薩斯城\Big|堪薩斯州\Big) = \frac{6}{105}$$

而密蘇里州和堪薩斯州總共有 219 個郡，其中 105 個位於堪薩斯州：

$$P\Big(堪薩斯州\Big) = \frac{105}{219}$$

在這 219 個郡中，有 15 個位於堪薩斯城的大都會區：

$$P\left(堪薩斯城\right) = \frac{15}{219}$$

將這些數據全部代入貝氏定理，我們會得到：

$$P\left(堪薩斯州\middle|堪薩斯城\right) = \frac{\dfrac{6}{105} \times \dfrac{105}{219}}{\dfrac{15}{219}} = \frac{2}{5}$$

題 7-2 在一疊 52 張的牌堆中，有紅或黑兩種花色。整副牌總共有 4 張 A，兩張紅色，兩張黑色。你將一張紅色的 A 移出後洗牌，而你的朋友抽出了一張黑色的牌，這張牌是 A 的機率是多少？

答：如前一題提過的，我們能輕易看出排堆裡有 26 張黑色的牌且其中有 2 張是 A，所以在抽到的牌是黑色的前提下，這張牌會是 A 的機率是 2/26 或 1/13。不過同樣地，我們想要建立起對貝氏定理的信心，並不要走太多數學捷徑。運用貝氏定理，我們會得到：

$$P\left(A\middle|黑牌\right) = \frac{P\left(黑牌\middle|A\right) \times P(A)}{P\left(黑牌\right)}$$

牌堆中總共有 26 張黑色的牌，抽取一張紅色的 A 之後，現在牌堆中有 51 張牌。如果我們知道手上的牌是 A，這是張黑牌的機率為：

$$P\left(黑牌\middle|A\right) = \frac{2}{3}$$

這個牌堆現在只有 51 張牌，其中只有三張是 A，所以機率為：

$$P(A) = \frac{3}{51}$$

最後，我們知道在剩餘的 51 張牌中，有 26 張是黑色的，所以：

$$P(黑牌) = \frac{26}{51}$$

現在我們已有足夠資訊，能解出這個問題了：

$$P(A|黑牌) = \frac{\frac{2}{3} \times \frac{3}{51}}{\frac{26}{51}} = \frac{1}{13}$$

第 8 章　貝氏定理中的事前機率、概度，和事後機率

題 8-1　如前所述，你可能對指定給概度的原始概率不太滿意：

$$P(窗戶破了, 前門敞開, 筆電不見|遭小偷) = \frac{3}{10}$$

這對我們原本相信 H_1 勝過 H_2 的信心強度有什麼影響？

答： 開始計算前，請先記得：

$$P(窗戶破了, 前門敞開, 筆電不見|遭小偷) = P(D|H_1)$$

要看看這會如何改變我們的信念，需要做的只有在我們的比例中將這部分代換：

$$\frac{P(H_1) \times P(D|H_1)}{P(H_2) \times P(D|H_2)}$$

我們已經知道這個公式的分母為 1/21,900,000 且 $P(H_1) = 1/1,000$，所以只要將我們改變後的信念代入 $P(D|H_1)$，就會得到答案：

$$\frac{\frac{1}{1000} \cdot \frac{3}{100}}{\frac{1}{21900000}} = 657$$

所以當我們相信 $(D|H_1)$ 的可能性降低 10 倍，我們的比例也就小了 10 倍（雖然還是非常有利於 H_1）。

題 8-2 為了使 H_1 和 H_2 的比率一致，H_1 的事前機率，也就是遭小偷的信念，要降至多低才行？

答： 根據上一題的答案，$P(D|H_1)$ 的機率降低 10 倍，也將我們的比例縮小了 10 倍。這一次，我們想要改變 $P(H_1)$，使比例為 1，也就表示我們需要讓它縮小 657 倍：

$$\frac{\frac{1}{1000 \times 657} \times \frac{3}{100}}{\frac{1}{21900000}} = 1$$

所以我們的新 $P(H_1)$ 必須要是 1/657,000，這也是一個對不可能遭小偷這件事的極端信念！

第 9 章 貝氏事前機率與運用機率分布

題 9-1 有位朋友在地上發現了一枚硬幣，他連續拋擲後先得到了 6 次正面，然後是 1 次反面。請建立出描繪出此事件的貝他分布，用積分來算出此硬幣是公正硬幣的機率為何，也就是得到正面的實際比率介於 0.4 ～ 0.6 之間。

答：因為得到了 6 個正面和 1 個反面，所以我們可以用一個 α= 6 且 β = 1 的貝他分布來表述這一題。在 R 語言中，如下式整合資料：

```
> integrate(function(x) dbeta(x,6,1),0.4,0.6)
0.04256 with absolute error < 4.7e-16
```

這枚硬幣只有 4% 的機率是公正的，單看概度，我們會認為這是枚不公正硬幣。

題 9-2　運用貝他分布找出這枚硬幣是公正的事前機率。該貝他分布滿足拋出正面的實際比率在 0.4 ～ 0.6 之間的機率為 95%。

答：任何 α _事前_ = β _事前_ 對我們來說都是「公正的」事前機率，且這些數值越大，事前機率就越強。舉例來說，如果我們用 10，會得到：

```
> prior.val <- 10
> integrate(function(x) dbeta(x,6+prior.val,1+prior.val),0.4,0.6)
0.4996537 with absolute error < 5.5e-15
```

不過當然啦，這是枚公正硬幣的機率只會是 50%。只要用上一點試驗和誤差值，就能找到適合我們的數字。套用 α _事前_ = β _事前_ = 55，我們發現這能建立出符合目標的事前機率：

```
> prior.val <- 55
> integrate(function(x) dbeta(x,6+prior.val,1+prior.val),0.4,0.6)
0.9527469 with absolute error < 1.5e-11
```

題 9-3　現在看看還要得到多少次正面（完全沒得到反面）才能說服合理懷疑這枚硬幣不公正。假定在這樣的情況中，這表示我們對拋出正面的比率介於 0.4 ～ 0.6 的信念低於 0.5。

答：同樣地，我們只要運用試驗和誤差值，不斷嘗試直至找出符合目標的答案，就能解出這題，別忘了我們還在以 Beta(55,55) 作為事前機率。這一次，我們想要看看在加上多少數目，能將硬幣是公正的機率改為接近 50%。我們可以看到，再度得到 5 個正面後，我們的事後機率降至 90%：

```
> more.heads <- 5
> integrate(function(x) dbeta(x,6+prior.val+more.heads,1+prior.
val),0.4,0.6)
0.9046876 with absolute error < 3.2e-11
```

而如果我們再得到 23 次正面，我們會發現這枚硬幣是公正的機率已經差不多是 50% 了。這個習題告訴我們，即便擁有強事前信念，也會被更多的資料攻克。

第三部分：參數估計

第 10 章 取平均值與參數估計

題 10-1　也有這種可能，誤差值沒有照我們預期的那樣完全抵消。在華氏溫標中，98.6 度是人的正常體溫，而 100.4 度則是發燒的警訊。假設你正在照顧一個小孩子，他感覺體溫偏高而且看來有些病態，但你持續測量他的體溫，結果都介於 99.5 ～ 100.0 度之間：偏高，但還不算是發燒，你後來自己測試了幾次，發現結果都介於 97.5 ～ 98 度之間，這個體溫計可能出了什麼問題？

答：看起來這個體溫計可能有些*偏差*，量出的體溫都會比實際狀況低華氏 1 度。如果你為自己的每個結果加上 1 度，量測結果就會介於 98.5 ～ 99 度之間，對一個平均體溫是 98.6 度的人來說，感覺是正確情況。

> **題 10-2**　你的體溫一直以來都很正常,且不覺得自己現在身體有什麼狀況,那麼你會如何修正 100、99.5、99.6,和 100.2 這些量測值,以判斷這個小孩是否發燒了?

答:如果量測結果有偏差,就表示這是個系統性錯誤,也就是說樣本中沒有任何一個溫度在測出來的當下是準確的。要修正我們的原始量測結果,可以為每個溫度加上 1 度。

第 11 章　測量資料的擴散範圍

> **題 11-1**　使用變異數的其中一個好處是差量的平方會造成懲罰性指數。舉出一些例子,解釋在什麼情況下,這會是一項有用的特質。

答:指數懲罰在許多日常情況中都相當有用,其中一個特別明顯的例子就是實際距離。假定有人發明了一個遠距傳輸器,能將你傳送到另一個地點;如果你抵達的時候與目標差距三英尺,那沒關係,三英尺沒什麼問題;但要是 30 英尺的話,可能就會出事。在這個例子中,你就會希望如果你離目標地點越遠,則懲罰就該越嚴峻。

> **題 11-2**　計算下列數值的平均值、變異數,及標準差:1、2、3、4、5、6、7、8、9、10。

答:平均值為 55,變數為 8.25,標準差為 2.87。

第 12 章　常態分布

標準差注意事項

R 語言有一個內建函數 sd,是用來計算樣本標準差,而不是我們在書中討論的那種標準差。樣本標準差的概念是用 *n*-1 取代 *n* 來取平均值,並常用在古典統計學中,根據資料估計總體平均值。在這裡,函數 *my.sd* 計算的是本書提及的標準差:

```
my.sd <- function(val){
    val.mean <- mean(val)
    sqrt(mean((val.mean-val)^2))
}
```

隨著資料越來越多，樣本標準差和真標準差之間的差異會漸漸變得不重要，但對目前這些範例中的小量資料來說，還是會造成細微差距。在第十二章中，我曾用過 *my.sd*，但有時為了方便，我會直接使用預設值 sd。

題 12-1 距離平均值，觀察到 5 或更多標準差或的機率為何？

答：我們可以在一個平均值為 0 且標準差為 1 的常態分布中使用 integrate()，然後我們只需要從 5 開始積分至某個合理大數，比如 100：

```
> integrate(function(x) dnorm(x,mean=0,sd=1),5,100)
2.88167e-07 with absolute error < 5.6e-07
```

題 12-2 任何超過華氏 100.4 度的體溫都被視為發燒狀態。根據下列量測結果，病患發燒的機率有多高？

$$100.0 \cdot 99.8 \cdot 101.0 \cdot 100.5 \cdot 99.7$$

答：我們會先找出資料的平均值和標準差：

```
temp.data <- c(100.0, 99.8, 101.0, 100.5, 99.7)
temp.mean <- mean(temp.data)
temp.sd <- my.sd(temp.data)
```

然後我們就可以用 integrate() 來找出溫度高於 100.4 的機率：

```
> integrate(function(x) dnorm(x,mean=temp.mean,sd=temp.
sd),100.4,200)
0.3402821 with absolute error < 1.1e-08
```

根據這些量測結果，發燒的機率大約有 34%。

題 12-3　　假定在我們在第十一章中，試著要用硬幣落下的時間測量一口井的深度，並得到下列數值：

$$2.5 \text{、} 3 \text{、} 3.5 \text{、} 4 \text{、} 2$$

物體落下的距離可以用下列公式來計算，其距離單位為公尺：

$$距離 = 1/2 \times G \times 時間^2$$

其中 G 為 **9.8m/s/s**（距離除以時間的平方），那麼這口井的深度大於 **500** 公尺的機率是多少？

答：我們首先將時間資料代入 R 語言：

```
time.data <- c(2.5,3,3.5,4,2)
time.data.mean <- mean(time.data)
time.data.sd <- my.sd(time.data)
```

接下來，我們需要找出達到 500 公尺所需的時間，也就是要解出：

$$\frac{1}{2} \times G \times t^2 = 500$$

若 G 是 9.8，我們能得出時間 (t) 大約是 10.10 秒（你也可以在 R 語言中建立函數來計算並手動重複執行，或是在 Wolfram Alpha 這類的網站上查詢解答）。現在我們只要取常態分布中大於 10.1 的積分：

```
> integrate(function(x)
  dnorm(x,mean=time.data.mean,sd=time.data.sd),10.1,200)
2.056582e-24 with absolute error < 4.1e-24
```

這機率基本上等於 0，所以我們可以相當肯定地說，這口井不會有500 公尺深。

題 12-4 這口井其實完全不存在的機率是多少（也就是說其深度為
0 公尺）？你會發現，即便你的觀測結果是那裡有一口井，這個機率
可比你預期的要高。對此，我們能做出兩個解釋；第一，常態分布對
我們的量測結果來說並不是一個好的模型；第二，在為範例編造數值
時，我選擇的是你在現實生活中不太可能會看到的數值。對你來說，
哪一個更有可能？

答：如果我們做同樣的積分，但這次的範圍在 -1 ～ 0 之間，會得到：

```
integrate(function(x)
dnorm(x,mean=time.data.mean,sd=time.data.sd),-1,0)
1.103754e-05 with absolute error < 1.2e-19
```

這個值很小，不過這口井其實不存在的機率仍大於 1/100,000。但你
有看到井啊！不就在眼前嗎！所以，即便機率非常小，還是沒有那麼
接近 0。現在我們應該要質疑模型，還是要質疑資料？身為貝氏家族
的一員，你應該要質疑模型而非資料。舉例來說，股價的移動通常會
在金融危機時有極高的 σ 事件；但是在這個範例中，並沒有什麼理由
來質疑這個常態分布的假定，且實際上，這些都是我為前一章節挑選
出來的原始數字，直到我的編輯指出這些數值似乎有點太過分散。

懷疑的態度是統計分析中最棒的一個美德。在實際生活中，我曾在幾
個場合中被要求用很差的資料來處理狀況；即便模型永遠不可能十全
十美，但確保你能信任手上的資料是很重要的。看看你對這個世界的
假定是否能站穩腳步，如果不行的話，就看看你是否能說服自己，手
上的資料和模型還是值得信任。

第 13 章　參數估計的工具：機率密度函數、累積密度函數和分位數函數

題 13-1　用「用 R 語言來計算機率密度函數」一節中，原本用來描繪機率密度函數的程式碼，畫出累積密度函數和分位數函數。

答：取程式碼，你只需要將累積密度函數的 dbeta() 換成 pbeta()，如下所示：

```
xs <- seq(0.005,0.01,by=0.00001)
plot(xs,pbeta(xs,300,40000-300),type='l',lwd=3,
     ylab="cumulative probability",
     xlab="probability of subscription",
     main="CDF Beta(300,39700)")
```

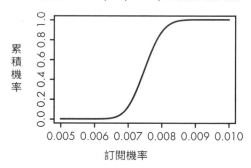

貝他分布 Beta(300,39700) 的累積密度函數

至於分位數，我們需要將 xs 換成實際分位數：

```
xs <- seq(0.001,0.99,by=0.001)
plot(xs,qbeta(xs,300,40000-300),type='l',lwd=3,
     ylab="probability of subscription",
     xlab="quantile",
     main="Quantile of Beta(300,39700)")
```

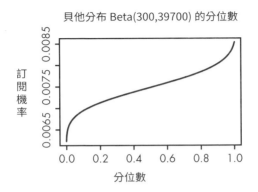

貝他分布 Beta(300,39700) 的分位數

題 13-2 回頭看看第十章中測量積雪深度的那個任務，若你對積雪深度的量測結果如下（單位為英寸）：

7.8、9.4、10.0、7.9"、4.0、7.0、7.1、8.9、7.4

積雪深度真值在 99.9% 的信賴區間為何？

答：我們要先算出這個資料的平均值和標準差：

```
snow.data <- c(7.8, 9.4, 10.0, 7.9, 9.4, 7.0, 7.0, 7.1, 8.9, 7.4)
snow.mean <- mean(snow.data)
snow.sd <- sd(snow.data)
```

然後用 qnorm() 來算出 99.9% 信賴區間的上界和下界。

下界是 qnorm(0.0005,mean=snow.mean,sd=snow.sd)=4.46

上界是 qnorm(0.9995,mean=snow.mean,sd=snow.sd) =11.92

這表示我們非常肯定積雪量不少於 4.46 英寸且不多於 11.92 英寸。

題 13-3 一個小孩挨家挨戶的兜售棒棒糖，目前她已經拜訪過 30 戶並賣出 10 支棒棒糖。接下來還會拜訪 40 戶人家，在 95% 信賴區間中，她還能再賣出多少棒棒糖？

答：首先我們要計算賣一個糖果棒的機率的 95% 信賴區間。我們可以將此建模為貝他分布 Beta(10,20)，並用 qbeta() 來找出這些值：

下界為 qbeta(0.025,10,20) = 0.18

上界為 qbeta(0.975,10,20) = 0.51

因為還剩下 40 戶，所以我們可以期望她會賣出介於 40×0.18 = 7.2 和 40×0.51=20.4 這兩數之間的糖果棒。當然，她只可能賣完整的糖果棒，所以我們可以說自己相當有自信，她會賣出 7 ～ 20 個糖果棒。

第 14 章 用事前機率做參數估計

題 14-1 假定你和朋友玩桌上曲棍球，用丟硬幣來決定誰先開球。在玩了 12 次後，你發現幾乎每次（12 次中有 9 次）都是由那個提供硬幣的朋友開賽。有些朋友開始懷疑這件事了，定義下列信念的事前機率分布：

- 其中一人對你朋友作弊，且拋硬幣得到正面的真實比率接近 70% 這件事僅抱持相當弱的懷疑態度。

- 其中一人強烈相信這是一枚公正硬幣，得到正面的比率為 50%。

- 其中一人強烈認為這枚硬幣絕對有鬼，且得到正面的比率有 70%。

答：挑出這些事前機率會有點主觀，但能與這些信念相呼應的例子：

Beta(7,3) 是一個相當弱的事前機率，代表著相信得到正面的真實比率接近 70% 這個信念。

Beta(1000,1000) 是相信這是一枚公正硬幣的強烈信念

Beta(70,30) 是相信這枚硬幣有 70% 的時間出現正面的強烈信念。

題 14-2　要檢測這枚硬幣，你將之拋擲 **20** 次，並得到 **9** 次正面和 **11** 次反面。利用你在上一題得出的事前機率，在 **95%** 信賴區間中，你對得到正面的真實機率更新後的事後信念為何？

答：現在我們已經有一個更新過的資料集，其中有 32 個觀測結果，其中包含 18 次正面和 14 次反面。運用 R 語言的 qbeta() 及前述問題中出現的事前機率，我們就能為這些不同的信念建立出 95% 信賴區間：

下面我們只會示範 Beta(7,3) 的程式碼，因為其他範例的處理過程皆完全相同。

95% 信賴區間的下界是 qbeta(0.025,18+7,14+3) = 0.445，且上界為 qbeta(0.975,18+7,14+3) = 0.737。

對 Beta(1000,1000) 來說，我們的範圍是 0.479 ～ 0.523。

而 Beta(70,30) 則是 0.5843 ～ 0.744。

所以，如你所見，弱事前機率提供的機率範圍是最廣的，而強烈相信其公正本質的事前機率依舊相當肯定這是枚公正硬幣，另外，數值為 70% 的強事前機率則依然認為硬幣的真實比率會偏向較高的值域。

第四部分：假設測試：統計學的核心

第 15 章　從參數估計到假設測試：建立貝氏 A/B 測試

題 15-1　假定現在有一個擁有多年資歷的行銷總監，告訴你他非常肯定，沒有圖片的那個變量（**B**）其表現不會跟原本的變量有任何差別，你要如何將這個資訊放入我們的模型中？執行這項改變，並看看你最終的結論會有什麼變化。

答：你能用提升事前機率強度來解釋這件事，比如說：

```
prior.alpha <- 300
prior.beta <- 700
```

這將會需要很多證據才能改變我們的想法。要看看這會如何讓我們的結論產生變化，我們可以再次執行這些程式碼：

```
a.samples <- rbeta(n.trials,36+prior.alpha,114+prior.beta)
b.samples <- rbeta(n.trials,50+prior.alpha,100+prior.beta)
p.b_superior <- sum(b.samples > a.samples)/n.trials
```

我們的新 **p.b_superior** 是 0.74，比我們原先的 0.96 要低得多。

題 15-2　首席設計師看到你的計算結果，並堅持沒有圖片的變量 B 怎麼樣都不可能表現得比較好。她覺得你應該要假設變量 B 的轉換率接近 **20%**，而非 **30%**。執行這項解決方案，並再次審核我們的分析結果。

答：用一個事前機率來改變我們的信念是不夠的，我們想要用兩個：一個反映我們對 A 的最初事前機率，另一個反映首席設計師對 B 的信念。而比起用弱事前機率，我們會用稍微強一點的：

```
a.prior.alpha <- 30 a.prior.beta <- 70
```

```
b.prior.alpha <- 20 b.prior.beta <- 80
```

而在我們執行這個模擬時，會需要用到兩個獨立的事前機率：

```
a.samples <- rbeta(n.trials,36+a.prior.alpha,114+a.prior.beta)
b.samples <- rbeta(n.trials,50+b.prior.alpha,100+b.prior.beta)
p.b_superior <- sum(b.samples > a.samples)/n.trials
```

這次的 **p.b_superior** 是 0.66，這比之前的結果更低，但還是稍微暗示了 B 可能是比較優秀的那個變量。

題 15-3　假定 95% 肯定度代表了你基本上被某個假設「說服」的程度，同時假定在這個測試中，你能寄出的電子報沒有數量上限。如果 A 的實際轉換率是 0.25 而 B 是 0.3，找找看你需要多少樣本數，才能說服行銷總監，讓他接受 B 的確是最佳方案。以首席設計師為目標，執行一樣目標。你能用下列 R 語言的片段來產出轉換的樣本：

答：這裡有一個基本程式碼，用來處理這個關於行銷總監的案例（而你需要對首席設計師套用不同的事前機率）。你可以用 R 語言中的 `while` 迴路來反覆執行這個例子（或是手動試試新的數值）。

```
a.true.rate <- 0.25   b.true.rate <- 0.3

prior.alpha <- 300
prior.beta <- 700

number.of.samples <- 0
#using this as an initial value so that the loop starts
p.b_superior <- -1
while(p.b_superior < 0.95){
   number.of.samples <- number.of.samples + 100
   a.results <- runif(number.of.samples/2) <= a.true.rate
   b.results <- runif(number.of.samples/2) <= b.true.rate
   a.samples <- rbeta(n.trials,
               sum(a.results==TRUE)+prior.alpha,
               sum(a.results==FALSE)+prior.beta)
   b.samples <-  rbeta(n.trials,
               sum(b.results==TRUE)+prior.alpha,
               sum(b.results==FALSE)+prior.beta)
   p.b_superior <- sum(b.samples > a.samples)/n.trials
}
```

請注意，因為這個程式碼本身就是一個模擬過程，所以你每次執行都會得到不同的結果，建議你最好多試幾次。（或是建立一個更複雜，會自己多跑幾次模擬的例子！）

第 16 章 貝氏因子和事後勝率：觀點之爭

題 16-1　回到骰子的問題，若你朋友犯了個錯誤，突然意識到其實袋子裡是兩顆不公正骰子和一顆公正骰子，此事會如何改變這個問題的事前機率，並因此改變事後勝率？現在你會比較願意相信那顆測試的骰子其實是不公正骰子嗎？

答：最初的事前勝率是 $\frac{\frac{1}{3}}{\frac{2}{3}} = \frac{1}{2}$，貝氏因子為 3.77，因此我們知道事後勝率為 1.89。我們的新事前勝率是 $\frac{\frac{2}{3}}{\frac{1}{3}} = 2$，所以我們的事後勝率為 $2 \times 3.7 = 7.54$。我們現在肯定更願意相信這顆骰子有被動過手腳，但我們的事後勝率還是不夠強。在完全放棄之前，我們最好要蒐集更多的資料。

題 16-2　回到罕見疾病的例子，假如你去看了醫生，但在清過耳朵後，症狀還是沒有改善。更糟的是出現了一個新症狀：眩暈。醫生提出了另一個可能解釋：迷路炎。這是一種內耳的病毒感染，且有 98% 的機率會出現眩暈的症狀。然而，聽力損傷和耳鳴都不是這種疾病常見的現象，前者發生機率只有 30%，而後者只有 28%。眩暈也是前庭神經鞘瘤的一種可能症狀，不過發生的機率也只有 49% 而已。一般來說，每年每一百萬人有 35 人罹患迷路炎。拿罹患迷路炎的假設和罹患腦瘤的假設相比，其事後勝率為何？

答：我們會稍微把這些狀況打亂，並定義 H_1 為「患有迷路炎」而 H_2 為「患有前庭神經鞘瘤」，這是因為我們已經知道罹患前庭神經鞘瘤的機率有多低。我們現在需要重新計算事後勝率的每一部分，因為我們面對的是新的資料「眩暈」以及一個全新的假設。

讓我們從找出貝氏因子開始。以 H_1 來說，我們有：

$$P(D|H_1) = 0.98 \times 0.30 \times 0.28 = 0.082$$

而 H_2 的新概度為：

$$P(D|H_2) = 0.63 \times 0.55 \times 0.49 = 0.170$$

所以新假設的貝氏因子為：

$$\frac{P(D|H_1)}{P(D|H_2)} = 0.48$$

這表示單看貝氏因子的話，罹患前庭神經鞘瘤的解釋比得了迷路炎要好上兩倍。現在我們得來看看勝率比了：

$$O(H_1) = \frac{P(H_1)}{P(H_2)} = \frac{\frac{35}{1000000}}{\frac{11}{1000000}} = 3.18$$

迷路炎不如耳垢栓塞常見，而且僅比前庭神經鞘瘤普遍三倍。當我們將事後勝率放在一起時，能看到：

$$O(H_1) \cdot \frac{P(D|H_1)}{P(D|H_2)} = 3.18 \cdot 0.48 = 1.53$$

最終的結果是，迷路炎這個解釋只比前庭神經鞘瘤好那麼一點點而已。

第 17 章　陰陽魔界中的貝氏推理

題 17-1　每次跟朋友去看電影時，你們都會用拋硬幣的方式來決定誰有電影的選擇權。你的朋友每次都挑正面，且拋硬幣的結果也已經連續十個星期五都落在正面了。你發展出一套假設，就是這枚硬幣其實兩面都是正面，而不是一正一反。為該硬幣為騙徒硬幣而不是公正硬幣這個假設建立貝氏因子，單看這個比值，試問你的朋友是不是在作弊？

答：若說 H_1 這個假設代表這是枚騙徒硬幣，而 H_2 則假設這是一枚公正硬幣。如果硬幣的確是一枚騙徒硬幣，那麼連續得到 10 次正面的機率就是 1，所以我們知道：

$$P(D|H_1) = 1$$

而如果這是公正硬幣，那麼觀測到 10 次正面的機率就是 $0.5^{10} = 1/1,024$。所以：

$$P(D|H_2) = \frac{1}{1024}$$

而貝氏因子則告訴我們：

$$\frac{P(D|H_1)}{P(D|H_2)} = \frac{1}{\frac{1}{1024}} = 1024$$

這表示單看貝氏因子的話，這是枚騙徒硬幣的機會比另一假設高出 1024 倍。

<u>**題 17-2**</u>　現在想像三種情況，一是你朋友就愛捉弄人；二是他其實絕大多數時間都很誠實，只是偶而鬼鬼祟祟；三是你朋友非常值得信任。在每種情況中，為你的假設估出事前勝率比，並計算事後勝率。

答：這有一點主觀，但我們還是來做些估計。我們需要得到三個不同的事前勝率比，而對每一個例子，我們只要將事前勝率乘上前一個問題得到的貝氏因子，算出事後勝率。

愛捉弄人這點表示我們的朋友不太可能欺騙我們，所以我們會設 $O(H_1) = 10$。而事後勝率就是 $10 \times 1,024 = 10,240$。

如果你的朋友基本上都很誠實，但有時候鬼鬼祟祟，所以雖然你並不會對他欺騙你感到意外，但你也沒有預期會發生這種事。這樣的話，我們就將事前機率設為 $O(H_1) = 1,024$，同時事後勝率變成 240。

如果你真的非常相信你朋友，你可能會想為作弊這件事設一個很低的事前勝率。這個情況下的事前機率可能為 $O(H_1) = 10,000$，而事後勝率會大約是 $1/10$，表示你仍舊認為這是枚公正硬幣的機率比你朋友作弊要大 10 倍。

<u>**題 17-3**</u>　假定你對這位朋友深信不疑，對他可能作弊的事前勝率設定為 $1/10,000$，那麼若事後勝率為 1，拋硬幣的結果為正面總共要發生多少次，你才會開始懷疑他的清白？

答：拋到第 14 次硬幣，其貝氏因子會是 $\frac{1}{\frac{1}{0.5^{14}}} = 16384$，而事後勝率會是 $\frac{16,384}{10,000} = 1.64$。在這個時候，你開始懷疑朋友的清白，但在第 14 次之前，你可能還是對比較傾向相信公正硬幣這個說法。

題 17-4　　另一位朋友也常常跟這位朋友出去，且僅僅在連續四周得到正面之後，就認為你們肯定都被騙了。這樣的信心暗示了一個數值大約為 100 的事後勝率。對第二位朋友認為第一位朋友是個騙子的事前信念，你會賦予哪個數值？

答：我們能藉由填滿空白來解出這題。已知 $P(D|H_2) = 0.5^4 = \frac{1}{16}$，表示我們的貝氏因子會是 16。我們只需要找出一個乘上 16 會等於 100 的數值：

$$100 = O(H_1) \times 16$$

$$O(H_1) = \frac{100}{16} = 6\frac{1}{4}$$

現在我們已經為你心存懷疑的朋友找出事前勝率的準確值了！

第 18 章　當資料無法說服你

題 18-1　　當兩個假設對現有資料的解釋一樣好的時候，一個能改變想法的方式，是看看我們能否攻擊這個事前機率。想想看，有什麼因素能讓你增加相信朋友具有特異功能的這個事前信念呢？

答：由於我們在討論的是事前信念，所以每個人都會對這個問題有不同的答案。對我來說，單純預測擲骰子的結果是很容易偽裝的事情。我會想要看看這個朋友能不能將他的通靈能力用在我指定的其他實驗上面，比方說要求他預測我皮夾中一元鈔票上序號的最後一碼，這樣可就很難玩什麼捉弄人的把戲了。

題 18-2　有個實驗主張當人們聽到佛羅里達四個字，會聯想到老年人，從而影響他們走路的速度。要驗證這件事，我們需要兩組各 15 名學生穿越房間。其中一組會聽到佛羅里達，而另一組不會。若 H_1 為兩組移動速度保持相同，而 H_2 為佛羅里達組會因為聽到佛羅里達四個字而變慢，並假定：

$$BF = (P(D \mid H\_2))/(P(D \mid H\_1))$$

（與第 18 章設置的方程式相同）

這個實驗結果顯示 H_2 的貝氏因子為 19。若某人因為 H_2 的事前勝率較低而不相信這個實驗結果，什麼樣的事前勝率代表這件事沒有說服力，且對這個不相信實驗結果的人來說，貝氏因子要是多少才能讓事前勝率達到 50？

答：這個問題是來自一篇實際存在的論文「不由自主的社會行為」[1]，如果這項實驗感覺未必正確，你並不是唯一一個這樣想的人，因為這項研究結果幾乎不可能被重製。如果你沒被說服，我們就說平均事前勝率一定是約 1/19，以使這個結果無效。為了要得到 50 這個事後勝率，你會需要：

$$50 = \frac{1}{19} \times 950$$

所以根據一開始的懷疑，你需要一個數值為 950 的貝氏因子，才能將的事後勝率納入「強信念」的範圍。

1　John A. Bargh, Mark Chen, and Lara Burrows, "Automaticity of Social Behavior: Direct Effects of Trait Construct and Stereotype Activation on Action," Journal of Personality and Social Psychology 71, no. 2 (1996).

題 18-3 現在假定事前勝率並不會改變這個懷疑論者的想法。找出一個能解釋佛羅里達組為何變慢的替代方案 H_3。記住,若 H_2 和 H_3 對資料的解釋一樣好,那麼就只有利於 H_3 的事前勝率才能讓某人主張 H_3 的真實性大過 H_2。所以我們需要重新思考這個實驗過程,好讓這些勝率降低。想出一個能讓 H_3 的事前勝率大過 H_2 的實驗機制。

答:第二個組別平均來說比較慢這點完全是有可能的。在只有 15 個參與者的情況下,不難想像聽到「佛羅里達」的那一組剛好多數都是些身高比較矮,步伐比較短的人。若要說服我,至少需要用許多不同的組別將這個實驗重製數次,才能確保聽到「佛羅里達」的那組步伐較慢不只是偶然而已。

第 19 章 從假設測試到參數估計

題 19-1 我們的貝氏因子假定目前狀況是 $H_1:P($ 中獎 $) = 0.5$,這讓我們可以導出一個貝他分布的其中一個版本,其 α 為 1,β 也是 1。如果我們為 H_1 選擇一個不同的機率,會有什麼改變嗎?假定 $H_1:P($ 中獎 $) = 0.24$,那麼再看看現在得到的分布狀態,一旦正規化至總和為 1,這與原始假設會差別嗎?

答:我們能重新執行所有的程式碼,不過這次要將 bfs 的其中一組設為 0.5 版本,而另外一組為 0.24 版本。

```
dx <- 0.01
hypotheses <- seq(0,1,by=0.01)
bayes.factor <- function(h_top,h_bottom){
  ((h_top)^24*(1-h_top)^76)/((h_bottom)^24*(1-h_bottom)^76)
}
bfs.v1 <- bayes.factor(hypotheses,0.5)
bfs.v2 <- bayes.factor(hypotheses,0.24)
```

接下來,我們分別繪製出這些圖表:

```
plot(hypotheses,bfs.v1,type='l')
```

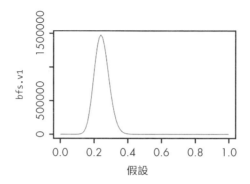

```
plot(hypotheses,bfs.v2,type='l')
```

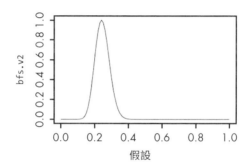

這裡只有在 y 軸上看到差異。挑選一個較弱或較強的假設只會改變分布的規模，但不會改變它的形狀。如果我們將兩者正規化並繪製在一起，會發現它們完全一模一樣：

```
plot(hypotheses,bfs.v1/sum(bfs.v1),type='l')
points(hypotheses,bfs.v2/sum(bfs.v2))
```

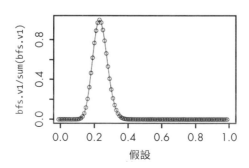

題 19-2　為這個分布寫出一個事前勝率，其每個假設都比前一假設的可能性高上 **1.05** 倍（假定我們的 dx 保持不變。）

答：讓我們從頭開始重製這個 `bfs`（請在第一部分參考上一個解答中的程式碼）：

```
bfs <- bayes.factor(hypotheses,0.5)
```

接下來，我們的新事前勝率會從 1 開始（因為之前並沒有其他假設），接著是 1.05, 1.05*1.05, 1.05*1.05*1.05 等等。能這樣做的方式不多，但我們會從 1.05s 這個向量開始，並使其長度為我們的假設減去 1（因為第一個值為 1），運用 R 語言的 `replicate()` 函數：

```
vals <- replicate(length(hypotheses)-1,1.05)
```

然後我們為這個列表加上 1，並用 `cumprod()` 函數（與 `cumsum()` 類似，但此函數執行的是乘法）來建立我們的事前勝率：

```
vals <- c(1,vals)
priors <- cumprod(vals)
```

最後，只要算出事後勝率並將它們正規化，就能看到我們的新分布：

```
posteriors <- bfs*priors
p.posteriors <- posteriors/sum(posteriors)
plot(hypotheses,p.posteriors,type='l')
#add the bfs alone for comparision
points(hypotheses,bfs/sum(bfs))
```

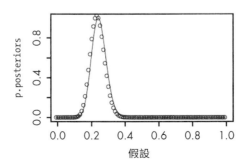

值得注意的是，我們的最終分布不會因此改變太多。雖然這對我們的最後一個假設提供了更強的事前勝率（大約多出了 125 倍），但貝氏因子實在是太低了，所以最後其實不會帶來太多改變。

題 19-3 若你觀察到另外一場小鴨遊戲，其中有 **34** 隻鴨子有獎，另外 **66** 隻則沒有，你會如何設立測試，以回答問題：「比起我們之前做為範例的那一場遊戲，你在這場遊戲的中獎機率會比較高的概率是多少？」進行這個測試，要用上比之前出現過的 R 語言還精密的計算，不過我們就看看你是否能自己學會這一點，為你的進階貝氏統計之旅整備行囊，準備出發！

答： 要解出這個問題，顯然我們需要像在第十五章那樣設立一個 A/B 測試。只要重複操作本章的運算步驟，就可以輕易得出「得獎 34 次，未得獎 66 次」這個例子的兩個分布。這個問題的難處是要在我們自己建立的事後勝率中抽樣；過去，我們會用內建函數 rbeta() 從已知分布中抽樣，但我們沒有類似的函數可以套用在這個例子上。要解決這個問題，需要用到一個進階的抽樣技巧，例如，棄卻抽樣（rejection sampling）或 Metropolis–Hastings 演算法。如果你非常想要解出這一題，現在就可以開始尋找更進階的貝氏分析相關書籍了。不過，你應該要為自己感到驕傲，因為這代表了你對基本概念已經有了紮實的底子啦！

寫給大家的統計學｜秒懂機率與統計，你也可以是人生勝利組

作　　者：Will Kurt
譯　　者：王君儒
企劃編輯：莊吳行世
文字編輯：江雅鈴
設計裝幀：張寶莉
發　行　人：廖文良

發　行　所：碁峰資訊股份有限公司
地　　址：台北市南港區三重路 66 號 7 樓之 6
電　　話：(02)2788-2408
傳　　真：(02)8192-4433
網　　站：www.gotop.com.tw
書　　號：ACD019700
版　　次：2020 年 08 月初版
建議售價：NT$480

國家圖書館出版品預行編目資料

寫給大家的統計學：秒懂機率與統計，你也可以是人生勝利組 /
Will Kurt 原著；王君儒譯. -- 初版. -- 臺北市：碁峰資訊, 2020.08
　　面；　　公分
　　譯自：Bayesian Statistics the Fun Way
　　ISBN 978-986-502-566-3(平裝)
　　1.統計學
510　　　　　　　　　　　　　　　　　109010142

讀者服務

● 感謝您購買碁峰圖書，如果您
對本書的內容或表達上有不清
楚的地方或其他建議，請至碁
峰網站：「聯絡我們」\「圖書問
題」留下您所購買之書籍及問
題。(請註明購買書籍之書號及
書名，以及問題頁數，以便能
儘快為您處理)
http://www.gotop.com.tw

● 售後服務僅限書籍本身內容，
若是軟、硬體問題，請您直接
與軟體廠商聯絡。

● 若於購買書籍後發現有破損、
缺頁、裝訂錯誤之問題，請直
接將書寄回更換，並註明您的
姓名、連絡電話及地址，將有
專人與您連絡補寄商品。